戴鸿慈评传

佛山歷史文化叢書

第七辑

『佛山历史文化丛书』编委会　编

黄庆林　戴平宜　著

SPM
南方传媒

广东人民出版社

·广州·

图书在版编目（CIP）数据

戴鸿慈评传 / 黄庆林，戴平宜著. —广州：广东人民
出版社，2022.11

（佛山历史文化丛书. 第七辑）

ISBN 978-7-218-16078-8

Ⅰ. ①戴… Ⅱ. ①黄… ②戴… Ⅲ. ①戴鸿慈—评
传 Ⅳ. ①K827=49

中国版本图书馆CIP数据核字（2022）第178968号

DAI HONGCI PINGZHUAN

戴鸿慈评传

黄庆林 戴平宜 著

版权所有 翻印必究

出 版 人：肖风华

责任编辑：沈海龙

责任技编：吴彦斌 周星奎

封面设计：集力书装 彭 力

装帧设计：友间文化

出版发行：广东人民出版社

地 址：广州市越秀区大沙头四马路10号（邮政编码：510199）

电 话：（020）85716809（总编室）

传 真：（020）83289585

网 址：http://www.gdpph.com

印 刷：佛山市高明领航彩色印刷有限公司

开 本：787毫米×1092毫米 1/16

印 张：22 字 数：315千

版 次：2022年11月第1版

印 次：2022年11月第1次印刷

定 价：80.00元

如发现印装质量问题，影响阅读，请与出版社（020-85716849）联系调换。

售书热线：（020）87716172

"佛山历史文化丛书"编辑委员会

成员单位

中共佛山市委宣传部　　佛山市文化广电旅游体育局

佛山市社会科学界联合会　佛山市文学艺术界联合会

佛山传媒集团　　　　　佛山日报社

顾　问

岑　桑　　罗一星

学术委员会

（按姓氏笔画顺序排列）

龙建刚　任　流　巫小黎　杨河源

肖海明　陈　希　陈忠烈　陈恩维

罗一星　钟　声　凌　建　黄国扬

戴斗勇　温春来

佛山——站在文明续谱的
桥头堡上

罗一星

　　假如把两千年来的岭南历史文化比喻为一串人文项链，那么在这串人文项链上就有几颗耀眼的明珠，秦汉时期的南越国文明、隋唐时期的广州贡舶贸易、宋元时期的珠玑巷南迁、明清时期的佛山崛起和珠江三角洲的开发、清代的广州中西贸易、近代中华民国政府的建立，都是既有地方特色也有全国意义的"和璧隋珠"。

　　"未有佛山，先有塔坡"的谚语，浓缩了"佛山"之名的渊源。据说东晋时有西域僧到塔坡冈结茅讲经，不久西还。唐贞观二年（628），乡人见塔坡冈夜放金光，掘地得铜佛像三尊和圆顶石碑一块，碑有联云："胜地骤开，一千年前青山我是佛；莲花极顶，五百载后说法起何人。"乡人十分诧异，遂建塔崇奉，并因此名其乡曰"佛山"。唐宋时期，中国的经济重心不断南移。尤其是北宋末年以来，建炎南渡、元兵入主，大批的士民渡岭南来。佛山也在此时形成聚落，史称"乡之成聚相传肇于汴宋"。明清时期佛山迅速崛起，成为举世闻名的"四大名镇"和"天下四聚"之一，以出产精美的"广锅"而誉满天下。时人"春风走马满街红，打铁炉过接打铜"的诗句，就是对佛山冶铁业盛况的生动写照。佛山在制造业上的成就和中心市场功能，决定了她在中国城市发展史上的重要地位。然而，佛山所具有的价值还不仅在于此。佛山是明清时期因经济因素发展起来的中心城市，不同于传统的郡县城市。在其兴起发展的过程中，传统社会结构与新兴经济因素之间相互调适，兼容发展，透射着理性之光。因此，研究佛山都市化的过程与社会结构的互动变迁，有助于我们理解和把握传统中国城市发展的多样性，有助于我们摒弃概念化的中国城市发展形态的认知模式。此外，佛山还集中了岭南传统社会的各种文化现象，它们五色杂陈，大放异彩，其典型性远胜于广州，这又使研究佛山的文化现象具有非同一般的意义。

纵观佛山的历史地位和文化价值，每一点都离不开岭南独特地缘人文的滋养，每一页都关联着中华悠久文化的传承。如此既有结构性因素又有精致性内容的文明篇章，值得每一位热爱佛山历史文化的人士投身书写、共同编织。笔者在此仅发其端要，以就教于方家。

佛山是"广佛周期"的双主角之一

历史是时间和空间发展次序的结合体。自17世纪初至19世纪末，岭南区域出现了一个经济发展的高峰期——广佛周期。在广佛周期存在的时间内，以广州、佛山为中心的城市体系得到空间的迅速布局和层级的系统发展，其城市化的程度居全国领先地位。广州、佛山两大中心城市外贸和内贸互补功能的发挥，使因地理和人文环境差异而形成的岭南独特的三种市镇空间结构整合为一体。此时佛山扮演着双重城市角色，既是岭南二元中心市场体系的中心城市，承担广货与北货宏大交流的商贸枢纽；又是国内最大的综合型民生日用品生产基地，满足国内及海外的产品多样性需求。从佛山运出的精美广货及其丰厚利润，吸引了十八省商人和四远来谋生的手工业者。"走广"成为全国商人的时髦行动和共同追求。当时"汾江船满客匆匆，若个西来若个东"的大规模商品流转的盛况，常年不辍。

在广佛周期，佛山商业繁荣远胜于广州的情景见诸中外史籍。法国传教士道塔·塔鲁塔鲁和道·冯塔耐，分别于1701年和1703年到过佛山，他们描述佛山是一个约有100万人口的巨大聚落，并称佛山既没有城墙也没有特别长官，在汾江河上的大船有5000艘以上。康熙时人吴震方《岭南杂记》记载："佛山镇……天下商贾皆聚焉。烟火万家，百货骈集，会城百不及一也。"《南越游记》的作者陈徽言也说："俗称天下四大镇，粤之佛山与焉。镇属南海，商贾辐辏，百货汇集，夹岸楼阁参差，绵亘数十里。南中富饶繁会之区，无逾此者。"徐珂的《清稗类钞》也说：佛山的"汾水旧槟榔街，为最繁盛之区。商贾丛集，阛阓殷厚，冲天招牌，较京师尤大，万家灯火，百货充盈，省垣不及也"。清代到佛山的徽州商人也记载："佛山，居天下四镇之一，生意比省城大。"这里说的"会城""省垣""省城"均指广州。在此举例说明清代佛山商业规模比广州大的历史事实，并不是刻意夸大佛山的历史地位，而是指出，佛山的历史地位显然被长期低估，应该给予应有的重视和正确评价。

只要对广州、佛山两个市场的商品结构、商人组织和市场网络进行比较研究，就可知广州市场上各省运来的货物绝大多数是清朝允许出口的商品；各省运回的商品更是清一色的洋货，这说明广州商品与对外贸易相联系。佛山市场上，洋货寥寥，广货（或称"南货"）充斥，生产用品和民生日用品占主导地位，这表明佛山市场的商品与国内、省内贸易相联系。各省商人运来的"北货"（或称外江货）在佛山市场与广货大规模交流。佛山林立的外省商人会馆和形成的外省商人聚居区，都表明佛山与广州是两个功能不同的中心市场。

广佛周期开始于17世纪初的明朝末年，迄于19世纪末的清朝末年，历时三百年左右。这一周期以广州、佛山为中心形成一个地跨两广、河海相连的岭南市场体系。如果把岭南中心市场比喻成一座巨大的中外贸易桥梁，那么，广州和佛山，就犹如这座桥梁的两个桥头堡，一头连接海外市场，一头连接国内市场，它们功能各异，自成一体，然又互相联系、互相配合。这种二元中心市场模式，是因佛山城市地位的迅速上升并成为双主角之一而确立的。

佛山是中华铸造文明的重要支点

冶铁业是明清时期佛山的支柱产业，带动了佛山众多制造行业的共同发展。但是佛山冶铁业的真正贡献，却是对中华铸造文明的传承和支撑。人类从史前时代进入文明时代，是以金属的发现、金属工具的制作使用为标志的。有了对冶金术的规律性把握和持续控制的技能，人类才能从自在走向自为。世界文明史上，古埃及、古巴比伦、古印度和中国是四大铸造文明古国，也是东方铸造文明的典型代表。他们以其先进的铸造技术成为所在区域的核心国家，并依靠铸造技术优势与周边国家进行交流。中国在夏代开始进入青铜时代。铸造技术支撑了礼仪大国的呈现，西周铸造的大型礼器作为镇国之宝，把礼仪文字和刑法文字铸在鼎上，形成了中华独特的铸造文明。中国在战国时期进入铁器时代，锐利的刀剑和犁耙，高大的铁塔和钟鼎，每一件铸铁品，都记录了华夏文明的历程。西汉时中国的生铁冶铸技术传到中亚地区，东汉三国时中国的刀剑制作技术传到日本并发展为倭刀锻造技术。日本、越南的铸钟、铸镜、失蜡法、生铁冶铸等技艺也是从中国传入的。正如华觉明先生指出："中国以生铁铸造为基础的整个钢铁生产，产生了焕发异彩的钢铁文化。在世界文化史上，青铜礼器制作和两千年的铁水长流，均为中国所独有。所以说，中国的文明是铜和铁浇灌的文明。"

唐代以后冶铁技术不断南移，南汉时广州光孝寺的东西两铁塔的铸造技术已臻完美，塔身铸有上千个佛像，称为千佛塔。南宋著名学者洪咨夔的《大冶赋》这样讴歌了南方冶铸产品运输的盛况："铁往铜来，锡至铅续。川浮舳舻之衔尾，陆走车担之褯属。出岭峤，下荆蜀。绝彭蠡洞庭而星驰，沂重淮大江而电逐。"这里所说的"岭峤"，指的就是五岭山脉。明代后起的广铁誉满天下，佛山承接了中华传统失蜡法铸造技术，又独创了"红模铸造法"，成为与遵化齐名的两大冶铁中心之一。遵化冶铁业在正德八年（1513）被明王朝停办后，佛山更是后来居上，一枝独秀。祖庙现存的大型铜铁礼器中，有明景泰年间铸造的北帝铜像，重2.5吨，是明代国内最大的青铜造像；有明成化年间的铜钟，重约1吨，钮钟设计为精细的龙身造型，独具匠心，造型精美；有明嘉靖年间的铜镜，铜质光泽如新，形制巨大，为祖庙重器，是明代国内最大的铜镜；有铸于嘉庆年间的大铁鼎，该鼎通高2.6米，以镂空金钱图案装饰，铭文工整古朴，全鼎浑然一体，气势非凡。明清两代，中国铁钟为东南亚诸国所追求。作为庙宇的镇庙之宝，佛山铸造的铁钟尤为当地寺庙首选，占据了东南亚诸国寺庙梵钟的主导地位。佛山的大铁锅更是备受欢迎。明清时期，广锅出口日本，大获盈利，大者一口价银一两。雍正年间，佛山铁锅大量销往外洋，洋船每船所载多者两万斤，少者五六百斤。"其不买铁锅之船，十不过一二。"清中叶后，出国谋生的广府华侨群体，也把广锅传入美国旧金山、澳大利亚墨尔本。两广总督张之洞就曾在给光绪皇帝的奏折中称：佛山铁锅每年出口新加坡、新旧金山约五十万口。从此英语出现了"WOK"（粤语"镬"音）一词，专指圆形尖底的中国锅（Chinese Wok）。

《左传》有云："国之大事，在祀与戎。"除了礼器、民生用品和生产器具外，佛山铸造还担负起了皇朝的国防任务。明清两朝均用佛山铸造的铁炮在全国布防，从辽东到宣大边塞，从虎门到广州城防，从水师战船到海关缉私艇，比比皆然。佛山生产的铁炮从五百斤到一万斤皆有，清道光年间，佛山成为国内供应海防大炮的最大军火基地，广东官府曾一次性订购铜铁炮2400余门。作为支柱产业，佛山铸造业带动了佛山手工业体系的其他上百个金属加工业的发展。佛山的铜铁铅锡金等锻造行业，门类齐全，制造精细，所出产品涵盖了建筑装饰、民生日用的各个方面。入清以后，佛山的手工业进入全面发展阶段，以冶铁业为主干，以陶瓷业和纺织业为辅助，带动了造纸业、成药业、颜料业、爆竹业、衣帽业、扎作门神业的百业兴旺。多样性、派生性、互补性，构成了此时佛山手工业体系的有机结合形态。

世界科技史泰斗李约瑟认为，欧洲的生铁铸造技术是从中国传入的。因为在中世纪，只有中国能提供数量庞大的铁和钢。由此可见，中国的铸铁技术在古代和中世纪曾长期处于领先地位。而自16世纪至19世纪持续兴旺的佛山制造业，既是中国铸造技术和产品输出的高地，更是中华铸造文明的重要支点。它支撑着几千年来中华铸造文明的光荣延续，支撑着中国作为东方铸造文明大国地位的世代辉煌。

佛山既是岭南文化的核心基地，也是中华传统文化的宝库所在

岭南文化有四大内容在佛山诞生发展，它们是明儒心学、状元文化、祖庙文化和粤剧文化。

明儒心学发端于江门，而传播于西樵。明儒心学为明代广东新会学者陈献章（号白沙）所创，陈白沙提倡"道心合一"，以静坐体认天理为宗旨。湛若水（号甘泉）师从陈献章十余年，成为白沙先生最有成就的学生。弘治十八年（1505）湛若水会试第二，授官翰林院编修，当时王守仁（号阳明）在吏部讲学，湛若水"与相应和"。其后各立宗旨。"守仁以致良知为宗，若水以随处体认天理为宗。"时称"王湛之学"，分执明中叶理学之牛耳。正德年间，湛若水到西樵山筑舍讲学。当时致仕归家的方献夫、霍韬也相继进入西樵山与湛若水切磋砥砺，日研经书，讲学授徒。湛若水建大科书院，方献夫建石泉书院，霍韬建四峰书院，西樵山中三院鼎峙，藏修讲学，四方士子入山求学者甚众。霍韬在此时撰著了《诗经注解》《象山学辨》《程朱训释》等书，后刊行于世。当时方献夫致信王阳明说："西樵山中近来士类渐集，亦颇知向方……甘泉大有倡率讲明之意。近构学舍数十于山，以延学者，将来必有成就，此亦一盛事也。"王阳明对此嘉许，称"英贤之生，同时共地，良不易得。乘此机会，毋虚岁月，是所望也"。西樵山中的书院，培养出一批像霍与瑕这样的佛山子弟。湛若水在嘉靖初年复回朝，历任礼、吏、兵三部尚书。方献夫、霍韬亦踵其后，于嘉靖年间分别继任吏部、礼部尚书。此时的南海士大夫均以理学相高，如梁焯（曾任兵部职方司员外郎）成进士后，即游学于王阳明处，并录有《阳明先生问答传习录》传世；庞嵩（曾任应天通判）早年亦游学王阳明门下，以后复从湛若水游。湛若水曾说"北有吕泾野，南有庞弼唐，江门之学遂不坠"。何维柏（曾任南京礼部尚书）年轻时负笈于西樵山，与湛若水、霍韬论学"多所默契"，致仕后创立天山书院，"阐发陈白沙绪论，四方从游者甚众"。冼桂奇（曾任南京刑部主事）登第前即"师事湛甘泉"，致仕归家后筑精舍讲学，遂"以一代理学为世儒宗"。南海士大夫在西樵山研讨理学的学术圈子，还吸引了当时当政的两广官员。例如广东巡按御史洪垣，嘉靖十一年（1532）进士，湛若水在京师讲学时，"垣受业其门"，后出按广东，经常到西樵山求学。这样，湛若水、方献夫、霍韬以及南海士大夫群体，以西樵山为平台，传播易理，弘扬白沙心学，并以其理学上的学问和为官实践，深刻地影响了中国的儒家文化。五百年来，西樵山一直作为中华士子见贤思齐的文化名山而存在。正如明代学者方豪所言："西樵者，天下之西樵，非岭南之西樵也。"

状元文化不属佛山独有，但以佛山最为杰出。佛山自古科甲鼎盛，南汉的状元简文会和南宋的状元张镇孙名节自持，是佛山士子中初露头角者；而明代不断涌现的状元和会元，则令佛山科名雄视岭南。明成化年间石碣乡的梁储考中会元（官至内阁首辅），明弘治年间黎涌乡的伦文叙状元及第，明正德年间石头乡的霍韬亦夺魁会元。其后，伦文叙之子伦以训亦中会元。黎涌、石碣、石头相隔不到五里，人称"五里四会元"。而伦文叙一家父子四人，文叙连捷会元、状元，以训连捷会元、榜眼，以谅为解元、进士，以诜亦为进士，因而又有"父子四元双进士"之誉，人称"海内科名之盛，无出其右，所谓南伦北许也"。还有明万历年间状元黄士俊亦蟾宫折桂，清末时状元梁耀枢也独占鳌头。明清两代，佛山一共出了五个状元、三个会元。清代佛山科名依然头角峥嵘，时人有"广郡科第之盛甲于粤中，南海科第之盛甲于广郡，佛山科第之盛又甲于南海"之说。以科举出仕的有湖南巡抚吴荣光，四川总督骆秉章，咸丰探花李文田（礼部右侍郎），梁僧宝（鸿胪寺少卿兼军机），戴鸿慈（协办大学士、法部尚书，出洋五大臣之一），张荫桓（户部左侍郎、驻美国公使）。还有在三湖书院就读的康有为和在佛山书院就读的梁启超、署理邮传部大臣梁士诒等。这些人才的出现，使佛山成为名副其实的"气标两广的人文之邦"。为什么佛山状元、会元在明代中叶呈群体性涌现？为什么明代佛山籍大吏在嘉靖朝宠命优渥？状元文化留下了何种文化基因？要回答这些问题，就要对科举制度进行探讨，对皇权体制进行分析，对中华传统文化进行整体把握。唯其如此，研究佛山的状元文化，就具有了特殊的价值。

祖庙文化为佛山所独有。在中国城市发展史上，如果说有一座庙宇与一座城市的命运休戚相关，那就是佛山祖庙。明清时期的祖庙，是当时佛山人的信仰高地和心灵归宿。可以这样形容两者之间的关系：祖庙之于佛山镇，事事相关；祖庙之于佛山人，代代相系。明正统十四年（1449）发生的一场长达半年的佛山保卫战，把祖庙和北帝深植在佛山先民心中。当时为了保卫佛山自明初以来积累的劳动成果，佛山先民有二十二老以祖庙为指挥部，罄其财产，分铺防卫，万人一心，众志成城，终于保住佛山不受掠夺。事平之后，明王朝敕赐祖庙为灵应祠，列入官府谕祭。佛山先民遂把佛山全境分为二十四铺，分区管理，从此佛山脱离乡村形态，走上了城市化的发展之路。祖庙也成为珠江三角洲最大的北帝庙，并诞生了出秋色、烧大爆、北帝坐祠堂等民俗庆会和祖庙建筑群。明清时期，祖庙还是佛山士绅议事决事的中心，佛山民间自治组织明代的"嘉会堂"和清代的"大魁堂"均设于此。至今悬挂于祖庙大殿外的"廿七铺奉此为祖，亿万年惟我独尊"的对联，就是对祖庙在佛山地位的精辟写照。千百年来，祖庙以其独特的人文之光滋养着佛山这片土地，也给这片土地留下了享誉千年的人文瑰宝和古建华章。因此，研究祖庙千百年来亦庙亦祠的发展脉络，可以发现岭南人文的精彩篇章。从这个意义上说，解读了祖庙的文化内涵，就可以理解佛山的民间信仰；解读了佛山的民间信仰，就可以理解中华文化之博大。

粤剧文化的诞生和发展与佛山有直接的关系。粤剧行语有云："未有吉庆，先有琼花。""吉庆"是指同治年间设在广州的粤剧吉庆公所，"琼花"是指雍正年间设在佛山的琼花会馆，两个都是粤剧的行会组织。琼花会馆在前，吉庆公所在后，二者有明显的承继关系，然时间相差上百年。粤剧在佛山的诞生，并不是偶然的。戏剧的发展与社会经济发展密切相关。首先，佛山神庙和宗族祠堂众多，需要大量的神功戏酬神；其次，商人和侨寓的大量涌入，使会馆以及单身汉的数量迅速增加，需要演剧酬谢行业神和丰富业余生活；再者，数量庞大的手工业者常常要庆贺师傅诞和满师礼。土著的祭祀需要、侨寓的文化生活需要和工商业者的行业惯例需要三者相结合，为粤剧的诞生提供了"肥沃的土壤"。雍正年间，北京名伶张五，号称"摊手五"，南来佛山，寄居佛山镇大基尾。张五以京戏昆曲授诸红船子弟，变其组织，张其规模，创立琼花会馆。琼花会馆建立于雍正年代的事实，可以在乾隆十七年（1752）陈炎宗修《佛山忠义乡志》之《佛山总图》中标出的"琼花会馆"一建筑得到证实。琼花会馆建立后，规范了粤剧剧种和十行角色，培养了大批粤剧人才，从而使粤剧走向蓬勃发展的阶段。粤剧宛如逾淮之橘、出谷之莺，从而独树一帜，向广州、珠江三角洲乃至广西东南部迅速发展。张五从此被粤剧艺人尊奉为"张师傅"。咸丰四年（1854），因琼花会馆戏班参加红巾军起义，清军平毁了琼花会馆。此后粤剧班子均散向四乡及流集于广州谋生，同治年间遂在广州设立吉庆公所。由此可见，佛山是粤剧诞生的地方，又是粤剧发展的基地。粤剧与佛山社会生活息息相关，互相依存，共同发展，并成为中华传统戏剧的重要剧种。

上述岭南文化的四大内容都在佛山诞生或发展，其成长过程中的"佛山"烙印固然明显，而其对中华文化的影响也是显而易见的。此外佛山收藏的木鱼书、木版年画、扎作工艺品、石湾瓦脊、石湾公仔等文物作品，现存的祠堂和锅耳形建筑，以及北帝巡游、出秋色、行通济等习俗庆会和武术、中药、传统广府菜肴等，都具有典型的岭南特色，其中不少属于非物质文化遗产。所以说佛山既是岭南文化的核心基地，也是中华传统文化的宝库所在。

　　唯书有华，赠人如锦。"佛山历史文化丛书"将以各位著者多年的研究成果和独特视角，为您展开丰富多彩、颇具价值的佛山历史文化长卷，让海内外朋友捧如甘饴，感受佛山的内涵与精彩；让生于斯长于斯的老佛山人重拾瑰宝，不忘初衷；让来自他乡的新佛山人感受传统，仰之爱之。笔者身非佛山公，却心萦佛山乡，几十年来对佛山历史文化持续关注与爱护，情有独钟，从未释怀。因为笔者深深地知道，从古到今，佛山一直站在文明续谱的桥头堡上。

　　（作者系历史学博士、中国社会经济史学者、佛山史专家、广州市东方实录研究院院长，著有《明清佛山经济发展与社会变迁》）

"佛山历史文化丛书"
编撰凡例

▼

一、国家历史文化名城佛山，明清时期与汉口镇、景德镇、朱仙镇并称全国"四大名镇"，与北京、汉口、苏州并称"天下四聚"，文化积淀深厚。"佛山历史文化丛书"（简称丛书）于2016年启动，每年一辑，每辑10种，是佛山市一项系统性大型文化工程。

二、丛书以习近平新时代中国特色社会主义思想为指导，坚持以人民为中心的创作导向，坚持为人民服务、为社会主义服务的根本方向，坚持百花齐放、百家争鸣的方针，深入反映佛山历史文化的总体风貌，多角度、多层面地发掘佛山多姿多彩的历史文化，全面、系统地解读佛山优秀历史文化的底蕴和创造力。

三、丛书旨在用当代眼光审视佛山历史，开掘源远流长、积淀深厚的佛山历史文化内蕴，揭橥历史上的佛山如何得天时、出地利、尽人和地创造，为佛山经济社会的可持续发展，提供可借鉴的文化资源。

四、丛书的写作，基于丰富深厚的历史文献、历史文物，并配以彩图，图文并茂，力争兼具学术性与通俗性，将佛山优秀历史文化的诸多层面，立体呈现出来，激励兹土兹民以及关注佛山在中国历史文化和现实改革开放版图地位的各界贤良，让他们更深入地理解和认同佛山。

五、丛书所称"佛山"，指今天广东省佛山市行政区划而不限于历史上的佛山镇，包括禅城、南海、顺德、高明、三水五区约3800平方公里范围内与历史文化相关的人、地、物、事。如果课题内容与相邻区域有交叉，撰稿人应根据史实，酌情处理。

六、丛书内容大致可分为：佛山历史环境地理、佛山工商业、岭南文化遗产、佛山历史人物。具体展开为八大方面：（1）红色文化主题：对新中国成立和建设作出较为重要贡献的人物和群体，需要关注；（2）变革与创新主题：在政治、经济和社会创新变革等方面有重大的贡献，推动中国历史进程的历史人物和事件，应该总结；（3）历史地理主题：近海水文化环境格局，以及和广州的双城面貌，对于成陆的佛山和佛山产业布局、产业调整，关系极大，因而佛山水环境、地名、地理、古人类活动等，均需梳理；（4）生态文明主题：佛山先民创造性地利用湿热低洼的地理气候条件，广筑堤围，在地少人稠的佛山，以可持续、立体种养的"基塘"农业，率先实现农桑的商品化生产，一些世家大族、名村名镇应运而生，其成就和遗产对于今天乃至未来，仍不乏启示，理应关注；（5）工商业主题：以工商业著称的佛山，其丰富的工商业史料、商业伦理、工商业品牌、企业、产业、行业、行会等，都在网罗之内；（6）岭南文化主题：作为广府文化重镇，广府文化的代表性符号诸如粤剧、南音、南狮、粤语、粤菜、广锅、石湾瓦、秋色、剪纸、武术等，或者由佛山发轫，或者由佛山光大，正该系统整理；（7）历史名人主题：佛山百业兴旺，名匠作手代不乏人，而且科甲之盛，傲视岭南，名医留下的验方良药、名师传下的武功招式、大家留下的丹青墨迹、名人书写的诗文传说，至今还滋养着这块土地，甚至进入中国文化的谱系，应予整理；（8）对外交流主题：佛山是海上丝绸之路的重要节点之一，更是重要的产品制造输出地，从佛山出发以及归往、过境佛山的客流物流，在一个覆盖南洋群岛、遍及全球的范围内，留下了鲜明印迹，值得挖掘。

七、丛书立传所涉人物，原则上为历史上的佛山籍优秀先贤，包括原籍佛山者、入籍佛山者和寄籍佛山者，他们在经济、政治、文化、社会、科技等领域为本土、为国家作出过重大和杰出贡献。

八、丛书以研究性著述为主，凡引用佛山历史文献和其他历史文献，均须经由作者消化释读，转换为作品论证说明的有机成分。

九、丛书属原创性研究论著，原则上不主张集体作品。著述者必须严格遵守《中华人民共和国著作权法》等相关规定，在引用文献和使用图片时，不得引用版权不明或有争议的作品。

十、除学术委员会指定邀请的相关学者撰述外，丛书绝大多数课题，都面向全社会公开征集作者。作者根据丛书编辑部所悬标的，提出书面申请，完成作者学术履历、团队构成、先期成果和著述大纲等内容的填写，经学术委员会审定通过后，与编辑部签约，进入课题调研和文本写作程序。

十一、丛书所用文字，除引用古籍而又无相应简化汉字的特殊情况外，行文一律使用通用规范汉字，避免异体字和繁体字。例外而非用不可时，须出注说明。

十二、丛书使用的标点符号和数字，须遵照国家相关出版法规的规定。

十三、丛书所用人名、地名、书名、民族名、外文名、机构名、专业术语、专有名词等，全书应统一。外来译名，应注明原文，以便核查、检索。

十四、丛书从第三辑开始，回溯提供已出版书目，供公众参考，提供线索，不断丰富课题、及时调整选目，裨益丛书。

目录

绪 论

文化史历

戴鸿慈（1853—1910），字光孺，号少怀，晚号毅庵，清咸丰三年（1853）三月，出生于广东省南海县佛山镇福贤里桑园。戴鸿慈身历清代咸丰、同治、光绪、宣统四朝，官至刑部侍郎、户部侍郎、礼部尚书、法部尚书、军机大臣、内阁学士、协办大学士、太子少保等，为清末出洋考察五大臣之一，是清末一品重臣，《南海县志》（宣统版）称其为清朝两百多年时间中广东省籍职位最高的官员，

图一　戴鸿慈肖像[1]

"国朝二百余年以来，吾粤由军机入相者惟鸿慈一人"。

戴鸿慈自幼聪慧，且十分勤奋，日夜攻读不敢懈怠，饱读儒家经典，才智卓越不凡，于同治七年（1868）仅十五岁便考取秀才，二十岁为解元，二十三岁考取光绪丙子年（1876）恩科进士，殿试二甲、朝考一等。史料记载，光绪丙子恩科鸿慈的会考试卷批语为："大雅从容，馨澈铃圆，金和玉节，声情茂美，神致安闲"；"志和音雅，气足神完"；"词笔凝练，绝去肤庸"！[2]众考官都高度评价了戴鸿慈的文章和文才。戴鸿慈中进士后，被钦点为翰林院庶吉士，第二年授职翰林编修，参与修国史、实录等，其以学问见长，屡任试差，此后一路加官晋爵，平步青云。如：1879年，任山东学政；1885年，任云南学政；1891年，充云南正考官；1893年，充顺天乡试同考官；1894年，充日讲起居注官，赏加四品衔；

---

① 本书插图主要由戴鸿慈后人戴平宜提供。
② 中山图书馆地方文献馆藏：《戴鸿慈会试朱卷》，内部资料，出版时间不详，第7页。

1895年，迁侍讲学士；1897年任福建学政；1898年转侍读学士；1899年，迁詹事府少詹事；1900年为内阁学士，兼礼部侍郎衔，后又擢刑部左侍郎；1902年转户部右侍郎兼管钱法堂事务、考试试差阅卷大臣、考试汉御史阅卷大臣、江南乡试正考官；1907年，充举贡考职阅卷大臣；1909年，以尚书在军机大臣上学习行走；1910年擢协办大学士。

　　戴鸿慈谦抑谨慎，为人温厚，胸襟开阔，和蔼可亲，时人评价其"生平以端谨著称"，"谨饬和厚，生平未尝忤人"。[①]其志向远大，对国家前途极为关注，为国事日夜操劳，鞠躬尽瘁，对清朝廷忠心耿耿，勤勉务实，敢于担当，敢于直言，不计较个人得失，认为"人臣以身许国，义无反顾"，常上疏陈述己见，不畏权贵，"遭遇时变，抗疏直陈，弹劾不避权贵"，"凛凛有古大臣风"。[②]其曾出任三省学政，又多次任职科举考试考官，却洁身自好，以廉洁自持。

　　甲午中日战争，面对日本的侵略，戴鸿慈坚决主战，反对妥协投降。甲午战败，戴鸿慈悲愤异常，他上奏折分析战争失利的原因，斥责李鸿章调遣不当，贻误战机，建议朝廷予以严惩。《马关条约》签订后，戴鸿慈上条奏陈《善后十二策》，提出"审敌情，固邦交；设军屯，实边储；筑铁路，省漕运；开煤铁，税烟酒；广铸造，精器械；变通考试，务求实用"等举措，以求振兴国家，挽救民族于危亡之中。之后其又根据时弊上《治本疏》，提出广开言路、节用恤民、改革捐税等建议。

　　光绪三十一年（1905），清政府为应对全国各地蓬勃兴起的立宪呼声，特简亲赏大臣到欧美考察政治。时任户部右侍郎戴鸿慈作为出洋考察的五大臣之一，与载泽、端方、李盛铎、尚其享等人兵分两路出使美、英、法、德和丹麦、瑞士、荷兰、比利时、意大利等十五个国家，历时八个多月，行程两万里。戴鸿慈考察西方十分细致，将所见所闻所想随时记

---

①　沃丘仲子：《近代名人小传》，北京：中国书店出版社，1988年，第128页。
②　佛山市图书馆整理：《（民国）佛山忠义乡志》，长沙：岳麓书社，2017年，第574页。

录于日记之中，并注意收集西方书籍和有益于改革的资料，回国时，带回的西方书籍多达四百余种。

西方强盛的物质文明与先进的政治制度，使戴鸿慈眼界大为开阔。其思想也发生了巨大变化，认识到当时的中国只有改革才有出路，于是归国后便立即奏请清政府进行立宪和改革官制，对政治、经济、军事、教育等各个领域的发展也提出了自己的看法和改革主张，提倡中国要富强，必需"固边疆""振兴实业"及开矿、兴学、修铁路等。其综合出洋考察经历，写出了《出使九国日记》，编成《欧美政治要义》及《列国政要》《列国政要续编》，详述各国政制，比较中外国情，为清政府详细了解当时美、英、日、俄、法、德等西方各国的政治、经济、法律乃至社会发展情况提供了重要参考，也是清政府"预备立宪"用以借鉴的模板。与此同时，这些书籍也成为当时中国人了解西方的重要途径，为后世研究二十世纪初期欧美各国的政治、经济、文化、军事和社会发展状况，留下了极为宝贵的材料。

戴鸿慈知新审慎，端谨温厚，在欧美考察之时，常将欧美的新事物与中国的发展联系起来，进行深入的思考，形成自己的看法和主张，拒斥一味盲从。他认识到当时西方政治制度的优越性，对当时西方民主制、议会制高度予赞扬，认为欧洲各国的政治制度固然很好，但却并非完美无缺，也存在弊端。因此，他认为中国需要向西方学习，也需摒弃其弱点，故而反对全盘照抄。这种审慎的态度，正是对国家和民族发展方向冷静思考与审慎选择的结果。

出洋考察回国后，戴鸿慈等人奏请朝廷"以助长臣民生活之发达"为目的，在中国实行君主立宪，强调非定国事无以安大计，提出破除一切畛域、国事裁决于公论等六事。当年8月，戴鸿慈、端方等奏请清中央政府改定官制，提出了八项改革意见，包括划分中央地方权限、中央各部事权统一、调整中央机构、裁判税收官员独立、取消吏胥代以书记等内容，得到了慈禧太后的认可。9月，清政府宣布"仿行宪政"，发布改革官制的上谕，戴鸿慈被任命为厘定官制大臣，成为政改统筹小组的核心官员。1906年11月6日，清政府改刑部为法部。第二天，戴鸿慈成为清政府法部首任尚书，以法部尚书在军机大臣上学习行走。时法部新设立，端绪繁多而杂乱，且与大理院权责不清，管理十分混乱。成为法部尚书的戴鸿慈积极推动法部的改革，其悉心规划，从申明权责入手，首先厘清法部与大理院的权限，定法部专任司法，大理院专掌审判，事权于是清晰，由此终结了中国数千年司法与行政不分的状况，揭开了近代中国实行司法独立的制度架构改革序幕。戴鸿慈还将西方立宪理念引进中国，围绕司法体系的改革与建设，进行了一系列的工作：如清理旧案、制定新法规，采纳英美改良监狱之制，在北京筹办模范监狱，要求各省兴建模范监狱等。这些做法后来为民国司法所承袭。戴鸿慈领导清政府法部所进行的现代意义上的法律改革，为推动近代中国司法独立和法制的近代化做出了重要贡献。

戴鸿慈出洋考察期间不但关注西方政治体制，还对西方的博物馆、图书馆、动物园、公园等公共事业发展的兴趣也十分浓厚，赞誉有加。归国后，戴鸿慈、端方等人递呈的《奏陈各国导民善法请次第举办折》中，将图书馆、博物院、万牲园（即动物园）、公园等视为导民和开启民智的善法，恳请清政府仿效西方办理：

> 敕下学部、警部，先就京师首善之区，次第筹办，为天下倡。妥定规画之方、管理之法。饬各省督抚量为兴办，亦先就省会繁盛处所，广开风气，则庶几民智日开，民生日遂，共优游于文囿艺林之下，而得化民成俗之方，其无形之治功，实非浅鲜。①

清政府对戴鸿慈、端方的建议十分重视，光绪皇帝当天就批示同意。

---

① 端方、戴鸿慈：《考察政治大臣端方、戴鸿慈奏陈各国导民善法请次第举办折》，《大公报》，1906年12月8日。

图二　北京动物园正门

于是，各城市开始兴建这类文化设施。在戴鸿慈的推动下，北京万牲园（即现在的北京动物园）建立。如今北京动物园的西洋式大门建筑风格，显现出当年修建之时受清末五大臣出洋考察影响的痕迹。同时，戴鸿慈提出派学生出国留学、广开言路、办报开拓民智、节用恤民、改革捐税等主张，无疑符合当时社会所需，对于推动中国社会发展与近代化不无裨益。

由于戴鸿慈的突出成绩，宣统元年（1909）八月二十三日，清政府谕令"戴鸿慈著以尚书在军机大臣上学习行走"。摄政王载沣鼓励其在军机大臣任上继续为清政府服务，其谓"朝廷以汝办事老成，故特选入枢垣，惟现状枢务繁难，为进行时代，非保守时代，如有建议之处，尽可建议施行"。①

在外地任职的戴鸿慈虽然远离家乡，但时刻心系家乡，关心家乡父老疾苦，主张行善积德，造福乡里，倡修乡志，关注家乡税收杂重的状况，

① 佚名：《摄政王训勉戴军机》，《大公报》（天津），1909年10月17日。

倡导家乡减轻赋税，为禁止赌博、纯正民风做出努力。1881年，戴鸿慈的父亲戴其芬去世，戴鸿慈丁父忧回到老家。之后中法战争爆发，戴鸿慈在佛山倡办团练，以期保卫家乡。1894年，时任广东巡抚马丕瑶锐意禁赌，遭奸人诽谤，戴鸿慈疏请朝廷坚持定见，禁止赌博，以清治源。八国联军侵华后，清政府为筹集经费，将巨额的军费开支转嫁给底层民众，广东的苛捐杂税名目繁多，民众所受的剥削和压迫更为严重，生活负担十分沉重，苦不堪言。戴鸿慈了解到家乡民众生活的苦难后，于1903年联合广东籍京官共同致信给时任两广总督岑春煊，谓"重重盘剥，竭泽而渔，民不堪命"，请求减捐禁赌，革除弊政，还老百姓一个风清气朗的社会。戴鸿慈还非常关注家乡的公共事务和公共建设，积极推动文化、教育事业的发展。戴鸿慈在外为官时间颇多，待在家乡时间较少，但其与兄弟间关系亲密，联系颇多，也与同乡保持频繁的书信往来，及时将时势发展动态与中央精神传达给其兄弟及家乡耆老，促进了其兄弟及乡绅对地方事业发展的关注。

光绪三十四年（1908）四月，戴鸿慈疾病发作，请假调理，治疗一个多月仍未见好转，于是上奏，请求解职。慈禧太后温旨慰留。十一月慈禧和光绪相继去世，三岁的宣统皇帝溥仪继位，溥仪之父载沣作为摄政王监国。眼瞅清政府处于如此变局之中，忧国忧民的戴鸿慈没有继续坚持辞职，只能带病继续坚持工作。在光绪皇帝和慈禧太后双双逝去的清末最后几年中，戴鸿慈依然受到重用。后戴鸿慈在担任法部尚书期间的各种人事烦扰而借病请辞，但"政府因现在新政待举，且戴尚书自考察宪政回国后，举措新政多赖擘画。克正需人之际，故某邸极力温慰，不允乞休"。[①]

宣统元年（1909）四月，戴鸿慈被赏一等第三宝星，以法部尚书的身份充报聘俄国专使大臣，远赴莫斯科。归国途中，其为东三省被日俄侵占

---

① 佚名：《戴尚书乞休不果》，《申报》，1908年7月18日。

图三　戴鸿慈官帽顶的红宝石

的状况而倍感焦虑。为固边围，其又上奏朝廷急筹抵御，建议通过相关举措振兴东三省实业以图富强。1910年1月1日（宣统元年十一月二十日），戴鸿慈擢协办大学士，并赏穿带嗪貂褂。该时期，清政府为戴鸿慈出资择地，在佛山大基铺云石山兴建了戴氏家庙。家庙的额匾题为"南海衣冠第一家"，大堂悬挂着慈禧太后亲自题写的"寿"字，可见当时戴氏一族因戴鸿慈而显赫一时。但此时，为清政府倾尽心力的戴鸿慈此时已是病入膏肓、心力交瘁，于1910年2月22日（宣统二年正月十三日）逝世，享年五十八岁。

戴鸿慈"素以清正著名"[①]，在晚清官场洁身自好，远离政治斗争与人事纷扰，"訚訚谨恪，不肯殖货鬻权，犹有乾嘉时诸老遗风焉。其薨也，人皆惜之"[②]，甚至摄政王载沣听闻戴鸿慈去世的消息，曾感叹道："戴军

---

① 见《申报》，1908年9月1日。
② 见《国风报》第1年第3号（1910年3月11日）"中国纪事二·权臣更替"。

机老成谨慎、办事可靠，今病假未久，遽而溘逝，恨何如之。"①故而，戴鸿慈去世后，清廷对其优恤有加，赏加太子少保衔，赏陀罗经被，照大学士例赐恤入贤良祠，谥号文诚，并派贝子溥伦前往祭奠。《大公报》也专门刊登了一则祭文，谓：

> 新年以来，上恬下嬉，百政未举，而忽有戴军机逝世一事。戴军机并非有特别之功勋，足以令人纪念也。然在五大军机中，较以开通著于世，自丙午年间出洋考察宪政，归国之后，遂知司法独立为当今不可缓之图；故自入法部以来，关于审判改良、法权收回诸事，靡不极力提倡，以为实行立宪之预备。惟上有南皮之阻挠，下有督抚之把持，百方迁就，始终不能行其志，去岁谢礼俄国，道过津门，曾亲临审判各厅考察一切；即此一端，可见尚书之关怀法制，尽心职守，诚无微而不至矣……
>
> 虽然，尚书老于仕宦，而又力趋时派者也。盈庭尚旧学，尚书则经学湛深，举朝谈新政，而尚书则外情熟悉。以尚书之明达，上足以避权贵，下亦不拂舆情……
>
> 论尚书之地位，固汉人大臣之卓卓者也。盖自张相病卒，孙相继亡，汉大臣中足为政界之泰斗者，惟公一人。②

宣统元年（1909）三月，戴鸿慈的灵柩运回广东，葬于广州白云山。

戴鸿慈从政时间长达三十四年。这个时期，正是西方列强从军事、政治、经济、文化等方面全面侵略中国的历史时期。西方列强的步步入侵，使中国一步步沦为了半殖民地半封建社会。这个时期，感受到深刻民族危机的先进中国人，为解救国家民族的危亡而上下求索、竭蹶前行。面对列

---

① 佚名：《摄政王痛惜戴军机》，《大公报》（天津），1910年2月27日。
② 佚名：《吊戴军机》，《大公报》（天津），1910年2月23日。

强入侵的民族危机和清政府国势衰颓的统治危机，作为一个清政府高层官员，戴鸿慈可谓竭尽全力、鞠躬尽瘁。戴鸿慈是一个深受封建正统思想熏陶的传统知识分子，但在晚清这个前所未有的社会转型与变局中，他适应时代需要开始了积极的改革举措，展现出"知新"的一面。本书拟对其人生经历、思想主张与社会交游等进行系统梳理，并力图从多方面展示这位清末重臣的一生。

第一章

成长环境

文历
化史

作为清末重臣、出国考察五大臣之一、中国近代史上第一位司法部长，戴鸿慈的一生可谓官运亨通、顺风顺水、平步青云。他从南国佛山一路跋山涉水走到了北国都城北京——清政府的权力中心，又从这里走向世界探索新知，并将世界先进的理念与制度带回中国，积极推进清政府的改革。他聪颖有才、踏实勤勉，关心国家前途命运、关注民生疾苦。他是传统的官吏，却又不乏革新意识。他所具备的这些性格特征，与其成长环境与早期的人生经历密不可分。

第一节　区域文化

戴鸿慈的成长离不开戴氏家族家学、家教的培养，同时也根植于其所在地区深厚、丰盈的文化沃土与务实创新的社会环境。戴鸿慈出生和成长的佛山，位于广东省中部，地处珠江三角洲腹地，毗邻港澳，东接广州，南临中山，以优越的地理位置和灿烂的文化居于广府文化的核心地带，是广府文化的重要发源地，对广府文化的形成、发展、继承与弘扬都产生了不可磨灭的影响。

一、商业发达

佛山是岭南文化发源地、兴盛地及传承地之一，是清代有名的"天下四聚"、四大名镇之一，是一座具有悠久历史的文化名城，"肇迹于晋，得名于唐"，距今四千五至五千五年。春秋战国时期，佛山属于百越地。秦、汉时期，现属于佛山的禅城、顺德、南海、三水均属南海郡番禺县，而高明属高要县。到晋代，禅城被称为"季华乡"。唐贞观二年（628）

　　"季华乡"又被称为"佛山"，意为"佛家之山"，简称"禅"。五代时期，佛山已经闻名于世，宋代时发展更为迅速，明中叶以后得到很大发展。明景泰三年（1452），被敕封"忠义乡"，属南海县。

　　佛山地处西江、北江冲积扇的中心地带，水陆交通便利，气候适宜，资源丰富，商业发达，是南方重要的水陆交通枢纽和贸易市场，自古富庶繁华，百姓生活富足。奔腾不息的江水为佛山带来了丰富的有机物质，使其水土十分肥美。佛山所处的西江、北江三角洲自古就是岭南的粮仓，佛山也因此成为岭南地区重要的粮食、副食品及农业原料的生产基地。种桑养蚕，也是佛山的一大产业，明代永乐年间，蚕丝便成为佛山贸易的重要商品。得天独厚的自然条件、有利的地理位置，推动了佛山经济的发展。

　　交通的便利，为佛山经济的腾飞插上了翅膀。佛山水系发达、水路交通便利，位于西江与北江交汇之地，上溯浈水，可抵达江西、湖南、湖北以及长江下游一带，西接肇庆、梧州，连广西通云贵川，下连顺德、新会通江门、澳门，东达番禺、东莞，担负着保障"广货北上"和"北货南下"的重任，在珠江水系中的地位尤为重要。且随着城镇化的加快和商品交易的日益发达，中国经济文化重心逐渐向东部转移，佛山逐渐发展成为岭南第一大都会。唐宋时期，佛山在手工业、商业和文化等方面已经十分繁荣。如佛山铸造业始于西汉，在宋代时佛山所铸鼎、锅、钟、塔等便已闻名全国。到明代，佛山的铸造技术已非常高超，佛山因此成为中国南方地区冶炼中心，以手工业发达而著称海内外，"佛山之冶遍天下"的说法便是明证。鸦片战争期间，佛山所铸大炮为抗击外来入侵发挥了重要作用。佛山的制陶工艺源远流长，至今已有七百多年的历史，自古便有"石湾瓦，甲天下"的美誉。建于明代正德年间的南风古灶，是世界现存最古老的柴烧龙窑，薪火相传至今五百多年，被誉为"陶瓷活化石"。明清时，佛山已经发展成了商贾云集、工商业发达的岭南重镇，商业繁荣，城市繁华，与北京、汉口、苏州并称"天下四聚"，与湖北的汉口镇、江西的景德镇、河南的朱仙镇并称中国四大名镇，"沿岸而上，屋宇森覆，弥

望莫及，其中若纵若横，几以千数”，商铺内百货充盈，贸易兴盛，"俗称天下四大镇，粤之佛山与焉。镇属南海，商贾辐辏，百货汇集，夹岸楼阁参差，绵亘数十里。南中富饶繁会之区，无逾此者。"[①]

晚清时期，佛山成为中国近代民族工业的发源地之一。这里先后诞生了中国第一家民族资本新式缫丝厂——陈启沅的继昌隆缫丝厂，"容女工六七百人"，"出丝精美，行销于欧美两洲"，[②]可谓引领时代潮流。陈启沅的继昌隆缫丝厂，掀起了近代中国纺织业的第一轮工业革命，开创了当时珠江三角洲甚至全国纺织业的新篇章，标志着我国缫丝工业进入到了一个新的历史时期，促进了珠江三角洲，乃至全国缫丝工业的发展。陈启沅的缫丝厂创建后，引来当地人竞相仿效，佛山很快成为全国缫丝业的中心。机器的运用，缫丝业生产力的大大提升，对佛山经济的发展也有很大的促进作用，如19世纪80年代广东生丝的出口比70年代多了两万担。同时期，佛山还产生了中国第一家火柴厂——卫省轩的巧明火柴厂。1879年，在日本经商多年的卫省轩，从日本携带资本和制造火柴的技术回到广东，在佛山文昌沙创建了巧明火柴厂，结束了中国人使用火柴要靠进口的历史。该时期，佛山民族工业的发展，走在全国前列，引领一时风尚。佛山人长期与海内外通商交往，广泛吸收各种文化，开放多元的性格深入骨髓，融入到其文化血脉之中。

二、文化繁盛

佛山所在的广东，地处沿海、面向大洋，毗邻港澳，在近代受西方文化影响较多、较早，可谓是"得风气之先"。广东文化的形成和发展，既受中原农耕文明的影响，又遗传了百越等多个民族的文化基因，更有海洋文明的滋养和浸润。从古至今，广东作为移民大省，在地理位置上处于

---

① 陈徽言：《南越游记》，卷一。
② 张凤喈等修：《（宣统）南海县志》，卷二十一《列传八·陈启沅》。

多元文化交融的有利区位，使其在长期的历史发展中形成了丰富而多元的文化体系，汇聚成了多个异彩纷呈的文化区域。近代广东，更是处于中西方文化交流和碰撞的前锋地带。伴随着近代西方列强军事侵略而来的，是西方文化的渗透。古老的中华帝国在鸦片战争之后开始了与世界的密切接触。文化的碰撞和交融，催生了一批批执时代文化牛耳的突出人物。国门被洞开之后，广东地区陆续涌现出了一代代非常杰出的文化人物、思想家、革命家，在中国历史上和中国文化史中，产生着重大的影响，如朱次琦、丘逢甲、容闳、詹天佑、康有为、梁启超、孙中山、廖仲恺等人，他们站在时代的前列，为救亡图存、探索救国救民的真理而不懈努力，推动着近代中国的发展和进步。

19世纪七八十年代，帝国主义列强的侵略不断加深，国土日丧，主权日削，民族危机日益严重，许多忧国忧民的知识分子对中国积贫积弱的状况进行反思，深入挖掘其政治、经济的原因，从而涌现了一批早期维新思想家，广东有容闳、郑观应、何启、胡礼垣等人。他们为挽救国家颓势，提出了一系列的革新举措。政治上，他们主张改封建君主专制为君主立宪；经济上，他们深知洋务运动中官督商办企业的局限性，主张兴创民办工商业，发展民族资本主义；文化上，他们不满传统的教育与纲常伦理道德体系，提倡西学，主张创建新式学校。他们宣扬维新思想，著书立说，其著述一经面世，"海内同人，再三翻刻"。早期维新派的这些思想主张为后来的社会变革打下了基础，起到了促进作用。

如广东香山人郑观应（1842—1922），中国近代最早具有完整维新思想体系的理论家、启蒙思想家，同时是实业家、教育家、文学家、慈善家。其曾直接参与洋务运动，创办企业，如联络组织时人开办造纸公司和开垦公司，投资清政府洋务派官僚所办的洋务企业，如上海机器织布局、津沪电报局、轮船招商局、开平煤矿局及山东登、莱、青、莒四府和东北锦州的五金矿等。其代表作《盛世危言》，是中国思想界中一部较早地思考从传统社会向现代社会转型的著作。该书以富强救国为核心，首次要求

清政府"立宪法""开议会",实行立宪政治,主张习商战、兴学校,为清政府政治、经济、军事、外交、文化诸方面的改革提出了切实可行的方案。《盛世危言》是郑观应为甲午战败后悲愤、迷茫的清末社会开出的一贴拯危于安的救世良药,在近代维新思想发展史上具有重要地位,被时人称为"医国之灵枢金匮"。这部著作问世后社会反响很大。据说,当年光绪皇帝看到此书后下令印刷两千部,发给各王公大臣阅读。郑观应当年对许多问题的思考,一百余年后仍有借鉴意义。

如与戴鸿慈生长于同时期的中国早期启蒙思想家南海人何启、三水人胡礼垣,撰写了主张变法维新的政论集《新政真诠》,强调民权、批判专制,要求发展资本主义工商业和新式教育,废除科举制度,培养专业人才。该书在19世纪中国近代思想史上具有独特的地位,开创了众多的"最早",如第一次提出了"公平"思想,认为公平主要是指"政令公平",即处理政务要不徇私、不偏袒;公平的标准在于"民之信",即民意。如最早主张言论自由,最早倡导英国式的君主立宪制等。何启、胡礼垣的政治思想是中国近代社会改革和进步的先声,对资产阶级革命派产生了较大影响,也对中国政治近代化产生了深远的影响。

又如被誉为"中国留学生之父"的香山人容闳,是中国留学生事业的先驱。其从美国耶鲁大学毕业回国后,积极推动中国社会变革,促进了西学东渐,在洋务运动、戊戌变法和辛亥革命中,都有不可磨灭的贡献。洋务运动中,他参与创建了中国近代第一座完整的机器厂——上海江南机器制造总局,在江南制造总局内设立兵工学校,培养机械工程技术人员。他组织了詹天佑等一百二十名幼童赴美留学,虽然由于守旧派的反对,很多学生最终未能完成学业而被迫回国,但他们依然为近代中国的发展做出了重大的贡献。晚年的容闳在思想上更是从温和的改良主义彻底转变为革命,他支持和参与了推翻清朝政府君主专制制度的资产阶级民主革命。

近代中国的发展与变化,从广东等沿海地区缓缓拉开序幕,而在这种连续不断的变化中,中国开始了近代化的转型。中国近代化的转型,不仅仅是军事、科技的转型，还包括政治、经济、文化、思想等多个方面，中国近代史也不仅仅是中华民族在军事上抗击外侮的历史，还是近代中国人寻求民族独立、人民解放和国家民族复兴的历史。近代以来广东发生的这些变化，涌现出的诸多开风气之先的思想家及早期维新思想家的"变法自强""重民兴利"主张等，对青年戴鸿慈的观念、行为以及应变的学识能力等都产生了深刻的影响。

广东，还是近代民主革命的策源地，西方列强的军事侵略与思想文化的渗透，基本都从广东开始。如在鸦片战争中，西方列强用坚船利炮轰开了清政府闭关锁国的大门，列强在沿海地区野蛮地撕开了清政府的第一道防线。沿海地区的人民首先遭遇了西方坚船利炮的侵略，广东人民的反侵略斗争也由此开启。广州三元里人民的抗英斗争，是近代史上中国人民第一次自发的大规模抵抗外国侵略的斗争，表现了中国人民不畏强暴、抵御外敌的爱国精神；而反映农民阶级美好愿望的太平天国运动在两广地区酝酿和爆发，沉重地打击了清王朝的封建统治。太平天国运动的爆发，与广东的开风气之先也不无关系。洋务运动中的广东学子是出国留学热潮中的中坚力量，他们首开风气，走进了新式学堂、踏上了异国他乡的求学之路，不少人后来成为中国政治、经济、军事领域改革的骨干力量和佼佼者。由广东人康有为、梁启超所引领的维新变法，试图改君主专制为君主立宪制度，推动了中国近代化的步伐，在思想界掀起了一阵飓风，对于改变国人僵化保守的思想和陈旧迂腐的观念，起到了十分重要的作用；以孙中山为代表的资产阶级革命派在广东酝酿的民主革命运动，通过了多次武装起义，敲响了清朝覆灭的丧钟，也推动了更大规模的反清浪潮，最终推翻了清朝政府和几千年的封建帝制。

佛山位于广东省中部，地处珠三角腹地，东接广州，南邻中山，是岭南文化的核心基地。康熙《南海县志》风俗志曾提及佛山在岭南文化中的重要地位时谓："广郡称海滨邹鲁，而南邑为首，衣冠文献埒于中州……邑中大魁蝉联，名卿鼎峙，殆衣冠之薮也。"佛山历史上曾涌现出众多的

颇有影响的历史文化名人，如方献夫、霍韬、伦文叙、庞嵩、庞尚鹏、梁九图、冼桂奇、何维柏、冯成修、李文田、朱次琦、康有为、张荫桓等。明代，西樵山书院众多，湛若水曾在西樵山筑舍讲学，建立大科书院，方献夫建立石泉书院、霍韬建立四峰书院，入山求学的士子众多，使西樵山成为中华士子见贤思齐的文化名山，成为众所周知的"珠江文明的灯塔"，增加了佛山的历史文化底蕴。而戴鸿慈所在的江浦戴氏，即为西樵山下的名门望族。佛山文化的繁盛，吸引众多士子前往佛山求学，如梁启超、梁士诒就曾在佛山书院就读。近代的佛山，更是人文繁盛，在这里诞生了众多的历史文化名人，他们的思想、学识、气节与对国家民族命运的关心与关注等，都影响着戴鸿慈。

如朱次琦（1807—1881），字稚圭，号子襄，世称九江先生，广东广州府南海县（今佛山市南海区）人，清代广东名儒、教育家、诗人。1847年，朱次琦中进士，以"即用知县"分发山西。朱次琦潜心学术，1855年，其结束短暂的为官生涯辞官南归，在家乡礼山下设立礼山学堂授徒讲学，从学者甚众，名重一方。此时的他虽尚未受西学影响，但已经意识到当时主流学说的种种弊病。清朝乾嘉年间，朴学鼎盛，宋明理学被架空，汉（学）宋（学）对垒，界限分明。嘉庆、道光年间，社会危机重重，乾嘉汉学讲究烦琐考据，被很多人质疑，儒家的微言大义则被学人提倡，导致门户之争迭起，汉学视宋学离经，宋学嫌汉学烦琐，汉宋之间矛盾重重，互相诋薄，纷争不已。朱次琦深知门户之争的弊病，主张调和汉宋学说，反对专攻一经、专学一门的狭隘，讲求学问的本源，知识的融会贯通。其留意国事，注重德育、敦行孝悌，崇尚名节，不尚空谈高论，主张明理达用、融会贯通、经世救民，希望培养操守高洁、才干卓越的通才，以应对当时国家的内忧外患，治国平天下、挽救国家民族于危难之中。其思想对近代广东学术和时人的影响颇大，士林风气也随之变化，康有为、简朝亮、梁耀枢等均出自其门下。

如与戴鸿慈有着密切交往的李文田（1834—1895），原为顺德均安上村人，后其父李吉和迁居佛山良巷。李文田天资聪颖又十分勤奋，于咸丰九年（1859）中进士，殿试获一甲第三名（探花），后曾充任四川乡试副考官、浙江乡试副考官、江西学政、翰林院侍讲学士等。其不仅学识宏阔，而且敢于直言，不畏权贵。同治十三年（1874），慈禧太后欲重修圆明园，他上疏竭力阻止。甲午战争时期，慈禧太后欲为其六十寿辰庆典做准备，李文田又极力上疏阐明谓国难当头庆典不宜铺张靡费的看法。其对清政府官僚系统中营私舞弊现象极为痛恨，敢于弹劾权贵，如其曾弹劾皇亲、太学士瑞麟舞弊，在署工部右侍郎兼管钱法堂事务期间，他不遗余力地打击属内的舞弊现象，进行稽查整顿，甚至得罪权贵也在所不惜，使部务有所改观。甲午战争期间，清军节节败退，他曾上疏抨击主持国政的礼亲王世铎"才具平庸"，"处疏远之地而怀疑畏"，呼吁清政府起用恭亲王奕䜣。其还上疏指责内阁大臣李鸿章裁撤湘军，排斥异己，委任私人，可见其秉直。李文田爱护百姓，关心民间疾苦。光绪二十一年（1895），清政府为支付《马关条约》巨额赔款而增加赋税，他竭力反对，痛陈百姓疾苦，不堪各种税收。因其敢于弹劾权贵，亲戚朋友都为他担心，他慨然回答："国家多事之秋，只顾保全一己身家性命，焉配为人臣？"表现出为国尽忠的气节。在受任为特派团防大臣负责守卫京城期间，同僚因械少兵单而惴惴不安时，他慷慨陈言："大臣捍卫国家，应置一己安危于度外，万一发生不测，在直庐侧南海子桥边，就是我的殉国之所！"从中可见其忧国忧民，将自己的生死置之度外。

辞官回乡期间，李文田积极推动本地基础设施的建设、参与地方教育事业。光绪三年至五年（1877—1879），北江水患，清远石角围溃决，严重影响当地百姓的生活与生产，李文田积极投入到清远石角、三水大塘两大堤围的修筑工作中，又组织修建三水莘田围，使当地人受益匪浅。光绪八年（1882），法越战争爆发，李文田积极组织团练，以加强地方治安，其与龙元僖、苏廷魁督办广东团练，规划有方，总督张之洞和钦差大臣彭玉麟对其赞赏有加。光绪十年（1884），中法战争爆发，

前线战事吃紧，黑旗军将领刘永福焦虑于缺饷问题，李文田急前线将领之所急，积极筹集巨款为之排忧解难，继而又保荐冯子材出守镇南关，扭转了战局。

戴鸿慈自幼受封建正统思想的影响，力戒"离经叛道"，其通过科举考试出人头地、步入仕途，对于清朝廷，他感恩戴德，怀揣知遇之恩，也甘愿效忠于清王朝，极力维护清朝的统治。然而，家乡革新求变的社会风气以及近代以来发生的一系列变革，涌现的一代代进步革新的人物，或多或少会对其思想产生影响。无疑，戴鸿慈在当时享有"知新"的美誉，适应时代的发展需要而提倡革新，与其所在家乡的独特的地理环境与社会氛围是分不开的。

第二节　家学渊源

戴鸿慈所在的江浦戴氏，乃名门望族，属于戴氏家族谯国望族后裔广东岭南戴氏派系。戴氏，一向注重耕读为本，诗礼传家。《三字经》云："大小戴，注礼记。述圣言，礼乐备。""戴"姓"本宋穆公（春秋）后以谥为姓，南宋末戴乾为岭南戴氏之祖"。"在昔有宋承事郎天则公者，由皖迁粤遂居焉。壮年奉檄，佐治绩于南昌；晚岁投簪，寄游踪于东粤。始冒寓公之号，继成土著之名。"①及至明代，岭南戴氏第十世孙戴铨，字玉兰，号伟庵，"望出天都为承事郎"，仕至荆州府教授，于明洪武年间其带领子孙从广州城西第二桥始迁至江浦，定居于西樵山以南的灶岗东畔，即大桐堡绿涌村。戴铨因此成为江浦戴氏之始祖。

戴氏十分重视教育，诗礼传家，读书者众，家族功名显赫。明代时，

---

① 戴鸿宪等重纂：《江浦戴氏宗谱》，清光绪九年（1883）版。

广州城西的戴氏便已展现出科举繁盛的局面，与戴铨公同辈的戴琏，其父子、兄弟、伯侄三代六登科，成为当地美谈，其子戴缙（南京工部尚书）、戴纮（翰林院检讨）、戴纨（举人，任池州府官）因才华卓越被誉为西关"三凤"。据《江浦戴氏宗谱》记载，岭南戴氏开族四百年中，有尚书或相当于尚书职位的族人六人，状元三人，榜眼三人，进士五十五人。仅有清一朝，"联科世禄赫赫耳目不能悉数"，仅江浦戴家村就出了六位举人、一位进士，可谓人才济济、颇为壮观。①

清康熙至乾隆年间，江浦戴氏第十二世迪功（字思勋，号渭叟），带领子孙由西樵大桐堡绿涌村迁往佛山福贤路居仁里。戴迪功十分重视子弟的教育，迁往佛山后，日常在家教子，闭门不出，以课子为业。他鼓励子孙积德行善，并身体力行，遇有求于己者，十分慷慨大方，"穷乏者有所求，必量力以周之"，对于地方公益事业也乐意倾囊相助。其常对其子弟说："积才以遗子孙，子孙未必能守；积书以遗子孙，子孙未必能读；不如积善以遗子孙，子孙世世享之无穷"。当地人深受戴迪功之恩惠，认为江浦戴氏的发展是从这里打下的基础，"戴氏世有隐德，皆秉承迪公之训，识者早知其后必大"。②

戴鸿慈祖父戴联珠，江浦戴氏十五世孙，"生而倜傥，有至性，以孝闻。父母殁，蹒踊悲嚎，哀感行路"，③因幼年时家贫，弃学从商，其聪颖灵活，很有商业头脑，从经营小本生意开始，家境逐渐改善，家底渐次丰盈。富裕后的戴联珠依然勤劳俭朴，"衣食才温饱无所求"，"一丝一粟必爱惜捡拾"，然而每每遇到乡人贫困需要资助时却毫不吝啬，"以善行著"，④"每当岁暮，日裹钱数千付小奚，自随散给道中饿者"，

① 戴鸿宪等重纂：《江浦戴氏宗谱》，清光绪九年（1883）版。
② 佛山市图书馆整理：《（民国）佛山忠义乡志》，长沙：岳麓书社，2017年，第709页。
③ 张凤喈等修：《（宣统）南海县志》，卷二十《列传七·戴联珠》。
④ 佛山市图书馆整理：《（民国）佛山忠义乡志》，长沙：岳麓书社，2017年，第565页。

"有族人失业，假以资，使复之"。因"积德行善"，其人缘甚好，受到乡人尊敬和好评，在乡里也颇有威望。其为人正直，敢于仗义执言，"恒面斥人过，人亮其直，弗愠也"。其治家有方，宽厚待人，"伯兄早卒，其妻守志，厚遇之，终其身如一日；季弟幼孤，饮食教诲，迄于成立"，"视兄弟之子犹子，诱掖奖劝，底于成人"。他十分重视子弟的教育，尊师重教，"自以家贫失业，训子益笃，敬礼名师，脩脯丰洁"，不仅如此，他自己也十分好学上进，即便到了晚年，仍手不释卷，孜孜不倦。①

戴鸿慈的父亲戴其芬（1825—1881），江浦戴氏第十六世孙，字徽猷，号乾生，为光禄寺署正、诰授奉直大夫、奉政大夫。戴其芬饱读诗书，学识广泛，学富五车，博通古今，为人正直。《南海县志》记载："（戴其）芬研精经典、旁及天文地舆、医药卜筮。生平言行严正，见之者咸肃然，每聆其言论，皆以道德自勉而勉人。人有争执得其劝解，莫不释然。教子义方，又集亲朋子弟，延师课读，先与师商定教法，须讲明义理为立身之本，次及文艺。日常有功，以故门中同学不止拾获青紫，且多端谨之士。"②严格的道德自律在其身上得到充分体现。戴其芬曾训诫孩子，"学然后知不足，知不足然后学，勿始勤而终怠，勿泛鹜而浅尝"；"读书必读五经、孔孟之书，及韩、柳、欧、苏之文。能得其奥，可为圣贤。诸子百家之书皆可读，勿一暴十寒。欲取科第则读先正文章。近日时文表判策之类，亦为有益。惟释老之书、异端之说不可读。此真儒之学也。"③从中可见，戴氏并不拘泥于孔孟之说，而是勉励后代多读书，读好书，包括诸子百家之书。

婚后，戴其芬在桑园建起了戴氏庄园。桑园原位于现禅城区祖庙街道

---

① 佛山市图书馆整理：《（民国）佛山忠义乡志》，长沙：岳麓书社，2017年，第700页。
② 张凤喈等修：《（宣统）南海县志》，卷二十《列传七·戴联珠》。
③ 陈恩维、吴劲雄编：《佛山家训》，广州：广东人民出版社，2016年，第341—342页。

辖区福贤里尾，即现今莲花广场（原城区政府旧址）一带，因园中桑树众多，故得其名。桑园原是佛山一代武术宗师叶问的祖居之地，属佛山叶族产业。后因叶氏一族迁居他处而日渐荒芜，园内杂草丛生，荒凉无比，风起之时还会回荡着一种让人心惊胆战的声音，夜间尤为阴森，又常有磷火出现，被当地人传说为"鬼火"，园内院落也因此被视为"鬼屋"，当地人无人敢入住其间。婚后的戴其芬路过福贤里桑园之时，见这个传说中闹鬼的小院枝繁叶茂，环境幽静，顿生好感，遂购入，建为"戴氏庄园"，迁入此处。

传说戴其芬搬进桑园之后，每天子夜时分，都会听到三个孩童的喧闹和读书声，但戴其芬并不害怕，其泰然处之，自称一身正气，何惧鬼神。道光戊申年（二十八年，1848）九月，其芬长子鸿宪出生，小院夜里少了一个孩童读书声；咸丰癸丑年（三年，1853）三月，次子鸿慈出生，此时小院夜半只剩下一个孩童的读书声；又过了三年，第三个儿子鸿惠出生，从此小院变得十分宁静。这只是民间传说，但该传说无疑凸显了一个不畏鬼神、正气凛然，有自己独立思想和主张的戴其芬，其形象正如当年其所写的《重修佛山村尾茶亭》中所展现出的：

> 卜筑紫萝旧数椽，摩挲遗迹重留连。一鞭暂息红尘苦，两腋凉生紫茗鲜。野外复开新世界，壶中曾憩小神仙。垂虹桥畔人如织，习习清风映后先。季华乡外屋如船，继起还须胜昔贤。古洛分流消渴肺，东林余翠息劳肩。更无人说相如痴，另有窝名小洞天。多谢使君修喜雨，含恩煦德不论钱。[①]

戴其芬品行端正，举止严正，严于律己，与其父一样，"以善行

---

① 佛山市地方志编纂委员会：《佛山市志》，广州：广东人民出版社，1994年，第1788—1789页。

著"①，其"生平言行严正"，不仅以道德规范
约束自己，还时常勉励他人，使见之者肃然起
敬，"人有争执，得其劝诫，莫不释然"②，展
现出强烈的社会责任感。他注重后代的品行和
学业教育，家教严格，将亲朋子弟聚集起来一
同读书，与教师商定教法，要求教师必须先讲
明义理，教孩子立身处世做人的道理，强调此
为立身之本，孩子们必须先懂得做人的道理，
再学文章。

图四 戴鸿慈肖像

　　戴其芬的三个儿子戴鸿宪、戴鸿慈、戴鸿
惠为江浦戴氏第十七世孙。在崇尚读书的家庭氛围熏陶下，他们从小勤奋
好学，不敢懈怠，端谨有为。长子鸿宪、季子鸿惠均考中举人。戴鸿宪中
举后拣选知县，敕授文林郎加五品衔，诰授奉正大夫。后闲居在家，被选
为佛山团防保家总局主任，办事"廉明公正，商民咸服"；③季子戴鸿惠
中举后拣选知县，钦加五品衔，敕授文林郎。清朝光绪乙巳年（1905）科
举制度废除，清政府通令将原来的州县书院改为学堂，并建议多设启蒙学
堂，以开启民智。光绪丙午年（1906）八月，南海改学务公所为南海劝学
所，戴鸿惠任所长，并主理筹办南海师范简易科及南海学堂，致力于教化
和培育后人，推动地方教育事业的发展。戴鸿惠因此成为南海县师范教育
的开拓者，也是该时期佛山教育界的知名人士。在他的影响下，其长子戴
曾谋（翼丰）也成为当地德高望重的教育家、全国先进工作者。受父辈的
影响，戴鸿惠的后代中不少人都致力于社会的发展，重视教育的进步。

---

① 佛山市图书馆整理：《（民国）佛山忠义乡志》，长沙：岳麓书社，2017年，第565页。
② 佛山市图书馆整理：《（民国）佛山忠义乡志》，长沙：岳麓书社，2017年，第638页。
③ 佛山市图书馆整理：《（民国）佛山忠义乡志》，长沙：岳麓书社，2017年，第686页。

第二章

从科举入仕到
甲午论政

历史
文化

戴鸿慈以"端谨"著称，其考中进士后任职于京师期间以及外放为学政之时，都表现得兢兢业业，尽心尽责。其关注时务，力图通过自己的努力使国家摆脱列强的侵略，其爱国之情溢于言表。基于资料有限，本章主要涉及戴鸿慈在1879年任职学政至甲午战争期间的经历及政治表现。

第一节　任职学政、担任科举考官

1876年，戴鸿慈中进士，被钦点为翰林院庶吉士，第二年授职翰林编修，参与修国史、实录等。因表现突出，1879年，戴鸿慈外放为山东学政。在此期间，其办事十分认真，恪尽职守，深为清政府高层赏识。

任职山东学政期间，戴鸿慈"务竭心力，不敢稍存疏忽"。为防范考场舞弊现象，戴鸿慈一再严肃考场纪律，告诫士子诚实考试，严惩作弊考生，务求为清政府选拔真正的人才，使当地考试风气为之整肃。1880年，其不辞劳苦地奔波于山东各府州，主持或巡察各地的岁试，并向朝廷进行汇报："窃查东省案试向分十二棚递考，臣于本年正月二十四日出省，先试泰安，次曲阜、兖州、济宁、曹州等属。五月初五接考济南，一月竣事。伏惟衡鉴之任，贵得真才，必须厘剔弊端，乃能登崇实之学。臣每至各属，凡冒名枪替及招摇撞骗等弊，预饬提调复密查拿，并亲书造示，剀切晓谕；复于入学讲书时谆谆告诫，俾知劝惩；比考正场，终日坐堂，悉心巡察，不准差役下堂，有不守场规者，必加斥责。前在曲阜拿获藤县代请童生一名，兖州拿获济宁枪手一名，曹州拿获单县枪手一名，曹县代传文童二名，均提交提调从严究办。现在生童颇知敬畏，济南一府悉臻安静。”[①]“七月初六出省（城），先试青州，次及登莱，旋南行接考沂州，于十月二十九日竣事。十一月初七回省”。“计东省岁试尚余武定、东昌、临清三属，俟来岁春融再行按试。”他提及，在其治理下，“各属生童恪守场规，弊端尚少”，“臣仍认真稽察，不敢稍涉宽洵。”[②]

光绪七年（1881）八月，戴鸿慈之父戴其芬去世，戴鸿慈因丁父忧回到广东，守孝三年，一直到1884年。该时期，正是“法越事起”之时，为开展反帝爱国战争，身处家乡的戴鸿慈积极组织地方团练，保卫家乡。

光绪十年（1884），戴鸿慈回京。次年任云南学政。任该职期间，戴鸿慈继续其兢兢业业的办事风格，力图在任上选拔真正的人才，促进当地士风的改进。其深知“学政之任，以甄校真才为先，尤要振兴士风，讲求实践”，“出示各学教习认真训迪，以示弛荒疏为戒，以敦品励学为先，务期职业克勤，庶于士风少补”。其在光绪十二年（1886）正月至光绪十三年（1887）七月的这一年多时间中，戴鸿慈马不停蹄地奔走于各地，考察各地文风及考场情况，严格考场秩序，整肃士林风气：“每至一棚，预饬提调访拿招摇枪冒之徒，复亲书告示，剀切晓晓。点名时责成禀报详细认识方准入场，及终日坐堂，随时稽查。应考生童尚知畏惮，间有偶犯场归者，即行分别惩儆。”其阅卷时“殚竭心力，秉公衡校”。为求审慎，其在完成阅卷工作后，还“严加面试，核其文理相符再行张案，以杜侥幸”。[③]

总之，在各地的巡察工作中，其“一切校阅关防，不敢稍形松懈”，“随时随地竭诚训迪，俾识准绳之法守，盖彰文教之昌明”。其严肃考试

---

① 戴鸿慈：《戴鸿慈奏岁试省西各属并济南郡情形由》［光绪六年（1880）六月十八日］，中国第一历史档案馆藏“军机处录副奏折·文教类”，卷五百三十五。

② 戴鸿慈：《戴鸿慈奏岁考东南各府情形》［光绪六年（1880）十一月二十日］，中国第一历史档案馆藏“军机处录副奏折·文教类”，卷五百三十五。

③ 戴鸿慈：《戴鸿慈奏出省考试迤东南各府州》［光绪十二年（1886）十月初二日］，中国第一历史档案馆藏“军机处录副奏折·文教类”，卷五百三十六。

风气的做法成效非常明显，云南"各属士子知守法程，场中安静，应考文字亦似较岁试有进"。①

1897年，戴鸿慈任职福建学政。其于该年的九月初六出京，十一月二十九日接学政关防，开启了在此地三年的任职。在此期间，其依然尽职尽责，"但求多尽一心力，即冀少屈一真才。"②其到达福建后，其"手缮条教，谆谆以正本源，尚节俭，禁械斗，戒讼词"，"并饬学官尽心训迪，切实举报优劣，分别劝惩"。对于品学兼优的学官，其称赞之余，给予推荐。科举考试期间，其扎实进行巡查，不辞劳苦，"每逢试期终日，在堂约束生童，如父绪皇兄之课子弟，有不遵者时加申儆"。面试时"核其文理字迹一一相符，始行录进，枪冒怀挟诸弊自无所售其欺，有察出者即交提调审办"。③在戴鸿慈的主持下，"闽中士风尚主朴，夙少歧趋"。④

作为地方教育行政长官，戴鸿慈还积极推动当地崇学风尚的形成，对于那些有利于教育发展的事业，其褒奖有加。如当地举人戴凤仪创设诗山书院，戴鸿慈对此十分赞赏，认为是功在千秋的美事，为其题写匾额"功在菁莪"，并题词：

> 敬斋宗兄创建诗山书院，并购田千余顷，为久远计。适予
> 视学闽中，巡视泉郡，所得士诗山尤多，足见培植之功。因榜于

---

① 戴鸿慈：《戴鸿慈奏科试情形》（1887年3月19日），中国第一历史档案馆藏"军机处录副奏折·文教类"，卷五百三十六。
② 戴鸿慈：《奏续考福宁福州两府通省岁试完竣情形》，中国第一历史档案馆编：《光绪朝硃批奏折·第一〇五辑（文教·科举）》，北京：中华书局1995年版，第84页。
③ 戴鸿慈：《奏七府二州岁试完竣情形》，中国第一历史档案馆编：《光绪朝硃批奏折·第一〇五辑（文教·科举）》，北京：中华书局，1995年，第73页。
④ 戴鸿慈：《奏为恭报科试八府二州完竣情形》，中国第一历史档案馆编：《光绪朝硃批奏折·第一〇五辑（文教·科举）》，北京：中华书局，1995年，第95页。

堂，以嘉其志云。南海戴鸿慈题。①

　　戴鸿慈非常务实，不崇尚空言，他认为，人才的选拔也应有一定的标准，归根结底在于能不能为国家所用，故而不能仅仅依据士子文章的优劣，应观察其是否有"报国之效"，是否属于实干的类型，"文则期于通经致用，武则勖拟有勇知方，庶几出足备任使于国家，处亦熏善良于闾里"②，"力求实用，毋蹈歧趋"③。而戴鸿慈任职福建学政期间，光绪皇帝在康有为、梁启超等人的推动下，开始了戊戌变法，其中涉及科举制度方面的有增设经济特科，废八股文改试策论，武举考试由以前的考马步箭弓等改为枪炮、兵法、舆地、算学。对此，戴鸿慈是有共鸣的，认为这些举措正是推动人才务实之举，故而其积极推动福建科举考试改试策论，对变通武举考试之事也尽心规划，其在改革后还向朝廷汇报，"所有生童岁考遵旨办理，一律改试策论"④，其对于署内士子讲究实学的风气颇为满意，特向朝廷汇报："近日报考经史时务算学者，比前较多。多士向风咸知讲求实用之意。"⑤而福宁、福州两府"自设致用书院以来，讲求经训者益众"⑥。

　　由于在学政任内工作的扎实，颇有成效，光绪二十六年（1900）九

① 戴凤仪：《松村诗文集》，内部资料，1997年，第17页。

② 戴鸿慈：《奏七府二州岁试完竣情形》，中国第一历史档案馆编：《光绪朝硃批奏折·第一〇五辑（文教·科举）》，北京：中华书局，1995年，第73页。

③ 戴鸿慈：《奏续考福宁福州两府通省岁试完竣情形》，中国第一历史档案馆编：《光绪朝硃批奏折·第一〇五辑（文教·科举）》，北京：中华书局，1995年，第84页。

④ 戴鸿慈：《奏为遵议武场改试章程敬陈管见付片》（1898年8月4日），中国第一历史档案馆藏"军机处录副奏折·戊戌变法"，卷六百七十五。

⑤ 戴鸿慈：《奏七府二州岁试完竣情形》，中国第一历史档案馆编：《光绪朝硃批奏折·第一〇五辑（文教·科举）》，北京：中华书局，1995年，第73页。

⑥ 戴鸿慈：《奏续考福宁福州两府通省岁试完竣情形》，中国第一历史档案馆编：《光绪朝硃批奏折·第一〇五辑 文教·科举》，北京：中华书局，1995年，第84页。

月，戴鸿慈被擢为内阁学士，兼礼部侍郎衔。在回京任职之前，他想要回到阔别多年的家乡看看，故而上奏说："近接家书，知先茔亟须修理。查闽粤相距甚近，一水可通，惟有仰恳圣恩赏假两月，回籍修墓。"①得到光绪帝批准后，戴鸿慈由福建回到了广东。在戴鸿慈尚处于回籍途中之时，清政府发布上谕对其予以提升，"刑部左侍郎著戴鸿慈补授"。戴鸿慈自是感激涕零，其后上奏叩谢天恩："未报涓埃，方深兢惕"，"恩施稠叠，梦寐难安"②。其表示将尽快料理完家中事务，回到岗位认真履职以报效朝廷。

除了担任学政外，戴鸿慈还多次担任科举考官。其对考生要求十分严格，不仅要求其文章写得深刻，对考生的字也要求甚高。在1904年开展的中国科举制度废除前的最后一场会试——光绪甲辰会试中，戴鸿慈作为该次会试的副总裁，就曾欲不录取金梁，原因在于"文可而字否"，后在会试正总裁的推荐下，戴鸿慈方同意录取金梁，但仍谆谆告诫其练字，"嘱以速习楷书，并示用笔墨之法，属望殷殷"③。

第二节　甲午主战拒和、弹劾权贵

从19世纪60年代开始，洋务运动进行了三十年多年，在办厂、开矿、筹备海军、兴办新式学堂、培养人才等方面，给清政府带来了一丝复兴的迹象，故而被称为"同治中兴"。然而，以"中体西用"为宗旨的洋务运

---

① 《内阁学士奏为恭报交卸学政篆务日期恳恩赏假两月回籍修墓》，中国第一历史档案馆编：《光绪朝硃批奏·第一五辑（内政·职官）》，北京：中华书局，1995年，第619页。

② 《新授刑部侍郎戴鸿慈奏为恭折叩谢天恩》，中国第一历史档案馆编：《光绪朝硃批奏折·第一五辑（内政·职官）》，北京：中华书局，1995年，第787页。

③ 章伯锋、顾亚编：《近代稗海（第十一辑）》，成都：四川人民出版社，1988年，第287页。

动，主张以中国的纲常伦教为原本，辅以西国的富强之术，也就是试图在封建主义思想的指导下，在维持封建的上层建筑、政治制度、统治思想等的前提下通过学习西方的造船、制炮等技术，发展近代企业，达到"师夷长技以制夷"的目的，根本的意图还是为了维护清王朝的封建君主专制统治。而新的生产力是同封建主义的生产关系及其上层建筑显然是不相容的，这就决定了洋务运动必然失败的命运。治标不治本的洋务运动，终究没能使中国强大起来，国势颓弱的清政府，终究也没能阻止列强的觊觎之心。1894年春，朝鲜爆发"东学党"起义，朝鲜政府于6月3日请求清政府派兵协助镇压。6月8日，清军抵达朝鲜牙山。日本以此为借口，也大批调遣军队赴朝。日军从仁川登陆，迅速抢占各战略要地，随后日本联合舰队在丰岛附近海域对中国运兵船及护航舰只发动突然袭击，不宣而战，挑起了中日甲午战争，中日两国海军在黄海大东沟展开激战。

战事一起，清政府就处于被动的地位。清军首先并没有明确的战略方针和作战计划。统治集团内意见分歧很大，主战派和主和派各执一词，互相攻击。朝廷则举棋不定，进退失据。作为直隶总督兼北洋大臣、参战清军统帅的李鸿章，是北洋水师的掌门人、甲午战争中清廷的重要指挥人员，他的态度与战争的胜负显然有非常重要的关系。让很多朝廷大员不理解的是，李鸿章不主战反而主和，他想借助英、俄等国的干涉使这场战争偃旗息鼓。而李鸿章麾下的北洋将领们，表现也是极其不尽如人意。战争未起之时，李鸿章派遣叶志超率兵前往朝鲜，叶志超便十分不情愿，后其闻日军来攻，更是坐立不安，后来更是弃城逃走，狂奔五百里；卫汝贵所统盛军，纪律败坏，"遇贼即溃，遇物即掳，毫无顾忌，沿途骚扰，声名狼藉"。卫汝贵为人"懦怯无能，性情卑鄙"，"平日克扣粮饷，不得军心"，导致"兵勇不服，惊闹数次，连夕自乱，互相践踏"[1]。李鸿章及其

---

① 顾廷龙、戴逸主编：《李鸿章全集》，电报四，合肥：安徽教育出版社，2008年，第322页。

淮军的表现，无疑让人非常失望，朝廷对主和派的抨击之声不绝于耳。

甲午战争期间，戴鸿慈曾先后七次上疏朝廷陈述自己的观点和对战争的看法，其不畏权贵，抨击身居高位的李鸿章指挥不力、调度无方、避战自保，为挽救危机，提出一系列的应对举措，展现出强烈的爱国之情和敢于直言的风格。

一、初上奏表明主战立场

中日甲午战争开启之时，戴鸿慈位居庶子一职，充日讲起居注，是一个记载皇帝言行的文官。当朝鲜平壤一役，淮军遭受重创，戴鸿慈并未因自己职位不高而畏于言事，其很快上奏朝廷，直截了当地指出战争失利的原因在于事权不一，其谓："行军之道，以一事权、济饷运为先。平壤之挫，金谓事权不专、饷运不继所致"。因此，他认为之后的战事应重点解决这一个问题，即使调遣得人，"北洋大臣李鸿章以直隶总督统帅，干一切应敌机宜，是其专责"。戴鸿慈强调李鸿章的统帅地位，应该担负战事全责，其他将领则进行配合，故"应请饬李鸿章进扎山海关，就近调度，并调李秉衡帮办直隶总督事宜。刻日抽带精勇数营驰赴天津，驻扎办理军需，一面催魏光焘迅速启程，直抵奉天，会同宋庆诸军进剿，前敌后路，各得其人，庶可维大局而图进取"①。

李秉衡（1830—1900），字监堂，奉天海城人。初入赀为县丞，迁知县，后知冀州、永平府。在抗法战争中功勋卓著，为军队筹备粮饷，不遗余力。其为官清廉，裁撤弊政，"操行廉峻，勤朴坚毅"，世不多见，被时人赞为"北直廉吏第一"。②其对清政府忠心耿耿，关心民生疾苦，同情底层民众，对近代以来列强的入侵十分痛恨，"仇视外人"是其一贯的态度，其认为与其将国家权益拱手让人，"不若力战而亡，尚可见祖宗于地

---

① 佛山市图书馆整理：《（民国）佛山忠义乡志》，长沙：岳麓书社，2017年，第566页。
② 沃丘仲子：《近代名人小传》，北京：中国书店出版社，1988年，第62页。

下"。①每逢列强入侵，战事开启之际，其必定要求清政府应战，并主动请战，而且身先士卒，不畏生死。魏光焘，早年隶左宗棠部，光绪朝时初任道员，累擢按察使、布政使。其精于理财，勤于治事，军务报销，综核悉当，与李秉衡一样，也是一个对朝廷忠心耿耿的大臣。甲午战争爆发后，李鸿章的淮军表现不尽如人意，朝议起用湘军，魏光焘作为湘军的重要将领应诏率部奔赴辽东。宋庆，也是有名的主战派大臣，十分勇敢刚毅，曾因作战英勇被朝廷封赐"毅勇巴图鲁"。甲午战争爆发后，宋庆受命帮办北洋军务。他信誓旦旦，一定要打败侵略者：此行如不能奏攘倭之功，唯一死以报国。其言如此，实际行动中也是如此。太平山之战中，坐骑被炮弹击毙，他毫不畏惧，重换战马，继续指挥将士迎炮而上。后田庄台战役失利后，宋庆力主整军再战，收复失地，但此时的清政府却已做出了议和的决定。《马关条约》签订后，宋庆非常愤慨，其反对和约，认为应为国再战，表示愿与天下精兵一道舍身报国。无论是李秉衡、魏光焘，还是宋庆，都是主战派官员，他们都反对妥协投降，力主顽强抵抗日军的侵略。戴鸿慈此时在奏折中提及这些人，无疑是支持他们的主战立场，且佩服他们勇猛刚毅的，从而也展示出戴鸿慈要求"主战拒和"，反对妥协退让。

随着战争形势的变化，清军明显处于劣势，失利颇多。身处朝中的戴鸿慈十分愤慨，开始抨击李鸿章指挥不力、调度无方、求和自保，其谓："此次援韩失利，实由李鸿章调遣乖方，迁延贻误。"针对朝中一些妥协投降的言论，如"不逞之徒各腾异议，有谓朝鲜本中国赘疣，不早弃之，以贻此患者；有谓倭人本意欲与我共治朝鲜，乃我先开兵端以致失和者；有谓倭人意仅图韩，可划鸭绿江为界，而即无事者；有谓倾中国之兵不能御倭，不如忍辱求和，徐图后举者"。戴鸿慈针锋相对地指出，这种言论不过是在为李鸿章的妥协退让行径开脱。他反对妥协，反对议和，认为妥

① 胡思敬：《驴背集》，卷二，北京：北京古籍出版社，1990年，第139页。

协隐忍的举措将遗患无穷。"近乃闻有款议将成之说，佥谓数大臣私谋密议，为隐忍偷安之策。窃恐款议遽定，则亏国体而重后患，将来有噬脐莫及者。"他对以上说辞逐一进行分析，指斥其为妄言。首先，针对"朝鲜为中国赘疣者"的言论，其谓此乃"不知中国大势者也"。他从朝鲜的重要性进行分析，谓"朝鲜为吉奉屏蔽，吉奉为京师根本，苟一举足，全局动摇，故我太宗文皇帝力征经营，列圣相承，胥寘怙冒，以怀远为保邦之策，虑至深也"。接着，他列举光绪初年以来的历次战事，"光绪初年，朝鲜苦倭逼甚矣，朝廷命李鸿章以绥靖东藩。李鸿章任用非人，信一马建忠，而有十年、十一年撤兵之事，信一俄使韦孛，而有本年五月迁延不救之事，信一卫汝贵，而有本年八月平壤不守之事。一误再误，以致今日，皆外视朝鲜之意有以启之。推原祸本，为赘疣之说者，我祖宗神灵之所必殛也。"①

他继而驳斥了"我先开兵端以致失和"的说法，指出战争是日军步步紧逼且有所图谋的结果，始自日军的不断挑衅，"兵衅之开，倭实背约"，"仁川之战，我船渡送援军，未先犯倭也，而倭乃击沉我高升船矣；牙山之战，我军往平韩乱，未先犯倭也，而倭自汉城来蹵我矣；大东沟之战，我船渡送铭军，未先犯倭也，而倭自仁川来乘我矣。及平壤之战，我军先到月余，未敢越平壤一步，因循畏葸，坐致围攻。"他综合分析以上战役中清军的隐忍和日军的张狂，证明衅端非自我起，但其强调即便清军节制如此，"议者犹归咎于朝议主战之故"。戴鸿慈认为，这是到了不得不应战的时刻了，否则只能坐以待毙：

> 夫所谓主战者，必其势可以不战而决意用兵，然后谓之主战，若敌人节节见逼，迫我以不得不应，何主战之有？必如议者

---

① 佛山市图书馆整理：《（民国）佛山忠义乡志》，长沙：岳麓书社，2017年，第566页。

之意，必束手待毙而后为不开兵端乎？则谓衅自我开者妄也。

他分析当时战争形势，建议朝廷谕令军队迅速抓住敌人休整的时机积极布防，主动防守：

> 我军已退渡鸭绿江，尽失奉天门户，九连城距朝鲜义州才数十里，中间江面宽者，才三四里，褰裳可渡。且鸭绿江长亘千余里，一无险要可守。我如沿江设防，虽五六万众不敷分布，不惟无此兵力，亦断无此兵法。今日之势，平安为奉天门户，咸镜为吉林门户。保奉天而防鸭绿，如勿防也，必以平安为障蔽而后凤凰门可守。保吉林而防图们，亦如勿防也，必以咸镜为锁钥而后宁古塔可安。我皇上如勿弃吉奉两省，断无不规复朝鲜之理。规复朝鲜，断无不克日进兵渡江之理。比闻叶志超电奏，遵旨全军内渡，是因大军新挫，仓皇退避，既已大误于前，若不及时进占，则敌人益得休息兵力，全锐拒我。日来倭兵不动，当必于平安、咸镜之地分据险要，建筑炮台。彼备一修，则将来我军进攻愈难得力。刻下前敌诸军兵力不为单薄，宜谕令及时进剿，以赴戎机。①

戴鸿慈继续分析应战的原因，认为这涉及军心和士气，关系到国家的治理和长远发展。他认为平壤战役的失利，原因在于卫汝贵之十六营望风而逃，而非因兵单力薄：

> 即以为将图大举，稍待后援，亦宜步步为营，为得寸得尺之

---

① 佛山市图书馆整理：《（民国）佛山忠义乡志》，长沙：岳麓书社，2017年，第567页。

计。如不督令进战，恐诸军误会。日前退渡之谕旨，谓已无意朝鲜，将帅灰复仇之心，士卒阻敢死之气，军不理战，敌起乘之，祸败尚忍言哉！

其认为，三军之战，胜在土气，士气之鼓舞在上于人心。法越之役，我军原本处于进攻之态势，后因应李鸿章之请而试图议和，导致将士闻之，无不愤懑："然犹以战胜在后，许和在先，捷报未通，以至于误会。若万里征兵，不为战用，则事机坐失，更非昔比。窃恐天下人心妄测上意，从此无出力效死之将，从此无欣然赴召之兵。"如果朝廷不坚定主站之心，则疆臣心知朝廷必不欲战因而放弃备战，而虎视眈眈的邻邦知中国之必不欲战，也因此会更加增添觊觎之心。因此，戴鸿慈恳切劝诫道："皇上独不为中国万年计乎？夫人心所系，宗社之安危视之。"

他循循劝说朝廷，妥协退让的方式不能改变困局，必须早定大计，坚定开战的立场，放手一搏：

是宜及今可用之锋，早定自强之计，否则人心涣散，后患方长。敌焰日张，我疆日蹙，并目前所据有者而亦不可恃矣，则谓划江自守者妄也。至于不战遂和之害，益觉不可胜言。倭人雄踞全韩，朝发夕至，得我兵费则益充其战守之资，散我师徒则益肆其进攻之计。不多为之备，则辽沈燕齐在在有可蹈之隙，若概设重镇，则军火粮饷有骎骎之虞。至于无端之迫胁、非理之要求，从之则其欲无厌，不从则顿失前好，此尤历来议款之明鉴。则谓忍辱求和者，尤万世之罪人，天下臣民之公敌也。若赔款之说，尤属势所必争。即以法越前事而论，法之国势数倍于倭，而越南一役不闻有兵费之说。今且倾国帑、借洋债以筹战备矣，而一切委置无用之处，更等巨款以饷雠仇。试问一款之后，可保倭十年不犯中国乎？即有他国居间，而事后谁能相保？《天津专约》甫七年耳，及今而有兵取韩京之事，夷情反复已有明征。后之视今，犹今视昔，竭生民之膏血以求旦夕之安，而安终不可恃。既和之后，仍须办防，悉索既空，费从何出？适足以示瑕而速寇耳！且倭人素称狡诈，设如彼一面进兵而姑言和，以懈我军心、缓我守备，岂不重为所绐，以贻笑万国？此尤不可不长虑却顾者也。①

他劝说朝廷放弃幻想，坚定开战信念，拳拳爱国之心跃然于纸上。

二、再上奏言及战争策略

至于开战，采取何种策略，以何种方式应对？戴鸿慈有自己的看法，他认为，如果开战，策略约有四点：

第一，勇敢。兵以气胜，坐而待敌，就会损耗锋芒，故而"善守者或雕剿以慑敌心，或分枝以牵敌势"。平壤之战，我军失败的原因在于我方死守，敌人活攻，步步进逼，使我军几无驻足之处，一战而溃。"近九连城驻守之军不敢逾鸭绿江一步，侦候不远，哨探不行"，此种情形，恐蹈平壤覆辙，"请电饬诸军相机度势，防剿兼施，无得株守，以致坐困"。

第二，筹进取。朝廷调遣过来的东征之军人数有十万余人。但若军队都据此一隅，则人数再多也于事无补，宜分作数支，"责奉吉诸军以规咸镜，责淮豫诸军以复平安，责海军以略仁川，责南洋出兵舰以袭金山，水陆并进，此正化呆兵为活兵之法。且倭人专尚虚声，我即乘其虚而捣之，亦足以牵制敌兵、张我形势也"。

第三，侦洋情。"窃观法越前事，军情利弊不独在廷，建议即外而封疆守吏、出洋公使，以微员末秩，莫不各效见闻。集益既多，运筹自

----

① 佛山市图书馆整理：《（民国）佛山忠义乡志》，长沙：岳麓书社，2017年，第568页。

易。唯急于议和一节，徇李鸿章之意，贻讥万国为大失着。而事前则军火有资，事后则兵费罢议，未尝不资群策之功。今之敌情军势，惟北洋一人之口是凭，惟津海关道数行之报是据，模糊脱略，考辨无从，而疆臣轺使钳口结舌，无敢出一语以仰赞庙谟者。以此筹战，战固不能，以此筹和，亦断断知其和之无策。是宜严饬枢译诸臣，于洋务军情用心考求、无胶成见。一面电谕各省督抚、出使大臣等随时探访，各效忠谋、群策并进，庶以绝壅闭而资赞助"。

第四，严督责。"偾军之叶志超奉旨查办矣，而外间复奏尚在迁延；督运之周馥奉旨东行矣，而后路粮台未闻奏设。以及谕查军火则核实无期，命购船炮则垂成辄变，似此心存玩忽，军务安有转机？应请谕戒内外大臣，一切特旨指挥，务须实力奉行，如有稽迟，即加谴责。至于荼毒韩民、首先溃退之卫汝贵，应请再申严谕，立正典刑，以慰韩人之心，而作三军之气。"然而，此时清政府对与日本作战并没有信心，戴鸿慈满怀热情写下的这封奏折并没有得到朝廷认可，很快就没了下文，"疏入，不报"。①

尽管上奏没有奏效，戴鸿慈并不气馁，其密切关注战事变化。当战事日亟，节节失利，金州、凤凰城、大连湾、岫岩州、复州等处相继沦陷，清政府意图派人前往日本议和之时，戴鸿慈明确表示反对，认为国家权益的维护不能通过委曲求全的方式进行，妥协退让必将带来极为恶劣的后果，引起其他国家争相效尤，列强将群起而攻，则国将不国。其谓：

> 能战然后能和，为古今之笃论。现在倭焰方张，要求狂悖，其阴怀叵测者在拥挟朝鲜独立，其显肆逼索者则在割地赔款两

---

① 佛山市图书馆整理：《（民国）佛山忠义乡志》，长沙：岳麓书社，2017年，第569页。

端。以土地言之，微特奉天根本重地，在所必争，即沿海各省要区，皆我列祖积功累劳，艰难戡定，百姓食毛践土，久隶版图，岂有一旦与人之理？此宜拒绝者也。至兵费一说，虽外夷所经见，然庚申之役，烽燧内侵，补还烟费多不过八百万两，若过索巨款，帑藏之岁入几何？以有限之金钱填无穷之溪壑，质关质地诸约由此而兴，日后练兵置械之资，更将安出？此宜详审者也。

若夫多方之要胁，无理之诛求，狼子野心，非能逆料。倘使臣识力不定，堕彼术中，从之则贻害安穷，不从则转圜乏术。凡此，皆未和之先，所宜长虑却顾者也。定约之后，例须息兵，而倭性狡诈，或胁我以撤防先退，而反复靡常，或借口于偿款未完，衅端又起。况未经惩创，本有轻我之心，遂其诛求，益逞无厌之欲。且法则觊觎开化矣，英则窥伺腾越矣，俄则蠢动珲春矣，以倭蕞尔小邦尚不敢校，将援利益均沾之例，群起为难。试问主和诸臣，果何以善其后乎？万里征兵，不为一战，遣散之卒，即为伏戎。内外交讧，噬脐何及？此既和之后，所宜长虑却顾者也。①

他站在国家民族的立场，揭露侵略者的贪婪本质，反对投降和割地赔款，拳拳之心有目共睹。

接着，戴鸿慈针对湘军、淮军人事权力互相牵制的问题，提议朝廷给予刘坤一事权，以利于其调兵运饷，其奏道："兵事以一将权为先，将权以兼地方为要。"其认为刘坤一既被派遣为钦差大臣，节制关外内，各军自当殚竭血诚，力肩艰巨。但内则督办军务大臣，外则北洋大臣，皆有节制全军之权，直隶总督、奉天将军也均节制一路。这种状况

---

① 佛山市图书馆整理：《（民国）佛山忠义乡志》，长沙：岳麓书社，2017年，第569页。

导致"刘坤一参伍其间,无地方粮饷之权,兵事虽有节制之名,而疆吏未易和衷"。而"客军多非素习,仰承俯注,左绌右支,贤者无以尽其才,不贤借以卸其责,守土者以统帅有人相诿,主兵者以疆臣掣肘为虞。前刘坤一奏恳收回成命,盖亦知此中难处,未敢轻言节制也"。面对刘坤一办事所受的种种制约,戴鸿慈建议,朝廷既倚刘坤一办事,即为全局利害所关,则当深察事宜,善为措置,使其能尽力筹策,如此事情才有成功的希望。他故而奏请朝廷饬令李鸿章专管直隶总督,以刘坤一兼署北洋大臣,或令裕禄专管盛京将军,以刘坤一兼署奉天总督,如此兼有地方之责,一切调兵转饷尤易指挥。再有,湖北巡抚吴大澂统营数过多,而该抚臣未曾经历行伍,才望较浅,若拨拨归刘坤一统带,以吴大澂为参赞,应更得力。也可以先调拨湘军三十营,即为钦差大臣专辖之兵,便可及时布置。"大抵今日用兵之要,奉直两省兵事、饷事流通一气,又复节制分明,核功罪为进退,察事势为变通,审形胜为控握,勿以款议瞻顾,弛战备而误戎机。目前为御倭之谋,即异日为保疆之策。"①然而,戴鸿慈满腔热忱却遭遇迎头冷水,其奏折的最终命运为"奉旨留览",也没有了下文。

1895年初,日本攻陷威海卫,占据刘公岛,北洋水师全军覆没,京畿震动,举国哗然。戴鸿慈再次上奏,希望朝廷做好准备,谨防日军长驱直入:

> 倭夷蓄志凶狡,其奉省、山东等处,当是牵掣之师,而攻台扰南亦只恫喝之计,必将专往直境,乘虚而入。查直隶沿海兵力本非甚厚,北塘至乐亭数百里皆关紧要,现调回聂军协防,加以游击之师,尚觉有备无患。惟沧州歧口一路,仅有梅东益马步三

---

① 佛山市图书馆整理:《(民国)佛山忠义乡志》,长沙:岳麓书社,2017年,第569—570页。

营，未免太单。曾闻倭人在此量水，其择瑕而蹈，实在意中。设由此登岸，绕而北趋津通，诸军隔绝而不能救，不过五日，可抵京师。专恃南苑一军当其前敌，沧州离海北百二十里，控运河水陆之冲，一为敌侵，运道梗塞，关系甚重。自沧而进，则固安当其隘，畿南屏蔽惟恃固安。应请饬下督办军务王大臣，酌量缓急远近，于关外魏光焘、吴凤柱、徐邦道各营中速调回两军，分驻沧、固。或于关内先行抽调一军驻扎岐口，即以南苑一军移防固安，与驻守武清之军相为犄角，闻警策应。俟关外各营赶到，再行匀拨，仍催调南省得力勇营，兼程北上，以为后劲。庶布置稍密，不至为敌所乘。[①]

面对北洋水师全军覆没、战争节节败退的惨况，时仅为四品官的戴鸿慈痛心疾首，其愤然上表，弹劾权倾一时的一品大员、直隶总督、北洋大臣李鸿章。他认为战争的失利是李鸿章及其淮军的问题，正因李鸿章调度不力、对手下处处回护，才导致如此结局，故而他建议朝廷严惩李鸿章，解拿丁汝昌，以儆效尤。其奏道：

自威海既失，津沽之屏蔽尽撤。李鸿章节节偾事，以奉旨拿问败坏海军之丁汝昌，始终袒护，称其得力。又谓作雾洋人，非丁汝昌不能驾驭。现闻倭陷威海，丁汝昌不发一炮，所谓得力者何在？丁汝昌驾定远战舰潜逃，作雾之法并未施演，所称驾驭洋人者又何在？李鸿章极力为丁汝昌回护，不恤抗违诏旨，以遂其私，而丁汝昌全置李鸿章于不顾，李鸿章尚有何说以自解乎？窃惟李鸿章贻误大局之罪已货无可贷，朝廷曲全李鸿章之意亦加无

① 佛山市图书馆整理：《（民国）佛山忠义乡志》，长沙：岳麓书社，2017年，第570—571页。

可加，倘复任其缓兵养寇，坐误军机，李鸿章一人不足惜，如畿疆何？如天下何？伏愿明发谕旨，特予严惩，并责成将丁汝昌速行拏解，以肃军令而儆效尤。若国家追念前劳，犹欲保全终始，亦应早解事权，俾接替得人，危局尚可稍救。[1]

然而，这封奏折并没达到其想要的结果，奏稿入，"不报"，但清政府还是顺应朝中惩处李鸿章的声音对其稍事惩处，丁汝昌则被革职处理。戴鸿慈身为四品官员，敢于弹劾一品大员、直隶总督、北洋大臣、权倾一时的李鸿章，表现了他不计个人的利害得失，一心为国，其对国家民族的强烈责任感和赤胆忠心以及敢于直言、不畏权贵的可贵品质显露无遗。

对国家和民族强烈的责任感，驱使着戴鸿慈不断关心国事、关注国家民族的前途命运，时刻思考国家处于困局的原因，积极酝酿改革的方向和方法。甲午战败，清政府派李鸿章赴日本议和，光绪二十一年三月二十三日（1895年4月17日）《马关条约》签订。自李鸿章奉命前往日本谈判开始，清朝内部反对议和的声音就不断高涨，至四月十四日（5月8日）中日烟台换约前后，社会各界更是掀起了声势浩大的拒约运动。在清朝上下政情不通，枢廷之事十分机密的情况下，绝大多数官吏并不了解和谈的具体进展，也不清楚《马关条约》的具体内容。此时的戴鸿慈虽然职位不高，但贴近清政府政治决策中心，故而比其他官员更清楚中日和谈的进展，他痛恨日本的要挟与逼迫，在和约已定而尚未画押的紧要关头，与其他官员联衔上书，请求朝廷慎重考虑签订合约的后果。其后，《马关条约》签订的消息传播开来，举国上下舆论哗然，不少地方督抚和将领等都请求朝廷一意迎战，反对签订合约，各级官员也纷纷上奏请求朝廷切勿轻议割地议

---

[1] 佛山市图书馆整理：《（民国）佛山忠义乡志》，长沙：岳麓书社，2017年，第571页。

和。举国上下形成了一波又一波抵制和议的舆论声浪。面对国家的困局，戴鸿慈悲怆万分，他痛哭流涕，请求朝廷谕令使臣暂缓和议。该年恰逢科举会试，各地举子齐集京城。受国内舆论影响，被爱国情绪激荡，举子们也云起响应，或与本省京官会同条陈，或是阖省举人联名上书，或由数省举人集议公呈，将拒约声浪烘托得更加高亢。当看到清政府督察院的官员在上呈举子条陈时的犹疑与抗拒，戴鸿慈十分气愤，于该年的四月初三日（4月27日），与同为日讲起居注官的文廷式一道上书弹劾都察院代奏京官联衔及各省举人公呈迟延，迫使都察院做出更加积极的表态。次日（4月28日），都察院首次代奏吏部候补主事鲍心增等十二人、工部候补主事喻兆蕃等五人以及台湾京官叶题雁、李清琦并三位举人的条陈。接着，都察院又一次性代递了七件举子的上书，包括由梁启超领衔的八十位广东举人的联名上书。[1]无疑，在此次事件中，戴鸿慈敢于直言、不畏权贵的形象进一步凸显。

第三节　上陈《善后十二策》

全国反对议和的声音终究没能阻止清政府签订丧权辱国的条约。《马关条约》的签订及正式生效，标志着甲午战争的落幕。戴鸿慈见事情已经无法改变，便进一步思考如何挽救国家民族危机，避免重蹈覆辙。痛感强邻虎视眈眈，民族危机重重，戴鸿慈希望清政府能痛定思痛，奋起直追，挽救民族危亡，于1895年闰五月上陈《善后十二策》[2]，系统地谈论了其

---

① 见张海荣：《思变与应变：甲午战后清政府的实政改革（1895—1899）》，北京：社会科学文献出版社，2020年。

② 见北平故宫博物院编：《清光绪朝中日交涉史料》，卷四五，内部资料，1932年，第39—45页。

对时局的认识，并陈述了其改革的主张，希望清政府能通过改革内政、发展经济、充实军备等举措使国家强大起来以改变受西方列强侵略的困境，其谓："臣惟惩前毖后，多难足以兴邦，今虽和局已成，干戈暂释，而属藩尽撤，巨款难筹，辽南之失地未还，威海之屯兵尚迫，沿海散勇虑为伏戎，内地奸人时闻窃发，强邻耽伺，闻隙以相凌，民教交讧苦，调停之无术，此诚卧薪尝胆之日，而非苟安玩渴之时也。唐臣陆贽有言曰：'居危则思安之心切，遭乱则求治之念深。'臣知皇上思安之心不为不切矣，求治之念不为不深矣。因循而坐误，是谓失时缄默，以取容是谓负国。臣日夜思虑，冀补涓埃窃，思论议贵失，可行通变斯之以渐。谨就管见所及，胪为十二条渎陈圣鉴惟。"具体说来，其十二条建议的内容为：

第一，审敌情以固邦交。

戴鸿慈认为，国与国之间的关系，根源在于国家的强弱与利益，"交邻之道，情与势而已；势则有强弱，情则有逆顺"，各国的情势各不相同。戴鸿慈对此进行了深入分析，认为，美国专注于贸易，初无觊觎他国土地之心；俄国与英国互相疑忌，"往者俄伐土，英、法合而拒于君士但丁峡；俄伐机洼，英拒于波罗斯的海；俄欲东出，英先据巨文岛以扼之。今俄、德、法合，而英孤矣。所与者日本耳"。俄国雄跨两洲，地广兵精，其君主高瞻远瞩，"视倭之崛起东隅者，强弱迥殊。彼英之分踞三岛，兵力不能远及者，尚不如也"。因此，日本挑衅清政府，俄首先建议"归我辽南，又令高丽确为自主，欲保东方之局；借我巨款，取息亦轻；且闻使臣王之春到彼，优礼相待在各国之上，视倭之屡次枪伤我使臣者，顺逆迥殊。彼英之首鼠两端，且暗助日本者又不如也"。"近日议论纷纭，巧相传播，始则曰兴亚以拒欧，继则曰联英以抗俄。夫日惧俄之出黄海，不得不输情于英；英惧俄之窥印度，不得不借助于日。皆各自为谋，而非为我地也。日人性贪而黠，有蔑视中华之心，吴越相图心实叵测，所议和约，穷我利源，制我兵力，使诚心释怨者，必不至此"。基于此，戴鸿慈希望朝廷能审察各国情势，及时整顿策略，"驯至国家富强，然后惟吾所欲"。

第二，增陪都以资拱卫。

甲午战争中，朝中有大臣持迁都之议论，戴鸿慈对此并不认同，而建议增设陪都。他认为海禁大开，将危及京师。"踵成周营洛之规，诚今日之至计"。设立陪都之后，"关中形胜，山河闭塞，重重关键，舟楫不通，而且沃野膏腴，进战退守。"如此，朝廷做好了充分准备，则敌人知我有备，"庶可戢彼妄心"，"虽营缮经费颇巨，但揆时度势，思患预防，惟修复海军与增设陪都二者必从事于一。似不可存惜费之心，而忽保邦之计也。"

第三，设军屯以实边储。

戴鸿慈认为东三省乃龙兴之地，却遭到强邻窥视，只有以重兵防守才能保全。故而其建议："拟恳饬下吉林、奉天、黑龙江将军，于防营近地，相择可开之田，拨兵耕种，宽免升科，责令该管营官认真董劝，著有成效优予奖叙，以酬其劳。"总之，兵屯之法可使"营屯相望，兵食兼足，东方重镇，固若巨防矣"。

第四，筑铁路以省漕运。

戴鸿慈认为，兴建铁路意义重大，能带来诸多好处，相比漕运与海运，有其独特的优势，"铁路之利非止一端，以调兵运粮为第一义"，"今议筑铁路，先创自清江经山东达京师一条，重载而驰，顷刻千里，无霉蒸之息，无漂没之虞，无敌国外患之截阻，而漕督以下弁兵公私费用一概可裁，岁中所省当不下数百万两。"因修筑铁路需要巨额资金，"筹资非易，创始为艰"，故而，戴鸿慈建议采取多种方式筹资，"或招商集股，分段兴筑，或暂借洋款，获利垫还"，通过循序渐进的方式，日后再渐次扩充。

第五，开煤铁以收利权。

戴鸿慈认为，国家利权非常重要，"利权不收，何以立国？"而列强对我国矿务虎视眈眈，故而国家应及早振兴矿务，以免为外人所觊觎。而

开设煤铁，也需巨资，官方很难筹措，"民办则众擎易举"。因此，戴鸿慈建议清政府令各省督抚招徕殷实商人设厂，如开办有成，"议叙职衔，用示鼓励，将见众情踊跃；从此风气大开，矿务蒸蒸日上，五金之矿自可逐渐扩充"。

第六，税烟酒以佐度支。

戴鸿慈看到清政府处于财政困境之中，认为当此处境困难亟须经费之际，于不得已之中求可行之计，"烟之为用，原属可有可无，酒则群饮罚金，自古且垂为禁。即多为抽取，尚于民生日用无关"，因而建议抽取烟酒税，"照值百抽三十，似不为过"，"一俟经费既充，即予豁免"。

第七，行抽练以简军实。

戴鸿慈认为，兵贵精不贵多，而当时清政府军队弊端重重，需饷甚多，花费甚众，效果却不好，故而他建议采取抽练的方式，沿海各省均挑练精兵一万五千人，多用炮队、枪队，用西操使习掘壕、筑垒诸事，遇到战事可即刻调遣。天津、江南两处应聘洋员教习陆操，内地则需裁撤那些体弱多病和吸食鸦片之兵。同时，"慎择将官，扫除积习，禁摊派，勤抚恤，缮甲兵，时操演"，从而达到化弱为强的效果。

第八，广铸造以精器械。

戴鸿慈认为，"近日中国火器，仍多购自外洋"，而火器于国防的重要性不言自明，"欲求胜人，而转倚人以求胜，甚非计也"。虽然各省早已开设了船炮局，但成效并未彰显。因此，其建议，加强对于之前枪炮厂的管束，并准民间自行设厂，"一切船炮军械任其铸造，惟须具名保洁禀官"，"购买必凭官票"，则能避免武器流落民间为盗匪所用的弊端而有利于国家防务。

第九，简使才以备折冲。

戴鸿慈认为，使臣的气节十分重要，"使臣之选，节为重，才次之，行已有耻而后使命不辱。天下唯骨鲠之人，能以贞国济事，必不刚愎偾事，其可重托。"因此，朝廷应慎重选择使臣，"遇有风骨坚凝、擅长专对者，记名录用，并令各部堂官、直省督抚随时体察属员中耿介倜傥之士，勖以留心时务，届时保荐参赞、领事等官，庶不至有乏才之叹"。

第十，重牧令以资治理。

戴鸿慈认为，地方官乃国家治理的基石。"致理之本，莫重夫守令"，吏治的好坏，与之有莫大关联。但地方官往往责重权轻，"长吏有颐指气使之心，本员有自恃菲薄之意"。欲激扬士气，整饬地方吏治，戴鸿慈建议，"拟请嗣后实任州县，不得任意更调，试以六年，其治行卓著之员，择优保送"。

第十一，召对群僚以励交修。

戴鸿慈认为，在列强觊觎的多事之秋，只有君臣一心共同应对才能解决问题，故而建议最高统治者能洞达臣民，虚怀求言，召见群僚，克己受谏。或叩以政治得失，或咨以民生之疾苦，上下之情，中外之故。一堂之中君臣和谐，图强之策，旦暮可期。

第十二，变通考试以求实用。

戴鸿慈认为科举考试的弊端十分明显，崇尚虚文，不符合国家发展的需要，也束缚了人才的发展，"国家设科取士，奉行既久，成格过拘，才智之士，惟求勉就范围，空疏之儒，甚至竞相剿袭。课功考业，学仕分歧"。基于种种弊端，戴鸿慈建议进行改革，"拟头二场谨遵旧制，三场作史论二篇、策问三道，专问政事，兼及艺学，使博通上下古今之故。各抒胸臆，切实指陈，惟课实而不课虚，斯有体而兼有用。""可否请饬下总理衙门，选列舆图、算学精本及泰西格致、制造新旧等书，与夫公法条约简要书目，移咨各直省将军督抚，广购多部，给置省城中大书院，以供好者肄习，使知中国圣人兼包并蓄，无美不搜；多士孜孜考求，将有驾西洋而上之者。此亦裁成实学之本原也。"

戴鸿慈的《善后十二策》，强调发展近代工矿业和运输业以富国强兵，而且要求广泛征求群僚意见，变革腐朽的科举制度以培养人才，均为切中时弊的建议，不失为相当完备的变法纲领，也比较深入地展现了其政

图五 《善后十二条》奏折原件复印件

治主张。

其主张加强国防和经济建设，包括政治、经济、外交、军事、交通、教育等多方面内容，集中体现了戴鸿慈强国兴邦的主张，集合了戴鸿慈多年对于内政外交的思考，表现出其忧国忧民的情怀和对国家民族的一片赤诚，而且其中某些主张可谓切中时弊。

比如，在第一条"审敌情以固邦交"中，其认为外交上必需了解各国的具体情况，故而建议清政府派遣出国人员加强与其他国家的往来。

其分析当时国际局势和列强的状况及其关系，认为列强之间关系十分微妙，各有盘算，清政府应根据当时的国际形势，"审顺逆之情，于俄加意辑睦"。

戴鸿慈的主张立足于对国际形势的审视，试图通过列强之间的矛盾加以牵制，展现出一定的战略眼光与国际视野，与朝中那些迂腐不堪、懵懂

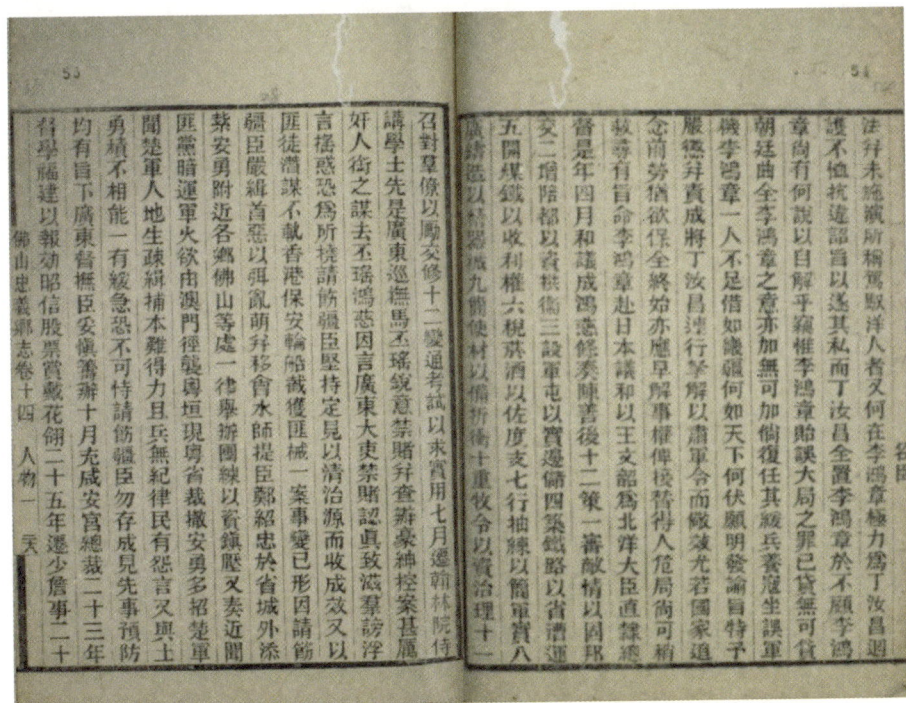

图六　民国版《佛山忠义乡志》的戴鸿慈传选页（来自佛山市博物馆网）

无知的守旧派官员有着很大的差异。

他的建铁路、开矿山、造机械发展工业，对烟酒课税增加收入，增陪都、设军屯，科举上变通考试以求实用等主张，无疑是在之前洋务举措基础的拓展与深化。

总体来看，戴鸿慈的《善后十二策》与洋务派的改革举措颇为相似，是在洋务运动基础上的发展，与维新派的主张相比，也有类似之处，如其主张中的招商集股修筑铁路、民办煤矿业，"兼得民间得自投厂，一切船炮军械任其铸造"等提议，与康有为"公车上书"中的建议有异曲同工之妙。

但很明显，此时戴鸿慈的改革思想仍然停留在洋务运动的范围内，并没有触及封建君主专制制度的改革。

第二章

维新运动中的
支持及疏离

文历
化史

　　戊戌变法，又称百日维新、维新变法、维新运动，是晚清时期以康有为、梁启超为代表的维新派人士为救亡图存而依赖光绪帝，试图通过改变中国传统的君主专制为君主立宪而进行的一场自上而下的资产阶级改良运动，是一次具有爱国救亡意义的政治改革，也是一次思想启蒙运动。戊戌变法，从1898年6月11日开始拉开序幕，到1898年9月21日结束，历时一百〇三天，史称"百日维新"。这次改良运动由戴鸿慈的同乡、同为广东人的康有为、梁启超等人发起，同时也得到了其另一个同乡——张荫桓的全力支持。其结局是慈禧太后发动戊戌政变，光绪帝被囚于中南海瀛台，康有为、梁启超在外国公使的帮助下逃往海外，谭嗣同、康广仁、林旭、杨深秀、杨锐、刘光第等戊戌六君子被杀，张荫桓被流放。那么，身处此政治风浪中且有多个同乡卷入其中的戴鸿慈，当时持什么立场和态度呢？弄清楚这一点，无疑对深入了解戴鸿慈有所裨益。

第一节　支持早期爱国救亡运动

　　19世纪末年，在日益严重的民族危机中，康梁维新派登上了历史的前台。随着世界主要资本主义国家，如英、美、法、德、俄、奥、意、日等国相继进入帝国主义阶段，西方列强掀起了瓜分中国的狂潮，在中国占据租界和"势力范围"，中国面临着被豆剖瓜分的困境。甲午战败，《马关条约》签订，中国再次割地、赔款，主权进一步丧失，半殖民地半封建社会的程度进一步加深。亡国灭种的危机笼罩在朝野，以康有为、梁启超为代表的维新派开始寻求通过政治改革来挽救民族危机的救国救民道路。

　　康有为，咸丰八年（1858）生于广东南海西樵山一个官僚地主家庭，是戴鸿慈的同乡，比戴鸿慈小几岁，算是同龄人。他意气风发，关注国事，讲究经世致用，心怀天下，"日日以救世为心，刻刻以救世为事"，希望通过自己的不懈努力，让皇帝青睐自己和自己的政治观点，从而推动国家的发展和改革。故而，从1888年至1898年，康有为曾先后七次向光绪皇帝上书，即1888年的《上清帝第一书》，1895年5月的《上清帝第二书》（即公车上书）、《上清帝第三书》，1895年6月的《上清帝第四书》以及1898年1月的《上清帝第五书》《上清帝第六书》《上清帝第七书》。

如光绪十年（1884），中法战争爆发，康有为忧虑于帝国主义侵略势力侵入中国西南边陲，开始谋求改革。光绪十四年（1888），康有为到北京参加顺天乡试，趁此机会上书光绪皇帝，极陈列强相逼，中国危难之状，请求清政府推行变法以挽救国家危亡，提出了"变成法，通下情，慎左右"三条纲领性的主张。此即为康有为的《上清帝第一书》，但由于在当时封建官僚体制下康有为的级别尚不能直接上书皇帝，再加上朝中守旧官员的阻挠，这封上书并未送至光绪皇帝手中。但康有为要求变法的呼声及其上书的稿件在官员和士大夫中流传，在朝野引起颇大的反响，激起了不少不满旧体制的有识之士的共鸣。

1895年，《马关条约》签订，中国割让辽东半岛（后因三国干涉还辽而未能得逞）、台湾岛及其附属各岛屿、澎湖列岛给日本，赔偿日本两亿两白银。《马关条约》签订的消息传播开来，举国哗然，反对之声此起彼伏。时值乙未科进士会试，等待发榜。在北京应试的举人听闻丧权辱国条约的签订，群情汹涌，无不义愤填膺。康有为慷慨激昂，用一天两夜的时间写下了一万八千字的《上今上皇帝书》（即《上清帝第二书》），引发十八省举人群起响应。在康有为、梁启超等人的组织下，在北京应试的一千三百多名举人联名上书光绪帝，痛陈国家民族危亡的严峻形势，提出拒和、迁都、练兵、变法等改革主张。这次事件，史称"公车上书"。但因顽固派的阻挠，此次上书仍旧没能送到光绪帝的手中。虽然上书未能成功，但经此一事，康有为在全国的影响更大了。

　　此后，康有为、梁启超等维新派以"变法图强"为号召，积极开战宣传和组织活动，他们著书立说，介绍外国变法的经验和做法，创办报刊、学会、学堂，风靡一时，人们竞相谈论。他们的相关著述，慢慢成为了上自皇帝、王公大臣，下至官绅士子研读、讨论和学习的内容。他们的言论，引来了社会各界的重视，如同给古老中华的思想界带来了一阵飓风，冲击着旧的思想观念，使维新思想逐渐传播开来，全国议论时政的风气逐渐形成，士大夫们纷纷改变以前趋于保守的政治姿态，积极关心和参与国事，关注国家民族的发展方向，关注战后的改革图强问题。学习西方的先进制度以救亡图存的观念，已然在少数士大夫心中发芽并快速生长。一些爱国知识分子和开明官员纷纷站到了维新派的阵营，支持其变革主张，希望通过清政府的自我改革，上下一心，破除积习，因时变通，使国力强盛起来，改变国家积贫积弱的局面，改变备受西方列强侵略的命运。

　　与康有为类似的是，该时期，戴鸿慈同样也在思考国家的发展方向，不过他更倾向于渐进的变革和务实的风格。中法战争期间，正丁忧在家乡的戴鸿慈积极筹办团练保卫地方。甲午战争期间他同样忧虑国事，《马关条约》的签订使他痛彻心扉。面对全国反对清政府签订和议的舆论浪潮和公车上书受挫，戴鸿慈感同身受，悲愤万分，其积极推波助澜，上疏弹劾阻止上书的督察院，其在奏折中称：

　　　　督察院为通达民情之所。闻近日凡有京控之案，均遭驳回，人言啧啧，已成怨府。此次京官联衔及各省举人公呈，闻该堂官已允代奏，尚属知所缓急。惟闻事隔七八日，尚未进达宸聪。事关大计，如此迟延，使我重上不得洞悉民情，未知何意！应请旨严行切责，以儆惰顽。[1]

---

[1]　文廷式、戴鸿慈：《合词纠参都察院延迟代奏京官联衔及各省举人公呈片》，汪叔子编：《文廷式集》，北京：中华书局，1993年，第70页。

其参奏效果明显，第二日，都察院开始代呈京官及举子们的奏折。

可以说，当年"公车上书"时举人们的义愤，戴鸿慈同样感同身受，对于当年康梁公车上书中所提及的进行改革以图富强的愿望，戴鸿慈也十分赞同，而且其对于上书的顺利进行有一定的推动作用。戴鸿慈无疑也主张通过改革来救亡图存，从上文中他的《善后十二策》中就可以看出其要求改革的迫切愿望。

第二节　疏离激进的变革举措

虽然戴鸿慈主张对当时的社会制度进行一定程度的改革，但对于康梁在戊戌变法中的主张却明显表现出一定程度的疏离。

1897年冬，德国出兵强占胶州湾，瓜分大祸迫在眉睫，民族危机更加严重。康有为慨然写了六千字的《外衅危迫，分割洊至，急宜及时发愤，革旧图新，以少存国祚折》（即《上清帝第五书》），他痛陈清政府故步自封，守旧不变，致使国势日衰，酿成今日之祸，指出形势迫在眉睫，如若再不进行变法，不但国家民族危亡，而且"皇上与诸臣，求为长安布衣而不可得矣！"。光绪皇帝深为康有为的警世之言所刺激，他将康有为的上书置于案头，反复翻阅，思绪万千，内心澎湃不已，终于下定决心不做"亡国之君"，故而决定启用康有为开始全面变法。光绪二十四年（1898）六月十六日，光绪帝在颐和园勤政殿召见康有为，任命他为总理衙门章京，准其专折奏事，筹备变法事宜，维新运动由此拉开帷幕。而该时期，戴鸿慈却对康梁的变法举措表现出疏离的态度。

康有为在1894年进京参加会试之前，就曾遍访京城达官贵人，特别是通过各种关系接近那些朝中掌握实权有着重要影响力的官员，仔细梳理各种复杂的人际关系，以求得引荐的机会。位于北京宣武区米市胡同的南海会馆，是康有为等维新志士及广东籍京官聚集的重要场所。同乡中的中

央政府官员，成为他上达天听的一个很好的渠道，故而他努力结识以图引荐。正因为此，他与张荫桓过从甚密，后者也确实曾秘密引荐康有为。

张荫桓（1837—1900），字樵野，广东广州府南海县（今佛山市城区）人。其虽科举仕途不畅，未能取得骄人的功名，不是科班出身，但其对洋务十分感兴趣。张荫桓有着识见过人、治事精密、认真细致、办事干练、擅长交涉等特点，因而颇受上方器重，先后受到山东巡抚阎敬铭、丁宝桢以及直隶总督李鸿章的赏识，屡经保荐而升迁。光绪十一年（1885）其为总理衙门大臣，正式涉足清政府的对外交涉，之后被派充出使美国、西班牙、秘鲁三国大臣。光绪十八年（1892），升户部右侍郎，转户部左侍郎，仍兼署礼部，随转户部左侍郎。光绪二十年（1894）十一月，赏尚书衔，授为全权大臣，出使日本。光绪二十三年（1897）二月，出使英国，赏紫禁城骑马。到戊戌变法时期，张荫桓已经成为了朝廷中熟悉中外交涉、具有开放眼光而跻身卿贰、肩负重责的朝廷大员。光绪皇帝对他也十分赏识。他每次从国外回来，都会为皇帝讲述西方事务和西方诸国富强的经验，光绪皇帝十分感兴趣，也经常召见他。仅戊戌年（1898）三月，就连续召见他达七次之多。慈禧太后也对他颇为看重，"每次召见，皆卷帘见，必赏饭，前赴日本议和，屡蒙温谕，并云：尔办事勤能，未免遭忌，国家赖尔等辅佐，决不为浮言所动，前赏朝马，亦特恩也"。①

张荫桓是戊戌变法幕后的重要推手。因为张荫桓长期从事外交与洋务活动，曾多次出使外洋，侨居海外多年，了解欧美各国富强之道，对于康有为的改革主张颇为赞同。张荫桓与光绪帝师翁同龢过从甚密，故而其将广东同乡康有为推荐给了翁同龢，进而举荐给光绪帝。他多次在光绪皇帝及翁同龢面前提及康有为的改革主张和观点，并推荐康有为的书供皇帝审阅。基于张荫桓的变法主张及其在戊戌变法前后对康有为的举荐与支持，朝中守旧派大臣曾多次弹劾他蛊惑皇帝，慈禧太后也视之为眼中钉。

---

① 张荫桓：《张荫桓日记》，上海：上海书店出版社，2004年，第572页。

光绪二十四年八月六日（1898年9月21日），慈禧太后发动政变，宣布训政，此时其便欲处死张荫桓，但由于外国列强的干预，慈禧太后转而将其"发往新疆，交该巡抚严加管束"。然而，朝中守旧派对于张荫桓推动变法之事依然耿耿于怀，时刻想要除掉他。光绪二十六年（1900），义和团起事，兵部尚书徐用仪、户部尚书立山、内阁学士联元、吏部侍郎许景澄、太常寺卿袁昶因反对慈禧利用义和团对外宣战的主张，先后被慈禧下令正法，此即庚子被杀五大臣。而光绪二十六年七月六日（1900年7月31日），远在新疆的张荫桓，在戍所被清廷杀害，年六十四岁。他是继六君子之后为变法捐躯的又一人，可以说是为戊戌变法牺牲的"第七君子"。

康有为当年曾频繁联络朝廷大员寻找引荐机会，自然不会漏了戴鸿慈这位同乡。但戴鸿慈为什么并没有为康、梁维新派牵线搭桥呢？而且，戴鸿慈与在京的粤籍同乡交往较多，其老家又与张荫桓老家距离很近，两人应算是同乡中的同乡，关系应更甚其他人一筹才是。为什么戴鸿慈没有与张荫桓一道，成为戊戌变法的重要推手呢？毫无疑问，康有为在戊戌变法之前就已联系上了戴鸿慈，两人是相识的。变法前，康有为曾希望借助戴鸿慈的力量扫除变法障碍。康有为曾回忆变法前其欲通过戴鸿慈弹劾徐用仪，谓：

> 时孙毓汶虽去，而徐用仪犹在政府，事事阻挠。恭邸、常熟皆欲去之，欲其自引病，叠经言官奏劾，徐犹恋。六月九日草折，觅戴少怀庶子劾之，戴逡巡不敢上，乃与王幼霞御使鹏运言之，王新入台敢言，十四日上焉。[①]

此处戴少怀，即戴鸿慈。可见，当时的戴鸿慈对康有为是保持距离

---

① 康有为：《康南海自编年谱》，北京：中华书局，1992年，第29页。

的，其没有同意康有为的提议。

毋庸置疑，戴鸿慈是敢于弹劾权贵的，就在几年前的甲午战争期间，他仅为四品官吏而敢于弹劾身居高位的朝廷大员李鸿章，展现出为国家民族发展不计个人利益的可贵品质，此时其没有附和康有为的建议弹劾徐用仪，自然不可能是像康有为所说的不敢，只能是因为戴鸿慈对康有为变革举措不赞同的缘故。从戴鸿慈的《善后十二策》中呈现出的稳妥的变革主张，可以判断他是不会赞同康有为激进变革举措的。而曾经对康有为有过赏识的张之洞、翁同龢等朝廷大员后来都因康有为之狂妄而改变了态度，荣禄等朝中实力派官员则视激进的康有为为幼稚，最为接近权力中枢的戴鸿慈不可能不知道这些。朝廷大员对康有为变革主张的态度及戴鸿慈自己的变革主张，显然都与康有为及其变法举措之间呈现出疏离的状态。然而，鉴于同乡情谊，再加上性格上"谨饬和厚，生平未尝忤人"[1]，戴鸿慈并没有直接拒绝康有为，而只是表现出"逡巡"。

而且，与戴鸿慈过从甚密的李文田、梁鼎芬也不赞同康有为的主张。李文田与戴鸿慈同为佛山人，不仅与戴鸿慈为同乡，而且他们两人都曾受到当地士绅梁九图的赏识与提携。梁九图生平爱才，把鼓励和引导晚辈作为自己的职责。李文田从小就非常勤奋，天资聪颖，十四岁时，其父亲去世，家里生计靠母亲做针线活维持，后其老师何铁桥资助他读书的费用，梁九图爱惜其才华，招他到家中与儿子梁僧宝共学。梁九图家中良好的学习环境和氛围为李文田的学习提供了很大的便利和优越的条件，在此期间李文田学养大增，十八岁参加县试名列第一；咸丰五年考中举人，咸丰九年考中进士。可以说，梁九图对李文田是有栽培之恩的。而梁九图对戴鸿慈，同样十分赏识。戴鸿慈年少时曾跟随梁九图的学生举人伍兰成学习，梁九图见到戴鸿慈的文章，赞叹不已，认为其前途不可限量，并做主将哥哥的孙女许配给了戴鸿慈。由上可知，戴鸿慈与李文田的交游，是有深厚

---

① 沃丘仲子：《近代名人小传》，北京：中国书店出版社，1988年，第128页。

的人际关系基础的。李文田为官正派，敢于直言。关于其敢于弹劾权贵的事迹前面章节已有所论及，兹不赘述。他是康有为的同乡，却不赞同康有为的变法主张，不肯为其呈递文书行方便，甚至将其奏章扣下，不代上奏，显然不是因为一己之私。

梁鼎芬（1859—1919），广东番禺（今广州市）人，光绪六年进士，授编修。历任知府、按察使、布政使等。梁鼎芬性刚直，屡劾权贵，曾因弹劾李鸿章而名震朝野。中法战争中，因北洋大臣李鸿章一味主和，梁鼎芬弹劾李鸿章有六大可杀之罪。这次弹劾李鸿章，其可谓付出了很大的代价，甚至最后被斥为"妄劾"罪，连降五级。但他并不留恋自己的权位，依然敢于直言。光绪三十二年（1906）入宫觐见之时，竟然当面弹劾慈禧太后宠信的某些大臣，指斥庆亲王奕劻贪贿，还弹劾直隶总督袁世凯，其敢于直言可见一斑。戊戌变法前夕，他曾认可康有为的才华，作为张之洞的心腹幕僚，其甚至将康有为推荐给张之洞，促成张之洞捐资康有为的强学会，并促成张之洞赞助《时务报》创刊。1895年，张之洞与康有为的第一次见面，便由梁鼎芬的引荐而促成。这一年，张之洞的次子张仁颋失足落水身亡，张之洞悲痛万分。为减轻其悲伤之情、转移其注意力，梁鼎芬提议与向来健谈的康有为聊聊中西之学，如此也许可以释怀解忧。这年，康有为在北京参与发起强学会，宣扬开通风气，讲求西学。经历多年洋务运动的张之洞也意识到清政府内政中的种种弊病，对康有为此举十分支持，特地捐银五千两作为经费。第一次见面，张之洞对康有为评价颇高，称赞其"才高学博，胆大识精"，也同意了他在上海、广东开办强学会分会的请求。然而，康有为试图为改革张本的"孔子改制"说却不被张之洞认同。康有为将孔子塑造成为改革的先锋，认为孔子为"托古改制"而假托圣贤之名作六经。深受传统儒家文化熏陶的张之洞并不赞同此观点，也不赞同康有为激进的变革主张。后来，张之洞站到了反对康梁维新变法的阵营中，将康有为及其一党视为清廷最大的祸患，一再出手打击，并撰写《劝学篇》力图在思想上"正本清源"。与张之洞的变革主张相同，梁鼎

芬也反对康梁式的激进的变革，企图将改革限制在之前洋务运动的范畴之中。故而在《时务报》刊行过程中，梁鼎芬时刻注意对维新派的主张进行"匡正"，称赞与"中体西用"纲领相契合的文字，而贬斥诸如民权等超越封建纲常伦理道德体系的文字。他后来甚至抨击康有为是"无父、无君、无人理之逆犯"，凸显出其维护清廷封建君主专制统治的历史角色。

戴鸿慈与李文田、梁鼎芬交游密切，他们都有克己奉公、刚正不阿的品格，都不满清政府官场中的腐败现象，都敢于直言、敢于抨击权贵，也都认为清政府需要改革，从戴鸿慈的《善后十二策》中都可见其政治立场与态度。但对康梁的改革举措却不赞同。百日维新期间，戴鸿慈正处于福建学政任上。虽然此时他远离戊戌变法风云激荡的旋涡中心，远离清政府的政治变革核心圈子，但即便此时他身处京城，身处清政府的权力中心，也不可能赞同康有为将君主专制改为君主立宪的改革主张。此时的他赞同政治制度上的微调，认可具体实务上的改进，甚至提出"变通考试以求实用"的主张，但改革的步子却不大，故而不可能同意废除八股，他甚至在奏折中还要为科举考试辩护："薄时文为可废者，此不经之论论也。"可见其有一定时代局限性的保守思想。

戊戌变法后，经由戊戌政变而上台的封建守旧派掌握朝政，他们逆时代潮流而动，将落后与守旧的举措落实于社会生活之中，使之前积极求变求新的社会风气为之一变，朝野上下顿时被笼罩在阴森恐怖的高压氛围中，专制残酷的统治让人们噤若寒蝉、不寒而栗。他们残酷迫害维新人士，谭嗣同、康广仁等六人被杀于北京菜市口：

> 戊戌六人，不谳即决，即有庚子之擅戮五大臣，刑治法国之柄，失措如此，人心从此离叛宜矣。①

① 中国史学会编：《戊戌变法·四》，上海：上海书店出版社、上海人民出版社，2000年，第319页。

不仅以康有为为首的维新派遭到残酷镇压，而且朝中大臣也是如坐针毡、战战兢兢，"所连坐甚多"，"逢迎干进者，皆以攻康有为为名，稍与龃龉，则目为新党，罪不测"①。清政府不仅下令将康有为的书籍严查销毁，而且悬赏严拿康有为、梁启超，规定：

> 无论绅商士民，有能将康有为梁启超严密缉拏到案者定必加以破格之赏，务使逆徒明正典刑以申国宪。即使实难生获，但能设法致死，确有证据，亦必从优给赏……宪典虽宽而乱臣贼子必不能贷。②

更有甚者，为儆效尤，清政府甚至派人到康有为的老家将其祖坟填平。除此之外，守旧派还唆使慈禧太后"穷治维新之人"，导致支持变法的陈宝箴等官吏被革职。慈禧太后原本欲置张荫桓于死地，因"赖英公使解之"③，张荫桓暂时保住一命，与李端棻一道远戍新疆；徐致靖父子也被禁锢。其时，"举国骚扰，缇骑殆遍"④。当此之时，之前活跃于前台的支持维新变法的官员纷纷去职，甚至不少人处于惶恐之中，唯恐性命不保。开明的大臣也心生忐忑，唯恐被政变余波冲及，"稍明新学的官员，得格外小心，不敢倡言新法。即使有新主张、新政见，也作不成什么事功。"⑤朝野上下风气也为之变化，"咸仰承风旨，于西政西学，不敢有一字之

---

① 李希圣：《庚子国变记》，中国史学会编：《义和团·一》，上海：上海书店出版社、上海人民出版社，2000年，第11页。

② 沈桐生等：《光绪政要》，台北：文海出版社，1969年，第1486页。

③ 费行简：《慈禧传信录》，中国史学会编：《戊戌变法·一》，上海：上海书店出版社、上海人民出版社，2000年，第466页。

④ 梁启超：《穷捕志士》，《饮冰室合集·专集之一》，北京：中华书局，1989年，第89页。

⑤ 王戎笙：《台港清史研究文摘》，沈阳：辽宁人民出版社，1988年，第681页。

李文田

张荫桓

康有为

梁启超

梁鼎芬

梁士诒

图七　维新运动中的部分广东籍人士

涉及"。①

　　然而，在戊戌政变之后这种风起云涌的政治气候之中，与康有为相识且有往来的戴鸿慈不仅没有受到同乡康有为和张荫桓的牵连，没有受到急遽的政治风浪之影响，没有被守旧派当成攻击的靶子，不仅安然地渡过了这次政治风波，而且还有所升迁，"二十四年转侍读学士，二十五年迁少詹事……二十六年迁内阁学士，兼礼部侍郎衔"②。究其原因，除当时戴鸿慈因督学福建而远离戊戌变法风波的中心之外，最为重要的，是戴鸿慈的

① 不撰著者：《论中国必革政始能维新》，《东方杂志》，第一卷第一号，光绪三十年（1904）正月。

② 佚名：《戴鸿慈传》，《清史列传》，卷六十四，上海：中华书局，1928年。

政治立场和态度原本就不支持康梁的变法举措，而且其立场与态度也被慈禧太后和朝中的守旧派大臣们所了解。

另外，与戴鸿慈的行事风格也有关系。戴鸿慈以端谨著称，其作为汉人官吏，能够在满族专制统治下稳坐晚清政坛，并进入高层大员行列，无疑是与他效忠于清廷的政治立场及其为人处世的平和端谨有着很大的关联。

另外，需要指出的是，戴鸿慈并不属于那种不愿举荐同乡的人，他对家乡有着深厚的感情，关心家乡的发展，关心家乡百姓的疾苦，关心家乡的青年才俊，从其对同乡梁士诒的保举中便可窥见一二。

1903年，清政府举行经济特科考试，时为武英殿及国史馆协修的广东三水人梁士诒应考。作为经济特科阅卷大臣的戴鸿慈既是梁士诒参加特科考试的保人之一，又是阅卷大臣，其对梁士诒这位同乡的关照可见一斑。

梁士诒善于理财，对经济颇有研究。因熟知梁士诒的才华，且认同其为人，戴鸿慈才敢于保荐。

梁氏也不负所望，其对策切中时弊，非常有深度，考官们商议后将梁士诒录为第一名。不过，梁士诒的脱颖而出，很快遭到谣言中伤。

因戊戌政变后的政治气候十分诡异，人们往往面临无妄之灾。军机大臣瞿鸿禨在慈禧太后跟前评论梁士诒，说他姓梁，跟梁启超一样都是广东人，名叫士诒，而康有为字祖诒，故其名的末字与康有为相同。这个人名字中，既有梁启超，又有康有为，即所谓"梁头康尾"，故而谓其肯定是康梁一党。

对康梁痛恨有加的慈禧太后怀疑梁士诒与梁启超为同族，列居第二名的杨度因是湖南师范生被怀疑与唐才常同党，二人都被取消了录取资格。

首场考试之后，慈禧太后还特地改换了四位阅卷大臣，戴鸿慈作为梁士诒的保举人居然没受到影响，在复试时依然在阅卷大臣名列，可见慈禧太后对戴鸿慈颇为信任，没有将其看作康党余孽，也可见戴鸿慈的政治主张和态度是被慈禧太后所熟知的。

　　总之，戊戌变法时期的戴鸿慈，是稳妥变革策略的支持者，他并不要求改变传统的封建君主专制体制，故而与康梁维新派的主张并不处于同一个层面。

第四章

庚子事变后力主改革

文历
化史

20世纪的中国，以庚子事变拉开帷幕，中国北方一片混乱，兵荒马乱之中，清政府最高统治者仓皇出逃。《辛丑条约》的签订，标志着中国完全沦为了半殖民地半封建社会，民族危机更加严重，穷途末路的清政府在内忧外患中开启了清末新政。面对国家民族危亡的困局，戴鸿慈于沉痛中思考国家民族的方向，从其《治本疏》和《奏为军国事重敬陈管见折》等奏折中可见其在该时期的观点和主张。

第一节　《治本疏》和平息民教矛盾的举措

民教矛盾始于鸦片战争后列强在华传教，随着列强在华兴建教堂、干涉中国内政而日趋激烈。随着列强侵略的加剧、清政府国家主权的丧失，教民通常倚传教士为护符欺压民众，而地方官又往往因为惧怕列强而在处理民教争斗时敷衍了事，不敢秉公处理，一味偏袒教民而压制普通民众，"遇有教案，无不栗栗危惧"，导致"各处教士欺压平民，民间积愤过甚"①，民教冲突愈演愈烈。曾主政山东的毓贤就曾论道："民教不和，由来已久……在二十年前，平民贱视教民，往往有之，并未虐待教民也。迨后，彼强我弱，教民欺压平民者，在所多有。迄来，彼教日渐邸张，一经投教，即倚为护符，横行乡里，鱼肉良民，甚至挟制官长，动辄欺人……每因教民虐待太甚，乡民积怨不平，因而酿成巨案。该国主教只听教民一面之词，并不问开衅之由，小则勒索赔偿，大则多端要挟，必使我委屈迁

---

① 中国第一历史档案馆编辑部编：《义和团档案史料续编》，北京：中华书局，1990年，第108—109页。

就而后已……此奴才服官东省二十余年，耳闻目睹，知之甚确者。"因此，"民教不和，由地方官不能持平办理，诚探源之论"。[①]李秉衡在山东为官多年，也非常熟悉这一义和拳发源地的民情风俗，多次向朝廷汇报民教斗争的情况，如教民对于民众的欺压、传教士的飞扬跋扈等内容。他非常同情民众的处境，主张持平办理民教之争，故而对拳民的抗敌也持支持态度。也正因如此，其在山东持平办理教案，得罪了德国传教士，德国为此专门向清中央政府施压，要求处罚李秉衡。迫于德国的压力，清政府最终将李秉衡贬黜。由上可知，民教矛盾屡次爆发的根本原因就在于列强的在中国土地上的横行与肆无忌惮，而清政府腐败无能，不能维护国家民族的权益，朝廷官员在处理民教冲突过程中动辄得咎，只能妥协隐忍。

义和团运动，兴起于山东，初期名为梅花拳，后改为义和拳。其在山东的兴起和壮大，便根源于列强对中国的侵略而导致的尖锐的民教矛盾。近代山东民教矛盾十分尖锐，非常典型的事件便是1897年的巨野教案。巨野教案发生之后，同情义和拳的山东巡抚李秉衡被贬职。但基于列强的进一步侵略和对中国内政的干涉，山东的民教矛盾有增无减。1899年，捐官出身的汉裔旗人毓贤出任山东巡抚。毓贤向来仇视洋人，认为义和拳民心可用，主张招抚义和拳，将其招安纳入民团，"义和团"由此得名，"扶清灭洋"也成为其口号。得到毓贤支持的义和团很快风靡于山东，当地的灭洋之风愈演愈烈，列强对此十分不满，故而向清政府总理各国事务衙门提出交涉。清政府迫于列强压力，将毓贤调离山东，派工部侍郎袁世凯出任山东巡抚。袁世凯上任后的铁腕镇压方式，使义和团的发展受挫，开始向直隶等地转移。但是，近代以来饱受列强侵略所激发的反抗情绪并未因此偃旗息鼓，义和团的势力继续发展，表现了中华民族不甘屈服的反抗精神。最终，清政府将之前镇压义和团的强硬政策改为招抚。在混乱的局势

---

① 故宫博物院明清档案部编：《义和团档案史料》，北京：中华书局，1979年，第123页。

中，列强以保护使臣为借口，悍然进攻北京。而英、俄、日、美、法、德、意、奥八国派遣的军队组成侵华联军入侵中国，庚子事变发生。

1900年8月14日，八国联军攻占北京，北京城彻底沦陷。联军所到之处，四处攻城略地、疯狂抢掠、杀人放火、滥杀无辜、无恶不作。在西方列强的侵略中，慈禧太后挟持着光绪帝、带着嫔妃们仓皇地逃亡西安，派总理外务部事务和硕庆亲王爱新觉罗·奕劻和文华殿大学士、北洋大臣、直隶总督李鸿章作为全权大臣与列强议和。1901年9月7日，奕劻与李鸿章代表清政府与帝国主义列强签订了《辛丑条约》十二款及其十九个附件，包括中国赔偿列强白银四亿五千万两，北京使馆区及北京至山海关铁路沿线交由外国驻军，禁止中国人民组织反帝组织等。《辛丑条约》的签订，标志着中国完全沦为半殖民地半封建社会，时人对此莫不悲愤万分，"呜呼，中国之国耻莫甚于此时矣，所以慷慨之士，激昂奋发，思有所改革而图补救。"[①]

与庚子年中国北方的动荡不安、兵荒马乱不同，此时的中国南方则较为平静，没有被战火席卷。在慈禧太后做出向列强开战的决策并向南方督抚发出诏令，命他们即刻率军北上救援京师。时任两广总督李鸿章、湖广总督张之洞、两江总督刘坤一为保证东南各省的稳定，和各参战国达成协议，称清政府向列强开战的诏令是义和团胁持下的"矫诏、乱命"，各省督抚将极力维护长江及苏杭等地社会秩序的稳定，此即为"东南互保"。

此时，戴鸿慈正在中国南方。1900年冬天，戴鸿慈因学政报满，乞假回籍修墓，因待在佛山而躲过了这次巨大的风浪与政治的旋涡。不久，戴鸿慈被擢为刑部左侍郎。翌年，戴鸿慈复职，从佛山奔赴西安行在。此时，刑部在北京和西安各有人主持，戴鸿慈以刑部左侍郎职在西安辅助刑部尚书薛升允开展工作。光绪二十七年七月二十五日（1901年9月7日）

---

① 王朝佑：《四十四年落花梦》，北京：中华印刷所，1943年，第12页。

《辛丑条约》签订，一个月后的八月二十四日，两宫回銮，戴鸿慈随扈还京，在"由西安扈跸至豫"时，薛升允因病出缺，部务由戴鸿慈代管，其处理得井然有序：

> 驰驱靮掌，终始勤劬，举因循推诿之积习，一扫而空之。①

面对庚子事变后民族危亡、两宫西狩的变局，戴鸿慈忧心忡忡，其因国家前途而焦虑不安。在西安，其不仅以刑部侍郎的身份投入日常事务的处理，而且积极建言建策，上呈《治本疏》，提出国家发展的看法和主张，以求改变国家羸弱的现状。该疏的主要内容有以下几方面内容：

> 矢忧危以习俭勤；审号令以维国柄；
> 容直言以伸士气；节财用以恤民穷；
> 改捐例以清治道；设考课以育人才；
> 存科目以系士心；平民教以辟祸患。

显然，戴鸿慈的《治本疏》与康梁的变法举措不同。梁启超在《变法通议》中曾指出，"变法之本，在育人才；人才之兴，在开学校；学校之立，在变科举。而一切要其大成，在变官制"。②他这里所提的变官制，实际上是要求开议院、立宪法等主张。戴鸿慈此时的变革主张还没有触及这方面内容。

相比当时朝廷官员们所呈的各种改革方案，戴鸿慈的《治本疏》并

---

① 佚名：《刑部奏底·酌保留京办事人员》，转引自李贵连：《沈家本传》，北京：法律出版社，2000年，第148页。
② 梁启超：《变法通议》，《饮冰室合集·文集之一》，北京：中华书局，1989年，第10页。

无新意，但不可不谓切中时弊，其提出的八条政策性建议，包括政治、经济、军事、教育、民生等方面，可谓是老生常谈的话题。如很多官吏都曾针对清政府内部人浮于事、捐纳导致官场腐败、民生困苦等现状提过意见。例如，守旧派大臣、大学士徐桐就曾指出：

中国之弊，患在因循。部臣拘守绳尺，于外省情形诸多隔膜；疆臣只顾私局，一意弥缝，内外相蒙。①

他列举各级官吏因循塞责、尸位素餐的状况，谓：

以京官言之，部院各衙门司员不可谓不众矣，然办公者书吏也。司员办公矣，非掌印主稿则无公可办。而此数人者，办公之时，常不敌其奔走应酬之时，则所办非公。上而至堂官，宜可执本衙门之政矣。然任事者不过一二人，其余则随同画诺而已。又其甚者，堂官至署司员抱牍进，高尺许，持牍尾受署堂官署之，唯谨叩，以牍中之事不知也，名曰黑稿。堂官之于本衙门也，或三日一至，或五日一至，有其事既以发行矣，司员始以牍进，堂官亦署之唯谨，牍中之事目不及叩也，名曰补行。②

又：

翰詹衙门为储材之地，降至今日，则谨愿者则饱食终日，无

① 麟述、徐桐：《麟述、徐桐代奏折》（1894年10月5日），《军机处录副奏折》，第658卷，第1623号胶卷。
② 徐桐：《徐桐代奏折》（1895年4月11日），《军机处录副奏折》，第658卷，第95号胶卷。

所用心而已；其聪隽者则群居终日，言不及义好行小惠而已。其于国是之得失，民生之利病，漠然无所动于其中，而憝然无所通于其故也。然序资平进，内可至卿贰，外可至监司，而所求非所用，所用非有习，欲不俯首帖耳听命于胥吏幕友岂可得哉？名为储才，实则弃材……以有用之材置之无用之地矣。[1]

而地方官——

自督抚而司道、而府、而州县，亦不可谓不众矣，而亲民者惟州县。州县之不能尽心民事者其故有二，而贪酷之干六法者不与焉。一则钤制太多，一则更调太数。地方之利病有当兴革者，州县不能以经行也，必上之府、而道、而司、而督抚，既报可而后施行，否则有所格而中阻。不中阻矣，而文书往返，时日稽延，往往缓不及事。如请办赈也，则民已馁死；请会缉也，则盗已远太飙。钤制之弊可胜言哉。究其所以钤制者，非尽长官也，幕友视例，胥吏视利，或可或格，长官第为所颠倒而已……地方之利病，非可以旦夕尽也。乃今之州县署事，则一岁一更，实缺亦无三年不调。有周历数十州县而不能周知一州县者。民之视官也如寓公，官之视地方也如传舍，又安望其尽心民事耶？[2]

故而，基于对官场腐败现状的认知，徐桐也曾要求朝廷整顿吏治，取消捐纳。但19世纪末年，清政府的统治已经病入膏肓，国力羸弱、经济困

---

① 徐桐：《徐桐代奏折》（1895年4月11日），《军机处录副奏折》，第658卷，第95号胶卷。
② 徐桐：《徐桐代奏折》（1895年4月11日），《军机处录副奏折》，第658卷，第95号胶卷。

顿、民穷财尽却还要应付各种战争赔款。为此，清政府采取各种方式盘剥老百姓，根本无暇顾及民众的生存困境，捐纳也好，税收也罢，不过是其敛财的渠道而已，想要停却没法停，积重难返，自己虽深知其弊，却欲罢不能，只能竭泽而渔、饮鸩止渴。由此可知，此时戴鸿慈所提及的这些建议，清政府对此早已洞若观火，但却是无力回天。

民教矛盾的问题，是戴鸿慈《治本疏》中提及的重要问题。《辛丑条约》签订后，种种社会问题更是集中爆发，民教矛盾也因此更为严峻。《辛丑条约》将"保护传教"载入条例，传教士更加深入中国内地传教。而经历庚子事变，清政府更加地畏惧西方列强，各地方官员慑于洋人的威势，在处理涉外事务时更是战战兢兢，如履薄冰，步步退让；传教士与教民则更加横行霸道，肆无忌惮地欺压当地百姓，使百姓不堪其苦。因而在浙江、湖北、江西、四川、河南、广东、福建、安徽、直隶、山东、山西等省都激起了广大人民的激烈反抗。如在山西，光绪二十七年（1901）《辛丑条约》签订后，"岑中丞春煊迎洋夷入晋，而晋省教民遂借夷势挟制官长，横行闾左，大肆凶锋"，"凡教民控民不用呈状，径入署衙，见官言事"，"官不察其果否情实，一听其言，立刻差役锁拿被告到案听审"，"时太原府知府某函告州县曰：教民控人，显系捏造。然处此时势，不得不糊涂办理也。"刘大鹏在《退想斋日记》中记载，庚子事变之后，"（山西）教民横行，武断乡曲，欺虐良民，州县各官不敢一撄其锋，惟是一意抚循，以求无事，而教民由是益肆无忌惮。""洋贼又聚，教民操练枪炮，声震远迩，官亦不敢问津。洋人自省往有教堂之处，官使兵勇护送，则畏洋人、教民亦甚矣。"可见，标志着中国完全沦为了半殖民地半封建社会的《辛丑条约》，使国家主权进一步沦丧，清政府完全沦为了洋人的朝廷，洋人主宰着清末民众的命运、操纵着生杀予夺的大权，民众连基本的生存权利也得不到保障。如山西旱灾，"各州县之教民，官皆赈济，大口银三两，小口半之，而不入教之穷民，饥饿而死者枕藉于野，未闻官开仓赈济，以救民于水火之中。人事如此，安望天之溥降甘霖乎？"①

戴鸿慈十分同情民众的处境，但其也非常清楚中国备受西方列强控制而短时期内无法改变的局面，他知道在国力衰弱的背景下一意主战不仅于事无补，而且可能会误国误民，义和团运动时期慈禧太后在守旧派的撺掇下同时向多国开战，导致国家处于被动之中，京师沦陷、两宫被迫逃离北京的悲惨境遇还历历在目，最终的结果是列强进一步的洗劫、国家权益的进一步流失。戴鸿慈目睹这一严峻现实，深知目前列强在国内横行的局面暂时没法改变，如不采取措施，极有可能激起更大的反抗，增加与列国的冲突。因此，其建议清政府应采取措施避免民教矛盾的进一步激化。

光绪二十八年（1902）四月二十三日，戴鸿慈又专门针对民教冲突问题上呈《请复置宣谕化道使即以各省学政兼充以结民心而弥乱萌》的奏折，建议清政府援引乾隆初年的先例，设宣谕化导使，让各省学政兼任，加强民众的教育工作，宣传有关传教的政策，使民众避免与传教士起冲突，最终实现民教相安。其奏道：

> 国家惩毖后患，无非欲民教相安，而教案之考成既严，教民之气焰愈盛。去冬以来，闹教之案，层见迭出，惩办愈厉，怨毒愈深。民智未开，往往有铤而走险之事。应请援乾隆八年成案，复设宣谕化导使，即以各省学政兼充，道府以下，凡有关于宣谕化导者，听其节制。并请敕下外务部，将外国来华传教原始、通商以来所办教案，及此次议和保教赔款条约、皇上谕旨、臣下奏章、外国照会，勒为一书，颁发各省刊布。使臣按临所至，试事既毕，传集绅士商民，反复开导，务使穷乡僻壤、戴发含齿之

① 乔志强编：《义和团在山西地区史料》，山西人民出版社，1980年，第60—61、13—15页。

伦，憬然领悟，而朝廷忧勤惕厉万不得已之苦衷，亦可昭然若揭于天下。[①]

第二节 《奏为军国事重敬陈管见折》及政务改革主张

为提升清政府抵御外侮的能力，戴鸿慈又上呈《奏为军国事重敬陈管见折》，从地区的行政设置上给朝廷提出建议。他认为西方列强的觊觎无所不在，国家应及早做好准备以为预防，"谓外国专务通商不贪土地者，自欺欺人，皆非事实知治乱之体者也。俄据上游，地广而民悍，其君臣朝夕谋虑，有高瞻远瞩之心。英与德法群觊觎于利益均沾。日黠而轻我，强则唇齿辅车也，弱则同舟敌国也。"在此强邻环伺的背景下，可谓是危机重重，"今夷我炮台，撤我军队，天津至京二百余里分驻洋兵，我绌而彼伸，反主而为客，保护使馆又若干营，譬如猛兽在旁，虽无履噬之危，而已寝不安席矣。"因此，"为备不虞之需，作未雨绸缪之计"，戴鸿慈希望朝廷设置两都六镇、筹饷练兵来加强地方保卫，如此，一旦发生战事，各省能声气相通，互相协助。

其奏道：

> 宜建西京于长安，建南京于江陵，择近支亲贤分驻其地。裁西安、荆州两将军，即建邸于军署，无事则辑人民、完城郭，以固屏藩；有事则扼险要、备巡幸，以资缓急。俟芦汉铁路告成，分一支由河南入陕西，一支由武昌达江陵，而居中控驭之处，则

---

① 佚名：《戴鸿慈传》，《清史列传》，卷六十四，北京：中华书局，1987年，第5132页。

以襄阳为重。应改现时提督行台为湖广总督移驻之所，提督还驻谷城，使上通关陇，下接湖湘，借壮声援，互为犄角，无封建之名，而隐收其利，则邦本可安矣。

夫唐因藩镇而乱，终以赖藩镇而存；宋撤藩镇而安，究以废藩镇而弱。今我国家固重任疆臣矣，然救时之策，似宜稍为变更，拟请划盛京、吉林、黑龙江为一镇，改盛京将军为三省总督、经略大臣，仍驻奉天；直隶、山东、山西、河南为一镇，改直隶总督为四省总督、北洋经略大臣，驻扎天津、藩司兼护巡抚，仍驻保定；江苏、安徽、江西、浙江、福建为一镇，改两江总督为五省总督、南洋经略大臣，仍驻江宁，闽浙总督改为福建巡抚，驻福州；广东、广西、云南、贵州为一镇，裁云贵总督，改两广总督为四省总督、经略大臣，仍驻广州；湖南、湖北、四川为一镇，改湖广总督为三省总督、经略大臣，移驻襄阳，四川总督改四川巡抚；甘肃、陕西、新疆为一镇，改陕甘总督为三省总督，仍驻兰州，甘肃藩司兼护巡抚。

以上六镇，简忠实勤干知兵大臣任之，专责以治兵，不纷以吏事，务令久于其任，畀以重权，巡抚以下均归节制，并许辟置幕僚。其沿海之榆关、登州、崇明、定海、澎湖、厦门、南澳、虎门、琼州等处，地方提镇，听该大臣自择才能，奏请委任，以为之辅，既无督抚同城阻挠推诿之虑，又无统兵客将孤悬零寄之嫌，绥靖军民，缮完守备，每省练兵二万，一镇即有数万精兵，声气联络，首尾照应，得藩镇之意而无其害，则邦基可固矣。[①]

戴鸿慈此疏反映了其全局意识，及对于清政府行政设置上总督与巡抚

---

① 戴鸿慈：《新授刑部侍郎戴鸿慈奏为军国事重敬陈管见折》，中国第一历史档案馆编：《光绪朝硃批奏折·第一二〇辑（综合）》，北京：中华书局，1996年，第748—752页。

同城而治、矛盾丛生的问题有所反思。督抚同城是清代督抚制度特有的现象。总督是统辖一省或数省的长官，统管行政、经济及军事，巡抚负责税收、水利、内政，有时也可调动军队。清政府此番设计，原本是想二者能互相监督和牵制，但由于总督与其所驻扎之省的巡抚职权上有交叉重合之处，故而二者之间往往矛盾重重、互相掣肘。戴鸿慈的这番设置，应该能在一定程度上解决督抚不和的问题，但对于晚清困局的改善似乎并无太大作用，故而，朝廷对此有一定兴趣，"奉旨留览"，但最终并没有在此方面进行变革。

政务处的设立，是清政府在《辛丑条约》签订后痛定思痛，开启的变革举措，其主要负责改革官制、科举、吏治及兴办学校等各种新政的推行。"时朝廷锐意求治，设会议政务处，遇有奉旨交议事件，令三品京堂以上与议"。但政务处为新设立的机构，章程尚未完备，影响工作的开展，戴鸿慈顺应变革的需要，提出拟定章程。他认为事机孔亟，百端待理，非集思广益，无以宏济艰难。"惟是候促则事不达，谋寡则虑不周，莫若因会议之制变通而推广之"。因此，其建议内政外交中，凡有建革之大、疑难之端，都由政务处摘录事由，标明要领，"片行阁部、九卿、翰林、科道，定期会议，速者三日、五日，迟者十日，尤繁重者十五日，各抒所见，别纸录陈。并令传知属官，咸得论列，呈堂代递"。在此基础上，政务处大臣开诚布公，"周咨前席，务使词无不尽，理得所安，然后舍短从长，详实复奏"。其认为如此做法有四方面的裨益："一曰收群策。谋于猝，不若谋于豫；询于独，不若询于同。惟宽予以时日之期，隐予以讲求之助，则有智而迟者，以潜研而自出；谋野则获者，经采纳而愈宏"；"一曰励人才。习于冗散，休戚若不相关，引与参谋，智能皆思自效。人人有欲摅之建白，即人人有勇赴之事功。是于询考之中，默寓激扬之用"；"一曰折敌谋。东西各国首重民情，百官者国民之标准也，师其合群之意，以为抵制之方。彼非理之侵，既可挟众志以抗拒；不情之请，亦可援公论以磋商"；"一曰息群谤。自来局外之身，恒不谅局中之苦，捕风捉影，谣诼繁兴。皆缘本末未明，传闻多误，以故游谈成于市虎，积忌甚于杯弓。讹言莫惩，岂国之福？势难禁止，利在疏通。门户洞开，翕訿自息。斯操瓢者无所施其横议，秉钧者不至败于流言。"①

戴鸿慈建议由政务处摘录内政外交大事中的相关疑难事项交由各部门广泛讨论，以集思广益。他认为这不仅有益于问题的解决，还能带来其他的好处，比如能刺激大家参政议政的热情从而培养和鼓励人才，还能因事情的公开透明而息谣止谣等，其想法不能不谓切合时务，是对几千年封建君主专制的改进，反映出其思想的进步。同时，戴鸿慈此折实际上是对于清政府所设立政务处的职能与作用的进一步阐述。曾有时人评论说：戴鸿慈"久历部寺，颇讲新政，实倡会议政务处之举"②，认为戴鸿慈是政务处的实际倡导者。对于戴鸿慈的建议，清政府也颇为赞同，"疏入，下政务处采择施行"。③

同时，该时期戴鸿慈主张通过办报纸的方式开启民智，其谓：

> 又开民智者，莫切于报纸。近年我国报馆之设，所在多有。然海隅租界，放言高论，往往鼓吹邪说，淆乱人心。欲遏乱萌，非朝廷自设报务不可。拟请在翰林院创立报局，择编检中学术纯正、议论畅达、通知时事者为主笔，选辑各报，芟其烦杂，新法美政，有必录；盗贼水旱，有必书；并各抒所见，著为论说，一以宣上德、抒下情为宗旨。应请饬下政务处会同翰林院妥定章程，以立中国报律之准，各省官报亦应遵章踵设，庶言论有所范

① 佚名：《戴鸿慈传》，《清史列传》，卷六十四，北京：中华书局，1987年，第5133页。
② 鸽子：《隐藏的宫廷档案：1906年光绪派大臣考察西方政治纪实》，北京：民族出版社，2000年，第92页。
③ 佚名：《戴鸿慈传》，《清史列传》，卷六十四，北京：中华书局，1987年，第5133页。

围，观听无虞淆乱。①

　　从戴鸿慈的这些言论中，可见其认识到了舆论需要引导。戴鸿慈建议设置的报局，相当于设置官报，以为引领舆论之需。他试图通过官方机构来规范舆论，加强舆论引导，无疑是有先见之明的。但戴鸿慈此疏遭遇的结果却是"格部议不行"②。但该时期社会风气已经发生变化，官报的出现势所必然。在戴鸿慈上该奏折的那年十一月，《北洋官报》于天津创刊。光绪三十三（1907）年，在民政部及戴鸿慈所在的法部会奏后，清政府正式颁行《大清报律》。

　　综上所述，该时期戴鸿慈的一系列奏议，反映了他思想的趋新，也是戴鸿慈顺应时代需要而务实求变的反映。但很明显，其变革的主张依然没有突破封建制度的根基。

---

① 佚名：《戴鸿慈传》，《清史列传》，卷六十四，北京：中华书局，1987年，第5132页。
② 佚名：《戴鸿慈传》，《清史列传》，卷六十四，北京：中华书局，1987年，第5132页。

第五章

出洋考察接受
欧风美雨

光绪三十一年（1905），清政府派出载泽、端方、戴鸿慈等"五大臣"前往欧美、日本考察政治，这是中国历史上第一个赴欧美的考察团，拉开了清末预备立宪的序幕。社会各界兴奋万分，误认为清政府即将开启的这场政治变革，"可以定变法维新之国是，可养大臣政治之常识，可振臣民望治之精神"，①将推动中国快速发展，改变之前积贫积弱的窘境。考察团的成员也确实收获颇大，他们不仅著书立说，在回国后还积极推动清政府的政治变革，并在社会生活等方面仿效西方进行了一些改革。但不久后清政府组织"皇族内阁"，立宪派的幻想破灭，各地民主革命更高涨。

第一节 奉旨出洋

甲午战争失利，泱泱中华败于蕞尔小国日本之手，中国人深受震动；八国联军侵华，更是中国近代史上致为黑暗的时刻，慈禧太后带着嫔妃们仓皇地逃亡西安，《辛丑条约》的签订，标志着中国完全沦为了半殖民半封建社会，民族危机更加严重，救亡图存、救国图强，成为每一个有识之士躲不开的政治命题。

一、清政府派遣大臣出洋考察

庚子事变发生时，清王朝已是摇摇欲坠，慈禧太后摆出革新姿态，发布《罪己诏》，诏令各级官员各抒己见，为清廷的政治改革出谋划策。各

---

① 佚名：《读十四日上谕书后》，《时务报》，1905年7月18日。

督抚大臣们也纷纷呈上变革举措和建议，例如，1901年7月，两江总督刘坤一、湖广总督张之洞连衔上了三折——"江楚会奏三疏"，主张改革教育制度，设学堂、变科举、停武科、奖游学；整顿变通中国之成法，"采用西法"——广派游历、练外国操、广军实、修农政、劝工艺、定矿律等；张謇则提交了《变法平议》，政治上主张中央设议政院、府县设议院，借鉴外国法律修行民法和经济法，经济上主张集公司而兴农业，聚众力经营山野之旷地、江海之荒滩，教育上主张兴学校，酌变科举、改税目、行盐法、定折漕等[①]。

1901年，出使日本大臣李盛铎提出推行君主立宪的主张，其谓："各国变法无不首重宪纲，以为立国基础。惟国体、政体有所谓君主、民主之分，但其变迁沿改，百折千回，必归依于立宪而后底定……愿我圣明近鉴日本之勃兴，远惩俄国之扰乱，毅然决然首先颁布立宪之意，明定国是。"因此，其建议像俄、日等国一样，在改革之前去西方诸国考察政治。[②]远在海外的梁启超依然关注国内时局的变化，忧虑国家的前途与命运，其发表《立宪法议》，建议清政府模仿日本宪政改革之初特派大臣出国考察各国宪法的做法，先派遣大臣出国考察，其谓：

> 宜派重臣三人游历欧洲各国及美国、日本，考其宪法之同异得失，何者宜于中国、何者当增、何者当弃。带领通晓英、法、德、日语言文字之随员十余人同往，其人必须有学识、不徒解方言者，并许随时向各国聘请通人以为参赞，以一年差满回国。又此次所派考察宪法之重臣、随员，宜并各种法律如行政法、民

---

① 南通市图书馆、张謇研究中心编：《张謇全集》，第一卷，南京：江苏古籍出版社，1994年，第65页。
② 佚名：《追录李木斋星使条陈变法折》，《时报》，1905年11月28日。

法、商法、刑法之类皆悉心考究。[①]

为了使皇位永固、外患渐轻、内乱可弥，清政府综合官员们的建议开始了清末新政，在军事、官制、法律、商业、教育和社会方面进行了一系列改革，改革内容与戊戌变法颇为近似，但比戊戌变法改革的内容更广、更深。也就是说，当年亲手扼杀了维新运动的刽子手——慈禧太后，在几年后亲自扛起了清末新政的改革大旗。清末新政采取了包括调整官制、整顿吏治、改定刑律、满汉通婚、废除科举、劝止缠足、鼓励发展工商业、奖励实业、建立新式学堂、选派留学生等一系列举措，在一定程度上推动了中国社会的近代化，却并没有触及国体和政体等根本性问题，依然还是在一些细枝末节上发力。

因此，随着清末资本主义经济发展而成长起来的资产阶级并不满足清末新政的改革力度。资产阶级革命派认为改革不过是清政府掩人耳目的假象，其腐朽统治已经病入膏肓，无药可治，只有推翻它，国家的发展才有出路。他们发表演说、创办报刊宣传革命，撰写并发表文章揭露批判清廷的把戏，批判清廷专制腐朽，呼吁通过革命的手段推翻封建贵族的政权。而资产阶级立宪派则仍对清政府抱有希望，他们大多经营着近代化的企业，与清政府统治阶级有着千丝万缕的联系，他们害怕革命给社会带来动荡不安，希望清政府仿效西方进行立宪，实行有利于资本主义发展的政治、经济政策。他们与朝中主张立宪的权贵大臣紧密联系在一起，形成一股强大的立宪势力，在当时中国的政治生活中，产生着巨大的影响，是清政府无法漠视的力量。但此时的清政府依然犹豫不决，迟迟没有下决心进行政治改革。

1904—1905年的日俄战争，是日本帝国和俄国为争夺朝鲜半岛和中国

---

① 梁启超：《立宪法议》，《饮冰室合集·文集之五（第一册）》，北京：中华书局，1989年，第6—7页。

东北而进行的帝国主义战争，日本和俄国在中国领土上打得热火朝天，清廷却无力干预，只能局外旁观。该时期，清政府不仅要面对日俄战争，还要面对西方列强对中国其他地区的侵略。1903年12月，英国以边界的通商问题为借口，发动侵略西藏的战争。1904年7月，英国侵占西藏江孜，8月攻占拉萨，强迫西藏签订《拉萨条约》，条约严重损害中国主权，清政府拒绝签字。同年8月，德国兵舰强行驶入江西鄱阳湖，伺机进一步侵略中国权益。9月，美国将侵略目光锁定了陕西榆林、延安两地的煤矿开采权。中国的民族危机更为严重。

严重的民族危机，使原本涌动于朝野的立宪诉求更加磅礴奔涌，社会各界纷纷倡言立宪，将之作为救亡图存的有效途径。日俄战争后国内舆论普遍认为，日本的政治体制是其战胜俄国的主要原因，这场战争，展示的是立宪政体的胜利，专制政体的失败。

在内外压力之下，在全国各地蓬勃兴起的立宪呼声中，清政府决定效仿日本明治维新时派遣使团考察欧美的先例，派遣五大臣出洋考察学习西方政治制度，酝酿进行政体改革。1905年7月，清政府发布上谕：

> 方今时局艰难，百端待理，朝廷屡下明诏，力图变法，锐意振兴，数年以来，规模虽具，而实效未彰，总由承办人员向无讲求，未能洞达原委，似此因循敷衍，何由起衰弱而救颠危，兹特简载泽、戴鸿慈、徐世昌、端方等随带人员分赴东西洋各国考求一切政治，以期择善而从，嗣后再行选派，分班前往，其各随事诹询，悉心体察，用备甄采，毋负委任，所有各员经费，如何拨给，著外务部、户部议奏，钦此。[①]

---

① 中国第一历史档案馆编：《光绪宣统两朝上谕档·第三十一册》，桂林：广西师范大学出版社，1996年，第90页。

　　五大臣出洋考察政治，是清政府在统治危机四伏、立宪呼声高涨、革命派势力与日俱增，整个社会交织着改良与革命两种变革模式背景下作出的抉择，标志着清政府迈出了推行政治体制改革的重要一步，为"预备立宪"的起点。

　　清政府派大臣出洋考察政治，是反映政府执政风向变化的大事，引来了社会各界的广泛关注。清政府派遣五大臣出洋考察的诏书一下，便在朝野上下引起了轰动，人们颇觉新鲜，争相谈论，"薄海内外，罔不欢欣鼓舞，佥谓将举行宪政，握富强之本原，以臻文明之极则。"[1]立宪派认为中国可以自此走入富强，使人心思奋、气象为之一新；但也有人担心清政府出洋考察大臣不能学到西方制度之精妙，谓："近者以势驱情迫，无可如何，朝野乃竞言立宪，政府遂有派四大臣出洋之旨。此一举也，各国注目其措施，各国评议其利弊，大都以此为改良政治之起点，中国之转弱为强、化危为安，或此是赖。但又群疑满腹，虑所遣之非人，未必能探取各国政治之精义，将有宝山空归之叹"。"中国之立宪皆可欣可喜之象，无可惊可怖之象，将来富如英，强如德，崛兴如日本，均可拭目以俟"。[2]《申报》认为，"此一行也，谓之如日本明治六年岩仓具视、大久保利通等视察欧美之举也可，谓之如明治十五年伊藤博文周游列国查考宪法制度之举也亦可。"[3]考察团在外考察期间，国内各界也时刻在关注其在海外的动态及将带回的革新气象，如余肇康致函其儿女亲家瞿鸿禨道："五大臣行将还朝，必有一番献替。治乱所关，中外仰望。"[4]

　　清政府虽派遣五大臣出洋考察，但此时以慈禧太后为首的清朝统治集

---

①　佚名辑：《清末筹备立宪档案史料》，台北：文海出版社，1981年，第113页。

②　佚名：《论立宪》，《大公报》，1905年10月9日。

③　佚名：《论五大臣遇险之关系》，《申报》，1905年9月28日。

④　近代史研究所图书馆供稿：《瞿鸿禨朋僚书牍选（上）》，《近代史资料》（总108号），北京：中国社会科学出版社，2004年，第14页。

团其实并未真正下定决心实行立宪，他们还心存观望，"候调查结局后，若果无妨害，则必决意实行。"①时论也曾认为慈禧太后恶闻立宪，但迫于国内外舆论压力而派人出洋考察政治，其谓："立宪一事，可使我□□朝基础永久确固，而在外革命党亦可因此消灭，俟调查结束后，若果无妨害，则必决意实行"。②而革命派认为清政府不可能真正实行立宪，如朱执信说："中国之民，久受困苦于此恶劣政府，且习知其食言，又安从信之。抑吾中国所求者，非虚名之立宪已也，所以谋革命之理由，在洒世仇而报虐遇，是之不解决，革命未由而止。"③

尽管如此，派遣亲贵大臣出洋考察政治，依然是清政府在内忧外患中主动迈出的向西方学习的非常重要的一步，表明清政府也意识到19世纪60年代以来洋务运动的"中体西用"模式终究没办法使中国强大起来，进行政治体制的改革是当时的必由之路。五大臣出洋考察政治，显然是一个历史性的时刻，其出洋考察政治的结果对清末政治的发展具有非同寻常的作用，直接关系到之后清朝国体与政体的走向。

二、被钦点出洋

作为户部侍郎的戴鸿慈被钦点为出洋考察政治大臣的五大臣之一，肩负起出洋考察各国政治的重任，可谓是举国瞩目。因这次考察事关国家发展的方向这一根本问题，在出使人选的选择上清政府自然十分慎重。在出洋考察五大臣中，载泽是近支王公，是清王朝皇亲贵胄中难得的年少有为、通达时务之人，而且其与慈禧太后关系十分密切，其妻为慈禧太后二弟桂祥的长女静荣，静荣的妹妹静芬则是光绪帝皇后；端方是满人，是清

① 张枬、王忍之编：《辛亥革命前十年间时论选集·第二卷》，北京：生活·读书·新知三联书店，1963年，第70页。
② 陈旭麓主编：《宋教仁集》，北京：中华书局，1981年，第16页。
③ 朱执信：《民国丛书·第三辑·朱执信集》，上海：上海书店，1990年，第10页。

末八旗子弟中为数不多的颇有见识和能力的人，工作勤勉。戊戌变法前，端方在翁同龢与刚毅的保荐之下，被光绪帝召见并获得光绪帝青睐，戊戌变法时期督理农工商总局，戊戌政变后任职于地方，属于少壮派地方督抚，曾任陕西布政使、湖北巡抚、江苏巡抚、湖南巡抚等，在各任上都颇有作为，受到各方好评，社会威信很高；徐世昌于1886年中进士，朝考一等，授翰林院庶吉士，袁世凯小站练兵时为谋士，颇得袁世凯的器重，此后便平步青云。光绪三十一年（1905）时曾任军机大臣，与户部右侍

图八　戴鸿慈（右）与端方

郎铁良会办练兵事宜，又充督办政务处大臣。

与其他几位相比，戴鸿慈的地位明显要低，他在当时不过是一个汉籍侍郎。而他之所以能在此期间脱颖而出，受到慈禧太后的器重，与其之前在朝中积累的名声是分不开的。他对朝廷忠心耿耿、敢于直谏、讲求革新，才华卓著而又秉直无私，奏论不锋芒毕露，不走极端，属于稳健而又"知新"的大臣，对中外大势比较清醒，"善败得失，洞若观火"。"鸿慈以文学受知，屡掌文衡，小心称得士；遭遇时变，抗疏直谏，弹劾不避权贵，随事献多谠论，凛凛有古大臣风。"[①]他有着深切的忧国忧民意识，甲午战争中，七次上疏，陈述自己的看法，对于李鸿章调遣乖方所导致的"迁延贻误"，他十分愤慨，敢于弹劾权贵；《马关条约》的签订，他后又与文廷式率先反对和约，并呈《善后十二策》，希望朝廷一意主

---

① 佛山市图书馆整理：《（民国）佛山忠义乡志》，长沙：岳麓书社，2017年，第574页。

战；庚子事变之后，他又上陈《治本疏》，建议朝廷创立报局，各省设官报等。虽然戴鸿慈所上奏折颇多，并非每次都能得到朝廷认可，但其对朝廷的忠心、对国事的关心、对民生的挂心等，都是有目共睹的，得到朝廷的赞赏，并屡次获得升迁。而且，他提倡变革，在士大夫中有"知新"的美誉，却又不像康有为、梁启超的变革那么激进，这自然能得到朝廷的赞赏，从而受到清政府的重用。显然，这些正是他作为一个汉族大臣而能与满族王公贵胄一起跻身于出洋考察五大臣之列的主要原因。当时的《新闻报》分析了戴鸿慈入选的原因，谓之前在朝中，"重大政治由政务处会集廷臣共议，发端于戴鸿慈侍郎，盖隐为设立上议院之楔形也。戴侍郎深知立宪之可以救亡，在京竭力运动，故此次有奉派出洋之命。"①

戴鸿慈对于清政府能主动要求学习西方也颇为赞赏，他认为：

> 国不能以虚名寄也，则必有与之而并立者矣。政事也、风俗也、言语也、文物也、宗教也、人种也，永永存在不可磨灭，如是者然后得谓之国。是故有国者，务保持而张大之。其犹未也，又从而师诸其邻，外交之官，擅觇国之才；游学之士，读四裔之书，心摹力追，以补其所不逮。凡夫政教、艺术之同异得失，靡不取而绅绎之、比较之、斟酌而选别之：萃群族之所长，择己国之所适，文明输入，而不害于国粹之保存，所以得也。吾国自海通以来，持节使欧美者不绝于道。然大抵专任聘问，事竣即返，则无以为绅绎矣；局处一邦，势难周历，则无以为比较矣；私人交际，冯轼游观，非奉朝旨，令大设备以供吾之采择，则无以为斟酌选别矣。朝廷知其如此，谓非特简亲贵大臣，遍历东西诸国考察政治，归以为通变宜民之地，不足以齐瞻听而作新机也。②

---

①　佚名：《派大员出洋之由》，《新闻报》，1905年7月18日。
②　戴鸿慈：《出使九国日记》，长沙：湖南人民出版社，1982年，第23页。

第二节　出洋考察

出洋考察，准备工作众多，过程也颇为曲折。在第一次出行受挫之后，戴鸿慈重新收拾心情，义无反顾地踏上了出洋考察的旅途。

一、考察前的曲折

接到出国考察谕令后，戴鸿慈便开始为考察做准备，需准备的事务繁多，涉及随员、经费、路线等方面。随行人员应能起到辅助的作用，需见识开阔且能任事之人。戴鸿慈会同其他四大臣，经过认真遴选，分两次上递了奏调随员折，共计京外文武官员三十八名，后又另行咨调了八人。在此期间，慈禧太后召见了戴鸿慈，询问随行人员事宜。又在庆亲王府公宴各国使臣"谕以此时即合前往"。[①]

八月十九日，戴鸿慈与四大臣一起入宫请训。慈禧太后召见了他们，"垂询行程并谕以留心考察、以备采择等语，拳拳珍重，祝以一路福星"。戴鸿慈对此也十分感慨，下决心要好好完成任务，方不负慈禧太后的殷切期望，其谓："自顾何人，忝兹恩遇，敢不做恭将事，以期无负委任乎。"此次在宫中，"承赐路菜点心，内使传旨，免其谢恩。"[②]

1905年9月24日上午，北京正阳门车站人声鼎沸，熙熙攘攘，军警林立，岗哨密布。载泽、戴鸿慈、徐世昌、端方、绍英带着仆从与侍卫登上了火车包厢。他们准备从这里出发，转沪出洋，兵分两路，考察西方国家的宪政，为即将到来的君主立宪做准备。社会各界的重要人物聚集于此欢送"五大臣"代表团出使欧美。前来送行的官员们挤满了车站，五大臣与

---

① 戴鸿慈：《出使九国日记》，长沙：湖南人民出版社，1982年，第40—41页。
② 戴鸿慈：《出使九国日记》，长沙：湖南人民出版社，1982年，第41页。

他们寒暄道别，好不热闹，"中外人携器具拍照者、各报馆访事员，一时称盛"。[①]上午时分，出洋考察的大臣们缓缓登上火车。突然，一个仆役打扮的年轻人从密密匝匝的送行人群中挤上了五大臣出使的专列火车第四车厢。卫兵警觉地询问他的身份。此人在背向卫兵的一刹那，用手去掏怀里自制的撞针式炸弹。恰逢火车的机车与车厢接轴，车身突然剧烈震动，年轻人手里的炸弹没来得及掏出抛掷就已引爆。轰隆的爆炸声震动天地，惊叫声四起，人群四散逃离，列车上一片狼藉，血肉横飞。引爆炸弹的年轻人及与之相邻的三名仆役被炸死，挤在包厢门口送行的官吏中有人受伤。因距炸弹引爆处较远，五大臣中，载泽、绍英受伤，其余人皆无大碍。暗杀事件让清政府十分震怒，军警迅速包围现场，全城戒严，追查刺客及其党羽。刺客自己被炸得血肉模糊，肠腹迸裂，难以辨认面容。后来，人们才知道这个年轻人是革命组织"少年中国强学会"的吴樾。他为坚持革命、反对腐朽清政府献出了年轻而宝贵的生命。

安徽桐城人吴樾，认为"一切国家社会之事，必经非常之改革始克有真进步；决非补苴罅漏半新半旧之变法，足以挽此呼吸间之危亡也"，"立宪二空字不过变形一苞苴竽牍而已"。[②]他虽身体有恙，但也不忘为国家民族的发展而贡献自己的力量，其谓，"不有雷霆震撼之威，拔山盖世之气，乌足以旋乾转坤，而警觉吾同胞之梦也？吾志已决于是矣。"[③]"樾生平既自认为中华革命男子，决不甘心拜服异种非驴非马之立宪国民也，故宁牺牲一己肉体，以剪除此考求宪政之五大臣也……我以区区之心，贡献于汉族四万万同胞，必能协心并力……则某虽死犹生……我愿四万万同

---

① 佚名：《五大臣车站遇变汇记》，《南方报》，1905年10月3日。
② 张枬、王忍之编：《辛亥革命前十年间时论选集·第二卷》，北京：生活·读书·新知三联书店，1963年，第391—394页。
③ "中华民国""开国"五十年文献编撰委员会编辑：《"中华民国""开国"五十年文献·第一编·第十三册》，台北：正中书局，1964年，第583页。

胞，前赴后继，请为之先。"①

　　暗杀事件发生后，京城谣言纷纷，"人情惶惧"，人人自危。清政府惊魂甫定，政府官员人人自危，考政大臣端方更是不断转移住所，清政府不得不在北京城内加强戒严，谕令严办，斥责："光天化日之下，竟有匪徒如此横行，实属目无法纪，著责成步军统领衙门、顺天府、工巡局、督办铁路大臣等，严切查拿，彻底根究，从重惩办，以儆凶顽。"②出洋考察活动自然也被推迟，考察团中不少成员也因害怕暗杀而心生退意，"言及出洋直有谈虎色变之势"③。载泽因爆炸导致耳朵受震，慈禧太后起初欲以载振替换载泽，但载振却"殊不愿往"。④而绍英因受伤严重也力辞此任。之前已经商定的与考政大臣一同出洋的随从人员有四十位，其中有不少人此时也不愿再随同前往，"嗣因车站遇变，各随员中咸有戒心，竭力运动中止。"⑤

　　十月二十七日，戴鸿慈会同四大臣呈递续调随员一折，续调者十六人。

　　面对可能出现的危险，戴鸿慈称"人臣以身许国，义无反顾"，"从容诣宫门取进止，两宫慰谕至泣下"⑥，稍事休整又再度启程。

二、考察过程

　　十月初七，"蒙赏袍褂、大缎二端"，"初八日，赴园谢恩"，"初

①　王乐群：《枞阳历史名人传略》，合肥：合肥工业大学出版社，2017年，第135页。
②　戴鸿慈：《出使九国日记》，长沙：湖南人民出版社，1982年，第22页。
③　佚名：《祝速行》，《大公报》，1905年11月3日。
④　佚名：《改派出洋大臣消息》，《南方报》，1905年10月8日。
⑤　佚名：《出洋随员运动留部》，《申报》，1905年11月14日。
⑥　佚名：《戴鸿慈传》，《清史列传》，卷六十四，北京：中华书局，1987年，第5133—5134页。

十日，赴园恭祝皇太后万寿"①。1905年12月7日，戴鸿慈、端方等人在完成一系列拜祭仪式后，"十二时出自正阳门车站"，"送行者踵至，殷勤可感"。此次车站稽查十分严密，守备森严，闲杂人等不得入内。"三十分，与午帅偕随员等上车。回首觚棱，弥深瞻恋。四时三十分，到天津新站。运司陆嘉穀砚香……等均来见。入寓中州会馆。馆为袁慰亭宫保新建，参用西式，洁净光明，居处甚适。"②

在天津，戴鸿慈一行人参观了户部造币厂，并与各国驻津领事相见。十四日，乘坐汽车前往秦皇岛，午时到达唐山，四时十分至秦皇岛，再换乘兵轮"海圻"号前往上海，然后搭乘美国太平洋邮船公司的巨型邮轮"西伯利亚"号从上海出发，经日本前往欧美考察。

戴鸿慈与端方考察团出使了美、英、法、德、丹麦、瑞士、荷兰、比利时、意大利等国，至次年7月12日回到北京。其间，他仔细观察西方国家政治制度、经济文化与社会，写下了《出使九国日记》。而1905年12月11日，载泽、李盛铎、尚其亨等人也从北京出发，转道上海，搭乘法国轮船公司的"克利刀连"号，先到日本，再转至欧洲等国进行考察。

戴鸿慈、端方使团原本计划主要是前往美洲，再分赴德、俄、意、奥等五国进行考察，再加上沿途经过的一些国家，行程已经安排得满满当当。但在考察途中，受到丹麦、挪威、瑞典、荷兰等国的邀请，在征求清政府同意之后，考察团临时去了这些国家，故而戴端使团先后游历了日、美、英、法、德、丹、瑞典、挪威、奥、匈、俄、荷、比、瑞士、意等十五个国家，正式考察了美、德、奥、俄、意等五国，所经过的国家很多，行程十分紧促。如戴鸿慈记载，在美国境内待了四十一天，除去从檀香山到旧金山之旅程花了六天时间外，考察行程十分紧密，参观和考察了美国图书馆、海军学堂、银行、教堂等地，会见了美国上至部长、州长、

---

① 戴鸿慈：《出使九国日记》，长沙：湖南人民出版社，1982年，第43页。
② 戴鸿慈：《出使九国日记》，长沙：湖南人民出版社，1982年，第43页。

图九　出使美国芝加哥，受到芝加哥市长、教授等欢迎（前排左起：戴鸿慈、端方）

议员、市长，下至大学校长、图书馆长、教授乃至中小学教师与普通市民的社会各界人士，进行多种内容和形式的访谈，"未尝片刻安暇"，且仍有来不及考察的地方。行程的仓促自然会影响到考察的效果与深度，戴鸿慈也深知其弊，谓："思此次在美考察限于时日，虽粗举大纲，而各地淹留不及浃旬，遽欲实行，其何能够？"为尽量避免这一考察时间短促的局限，端、戴考察团采取了一个行之有效的弥补办法，即"派参随各员分途前往，冀收兼听之效"，同时派遣某些随行人员先至行至下一站预备。① 如在英国考察期间，派遣关赓麟、唐文源二人先行至法国预备。在法国考察的第二天，派遣这两人先行至柏林预备。

考察团到瑞士的时候，虽然"瑞士宪法最善，政治亦略有可观"，但是"以时促，不及久驻，留高尔谦、张煜全调查一切"。在意大利考察

① 佚名辑：《清末筹备立宪档案史料》，台北：文海出版社，1981年，第7页。

的时候，其也提到"时日迫促"。出洋考察团最主要任务是考察各国的政治制度，同时也兼及经济、文化、教育、军事和公共事务发展等多方面内容，故而对各国的行政机关、学校、警察、监狱、工厂、农场、银行、商会、邮局、博物馆等都进行了广泛地参观与考察。八个月的行程，马不停蹄的进行参观和考察，日程十分紧凑。兹列举主要的经历如下：

十二月十一日（1906年1月6日），到达檀香山。檀香山的华侨子弟手持龙旗，夹道欢迎，并三呼"皇上万岁""宪法万岁"。戴鸿慈见此状感叹："其希望立宪之热诚，溢于言色，亦足见海外人心矣。"这也使他感到所肩负之责任的重大，因而再一次督促随员各举所长，"拟即定各就擅长之门类切实担任，俾萃众长，而无遗力焉"。看到当地华人的困境，戴鸿慈感叹万分：

> 曩昔荒旷无人时，辟莱任地，开矿修路，掷无数汗血心力以有今日者，伊谁之力软？固吾中国人，又吾广东人也！自千八百九十八年归美版图，而防疫事起，禁约继之，向所为筚路蓝缕、胼手胝足之主人翁，今仅图一夕安寝已幸矣。夫条顿种以百十人开辟殖民地而有余，我同胞以数万众寄人篱下而尚有逐客之惧。记及此，不知悲之从来矣。

又及：

> 美人皆有选举美总统权，而檀人无之也，各省可公举上下院议绅，而檀人不能也……法既不平等若此，而犹干彼族之忌不置，亦奈之何哉？

十二月十八日（1906年1月12日），考察团抵美国旧金山。见到旧金山华人社会涣散，戴鸿慈颇为痛心，故而鼓励当地华侨团结起来，并亲自为

"中华会馆"门匾题字，下款写："南海戴鸿慈书。"其随后又在日记中议及教育的重要性，认为旧金山华人虽多，却无自立之学校，这是影响当地华人素质的重要原因：

> 其国文之不讲，人格之卑下，有由来也。彼国比方别营一校，以专收华侨之子弟，程度愈降，教法敷衍，而阴即以沮吾人之入彼学。是以有志裹足，闻者抚膺，谓宜急建自立之校，广开研究国文之会若半日学堂，庶有济也。此地华商具势力者不乏人，奈之何不早谋施？

在参观完斯坦福大学、加利福尼亚大学后，戴鸿慈一行乘火车穿越落基山脉前往美国东部，于二十九日（1月13日），抵达美国首都华盛顿，受到美国总统罗斯福的欢迎。考察团先后到达美国东部的纽约、费城、波士顿等地，参观了海军学校、财政部、华盛顿故居、国会图书馆、国会、耶鲁大学、哈佛大学等。光绪三十二年（1906）正月初五日，参观完华盛顿的故居后，戴鸿慈在日记写道："室中陈设朴素，无异平民。盖创造英雄，自以身为公仆，卑宫恶服，不自暇逸。以有白宫之遗型，历代总统咸则之。诚哉，不以天下奉一人也！"戴鸿慈在日记中称赞华盛顿总统生活平民化，是"平民之公仆""不以天下奉一人"，他能有这种认识，可见其识见已经超越中国古代民本思想的水平，超越君主专制思想的束缚，作为封建君主专制下的一位官吏，能够发出这样的感慨，应该说是十分难能可贵的。

正月初七日，戴鸿慈来到美国国会，对美国国会上下议院制颇感兴趣，考察仔细，记录也非常详细。

正月初十日，戴鸿慈来到纽约，参观了报馆，感叹该报馆每天刊发二百万张的数量，对国外重视报业的情况十分赞赏。

十二日，乘火轮前往煤油公司参观。"此美国最大之火油制造及贩卖场，销行于中国甚广，即所谓美孚洋行是也。"

十三日，乘汽车参观武备学堂，对其室内悬挂阵亡军人油画以鼓舞士气的做法颇为赞赏。"学生四百五十人，其选取之法，由总统送十二人，上议绅各选二人，约各省四人。经费每年六十四万余元。其壁间多悬名将油像及立功阵亡军人记念，所以鼓励士气也。"

十四日早上九时到达费城，之后参观了铸币局，波利文汽车机制造厂、克兰姆船厂。观独立厅，"即一千七百八十七年华盛顿与诸人会议宪法、宣布独立之处也。""门外铸华盛顿铜像，令人景仰，惜以时促，不及登楼。"

光绪三十二年正月二十六日，出使各国考察政治的戴鸿慈经历了数月的舟车劳顿与奔波劳累，终于病倒了。"早起，觉气滞作痛，未饭，令侍煮粥啜之。室中颇觉郁闷，因在船面缓步，吸换新气。"时轮船行驶在苍茫的大西洋上，波浪汹涌，船晃荡不止，"是日行三百七十海里"。二十七日，"气仍未甚畅"，"行三百五十六海里"。二十八日，"精神甚差，饮食亦复常，是日船行三百七十三海里。"

光绪三十二年二月初一（2月22日），考察团抵达英国。该日，驻英公使随员带来驻德公使荫昌转交的电报一封，内有正月二十五日上谕："礼部尚书著戴鸿慈补授，钦此"。戴鸿慈因此更加感激清政府的知遇之恩，在心里进一步强化了通过自己的努力报效清政府的想法，其谓"自维愚陋，无补涓埃，不次超迁，弥深悚愧己"。

二月初二日，抵达伦敦。"初二日，阴。路上积雪甚深，知欧洲天气尚寒也。""驻使汪大燮伯堂出迎，因偕至使馆少憩，用膳。屡日胃口苦不调，忽得尝故乡风味，甘且旨矣"。饭后，接见留学生，鼓励留学生报效国家。旋入寓中央客店（Metropole）。下午三时，参观动物园，见里面"凡鸟兽、水族、虫豸之属，分室豢养，无奇不备。所畜熊、虎、狮、象、豹甚众，而非洲之鹿豹（长颈、斑文，一名芝猎狐）、花条马，尤亚洲所难见者"。下午六时，回到使馆晚膳。

二月初三，"请代奏谢礼部尚书恩"，和福建籍留学生在客店共进午宴，后参观伦敦博物馆。戴鸿慈对于馆内的陈设颇为感叹，对其中所藏的中国文物更是感慨万分，从中思及国家受到列强侵略的困局，可见其爱国之心。"夜，中华会馆学生公宴。十时回寓。"

在英国期间，戴鸿慈等人考察了英国的议院、博物馆、造币局等。戴鸿慈重点考察了英国的议院并进行了详细的记录：

> （初五日）关赓麟、唐文源先行往巴黎。
>
> 午二时，往观博济银行，此银行为国家所设。
>
> 英吉利为西欧老国。君主立宪，上下有章，又最看重门第，有中华魏晋风气。伦敦繁富，列统计者推为环球第一，规模阔大，而外观华美远逊纽约。其地周年多雾，冬月尤甚。加工厂林立，烟煤所熏，楼台黑黯，居人亦无有涂垩之者。入其市，恒沉沉作三里雾。街上车马奔驰，往来击毂。此来独光景暗晴，良不易得也。

二月初六，考察团抵达法国巴黎。在法国戴鸿慈等参观了拿破仑墓、上议院、下议院、东方博物院、蜡人院等。

二月初九日，上午十一时，前往上议院考察。二月初十日，上午十一时，参观下议院，"又曰代议院。其规模及投匦法等，与上院略同。"

十二日，考察团前往德国首都柏林，十三日，抵达目的地。考察团在德国考察停留时间最久，先后两次入境，共计六十七天。原因在于清政府欲效仿日本宪政，而日本宪政缘于德国，考察德国政治由此成为考察团此行的重中之重。故而，戴鸿慈等人对于德国的议会、法院、警察局、监狱、学校、工厂，乃至医院、博物馆、图书馆等都进行了十分详尽的探究。到达柏林的当日中午，戴鸿慈等就参观了德国的联邦议院，并旁听一小时许，现场感受了一番立宪政体的议院制。"此为联邦会议之所，与各国上议院、下议院名义稍殊，而其规模、制度大致无异。"之后观国家瓷器制造厂。

二月十五日先参观了枪炮机器厂，晚上观剧，演出的是印度故事，讲述了英国人在印度的飞扬跋扈，"印度君臣以次咸畏惮之，每出，臣民俯跪以迎送，英将傲慢益甚焉"。戴鸿慈由此联想到国家备受西方列强侵略的现状，内心十分震撼，在日记写道：

> 观英将之威淼与印度君臣悚息之状，使人生无限之感。呜呼！亡国之祸，可畏也哉！

其之后又在日记中言及国势衰微的危害，并与端方进行了讨论，展示其对国家前途命运关注的爱国之情："午帅自开卢来，登舟，为言埃及国势式微，受役外族。文明古国不能自强，至于如此，可为感叹"！"追维埃及以千年古国，奄奄至今，岂有天灾人祸不可救药？徒以客卿用事，财政无权，而臣民涣离，漠不爱国，致忽焉之惨有余矣。彼兵官身为亡国人，宜其言之沉痛也。书志之，以警吾国民"。

二十二日，参观柏林大学堂。先至藏书楼。"此书楼地方颇多，而规模古朴"。之后，又参观了柏林大学和军器博物院，又观看了无线电试演法。二十三日，参观普鲁士代议院，之后几天参观了各类博物院及马兵营房、武备小学、平民小学、化学馆等，观看了救火演习。

二月三十日，觐见德国皇帝。德皇设宴招待中国考察团，席间戴鸿慈谈及德国武备、实业之精备。

三月初八日，抵德国支门水坝，参观水力发电设施，对利用水力发电的方式十分赞叹，并根据中国的情况进行了思考：

> 以水搏轮生电之法，可省煤及人力，为利甚巨。顾其创始，必糜无数资本，乃克成之。吾国水道贯注，可倚为用之处甚多。

两粤云贵，水泉废弃，尤为不鲜。然愚人未知用电之理，非惟观望不前。而农田水利，往往一渠之水数家分之，以上下流之故启争不已。况以一公司之权，截水流而擅其利，能不兴讼否耶？

三月初十日，参观爱尔克枪炮厂。十三日，参观汽车制造厂、汽筒制造厂，当晚，德皇请观剧于国家戏院。十四日，参观邮政局。十五日，拜会德国亲王亨利及王妃。"因设宴府中。席次，亨利亲王为言：中国今日当注重练兵，尤在由皇帝以身倡之。练兵之道，不在于务远略，而在于保太平也。"十六日，"往观克虏伯船坞"，又参观了海底鱼雷的制造，"其钢板极厚，能抵御坚炮"，又观水师学堂。

三月十七日，抵德国汉堡，汉堡十分繁华，商业发达，货栈林立，为世界第三商埠，德国的第一口岸。戴鸿慈考察团受到市长及亚细亚商会会长的欢迎，被邀请出席亚细亚商会各商公宴。席间戴鸿慈发表演讲："户口繁殖与商业振兴相为因果。此地为德国最要之口岸，亦即为北方最大之商场。而商务之盛，人口之增，速率如此，诚不可限。且地便交通，与吾国商务往来，历有年所。会中诸君大半曾到中国，情谊最为亲切。方今中国维新政治，凡商律、刑法之属，皆得斟酌损益，以期彼此通行，同沾利益。想贵邦人士之庥止者，必当日见加增。此外，若铁路、矿务、机器、工程等学，中国事当创始，所取资于贵国者良多。观今日主人情谊之殷，亦即将来能惠助友邦之券"。该言虽有客套之嫌，却也不失为戴鸿慈心态的真实反映。

三月十八日，抵德国柏雷门，游览博物馆，博物馆展出各国土产、服物，如埃及古尸、荷兰、希腊、西班牙等各国器具。戴鸿慈看到这些博物馆内展出的中国器皿、书画品质低劣：

盖由诸国博物院之积款购置者，取备物而已，良窳非所论也。且其所托以购物之人，不过商家、教士、游历者三种。彼其

所与往来者，大都中下社会，宜于举劣物以塞责。又以吾国之出
售恶货于外人者，非奸商、小人莫为也。故凡弓鞋、烟具、神像
之属，遂以扬祖国之污点而为代表全国之物品，可痛也已！

　　由此可以判断，他对于中国传统的缠足等陋习也十分不满，故而认为
在国外展出这些是有损中国尊严的事情。戴鸿慈能从传统的三寸金莲审美
观中跳脱出来，可见其开明。

　　十九日，乘坐火车"往观柏雷门商港。观船坞，建筑坚固，以水坝开
闭为蓄泄"。二十一日，"往观瓷器公司，有德皇所赐花瓶一座，制造精
巧，信为贵品。然大较德国瓷器，不足以胜吾国，顾其价殊昂。若吾国业
是者益求工以投外人之好，价廉物美，未始不足夺彼利权也。"字里行间
可见戴鸿慈对国家利权的关注。

　　三月二十三日，由柏林赴丹京。二十四日抵达丹麦，丹麦外务部派大
礼官毛奇伯爵（Le Comte Moctke）前来引导，并讲演仪节。十二时二十分，
丹政府以双马宫车来迎。戴鸿慈与端方带参随人员十三名入王宫。戴鸿慈
描述："宫室制度，仿佛德京，而陈饰之华丽、护卫之严密，远不之及。
礼官引到旁殿小俟，门启，引余与午帅并伍光建先进，行鞠躬礼。丹王离
立座次，王后及王弟、王太子、王少子、太子妃、两公主咸在。先由丹王
宣读颂词，伍光建译云：'贵国大皇帝派两位大臣来丹查考，予甚喜悦，
深盼此次游历，可以固两国之邦交，并可以推广两国二百余年来之商务。
两位大臣所愿意考查之事，甚愿悉举以相视。予深信贵大臣等此次来丹，
甚有裨益于两国。'云云。译讫，余乃宣读颂词，略云'今奉大清国大皇
帝电传谕旨，准如贵国所请，来丹游历，觐见大丹国大君主，并敬奉我皇
太后、皇上之命，恭问大丹国大君主、王后安好。此次本大臣等游历来
丹，得以觐见，不胜荣幸。谨颂大丹国大君主福寿康强，并大丹国人民幸
福'等语。"

　　二十七日，参观大学堂和贫民小学堂。戴鸿慈认为丹麦大学堂的课

程设置缺少实业方面的学科，与其他国家有所区别。"丹麦大学堂创始甚古，颇著名于欧洲。堂中学生凡二千人，教员二十四人，所学分宗教、哲学、理化、医学等科，而无其他实业之学，与各国大学稍异。岂真如德皇之所云，袭德国从前之学风，骛精于虚，至今未变耶？闻别有实业学堂，惜以无暇，未往观也。午，至布里士图客店午膳。"与大学堂课程设置让戴鸿慈感觉颇为遗憾有所不同的是，戴鸿慈颇为满意该地贫民小学堂的设置，堂内设有女学，男女学生合计约两千人。学堂专为贫民而设，不收学费。"其极贫至不能糊口者，设一小食以待之。观物理教室、唱歌教室。女学则观缝纫教室。至体操场，观习跳跃。其他所教，有烹饪、洗衣、洒扫之属，皆妇人所必需者，意诚善也。"

三月二十九日，抵达瑞典。

> 早，汽车行经山洞数处，所过山明水秀，树木扶疏。瑞典素称佳地，此来见之矣。九时四十五分，到瑞典京城士德贺伦（Stockholm），时适大雨，士女冒雨迎观者以数千计。入寓格兰德客店（Grand Hotel）。瑞典王年老，已退位，居法兰西。今太子监国，约期明日十二时延见，且定游观之期。十一时，往拜外部大臣特洛勒（E.B.Trolle），谈久之。二时，往拜首相以下诸大臣。

> 观博物院，所藏上古用具、石器、铁器至夥。其他饰物，以手钏、项环、约指及种种佩饰品为多，形状亦各异。又有雕牙镂金之品，皆极工巧，知工艺进步之迹焉。

> 观人类博物院（名Open Air，言露天也）。其地因山陂为之，以电车乘铁轨而上。两车一上一下，以铁索贯之，然不甚高峻。其内存土人器物，以资考古，有衣服、有船、有兵器、有裘、有庐舍。庐舍以巨木为之，有尖锐如塔者，有方平如匣者。畜鹿极高，大于常马，此地多产之，然不以之驾车。有炮，有载重车。

他有游人憩息之所，登高一望，俯临全京，河流曲折，春树人家，历历在目，诚逭暑之佳境也。

三十日，"闻瑞典王太孙妃，昨分娩得一男，宫中鸣四十八炮志喜。是午，摄政王当至教堂行礼，特将觐见期改早为十一时十五分。届期，瑞政府派四马花车来迎。"戴鸿慈与端方带领随行人员等入宫，至便殿，摄政王起身迎接，握手为礼。戴鸿慈宣读颂词，"今奉大清国皇太后、大皇帝谕旨，准如贵国所请，来瑞游历，觐见大瑞国大君主。恭闻大君主在法颐养天年，谨奉我皇太后、皇上之命，敬问大君主、王后暨摄政王安好。本大臣等因此得以觐见摄政王，即与觐见大君主无异。又值王太孙诞生冢男，不胜荣幸。伏念我国与大瑞国邦交素笃，睦谊永敦，谨颂大瑞国大君主福寿康强并颂摄政王承受多祜，子孙逢吉，暨大瑞国全国人民幸福"。宣读完毕后，施肇基翻译成英语。"摄政王复诵答词云：'余今欢迎友谊最笃之大清国之代表人两大臣。贵大臣等，今日游历本国，余甚谢皇太后、皇上之厚谊，因此益见我两国交谊之深。本国自来与贵国最敦友谊，距今未久，两国商务交通甚密。瑞典之销售中国出口货，实驾欧洲诸国而上之。当十八世纪时，本国著名商埠哥登堡（Gottelburg）商货之运往中国者，不下百余次。船舶满载而归，皆贵国之珍产也。彼时，贵国出口之货，皆汇萃于本国。追念往事，能不欢欣？今逢两大臣之来游是邦，不禁切望商务之重兴，并冀两国交情之日加亲洽。余深望贵大臣此次之游历本国，大有裨益于两国之商务及两国之交情。'云云。礼毕，摄政王出见参随诸员。王及王孙均能通四国语言。周旋之间，谦逊弥至。"

四月初一日，观女学堂。"此学堂亦男女共学，而女子为多。全堂生徒三百人，而女生二百云。教以格致、化学、地理、算学、裁缝、手工、英文、法文、德文等科。年自五岁以上，皆可入学。分为数级，自第五级以后，男女年长，始令分班。观操场，适考试于此，男女生凡十二人。坐位各离数武，使不相闻。女数习设案监临之。教习强半皆女师，盖以见其

循循善诱，亦可觇其风俗之趋向焉。观作字教室，裁缝教室，男则织网，女则制衣，各业其业。大要取各长一能，且为贫民子弟教以谋生之术，故小学必设手工科，意诚善也。"从这些文字中可见，戴鸿慈对学堂教学风格和教学内容的设置，无疑是十分赞赏的。

四月初四日抵达挪威。九时三十分，挪威外部委员布鲁（Bull）前去迎接戴鸿慈等人。十时三十分，他们抵挪京克里士地亚那（Christiania），"挪外部翻译官佘德（Schjoth）及武员二来见。入寓格兰德客店。佘德能操华语，曾为沈阳领事，居中国二十五年矣。前横滨领事喀伦（Koron），曩在太平洋同舟稔识，亦携其夫人来见。十一时三十分，往拜外部大臣罗佛兰（J.G.Lovland）及各部大臣。回寓，旋易礼服，一时，入宫觐见挪王及王后。先一鞠躬，握手为礼。余宣读颂词言：'今奉大清国皇太后、大皇帝谕旨，准如贵国所请，来挪游历，觐见大挪国大君主。敬奉皇太后、大皇帝之命，恭问大君主安好。本大臣等因此得以觐见，不胜荣幸。伏念我国与大挪国，邦交素笃，睦谊久敦。此次欣逢大挪国更新之始，更愿两国信义交通，永以为好。谨颂大君主福寿康强，暨大挪国全国人民幸福。'云云。由施肇基以英语译述。挪威王复致答词，略云：'此次承大清国皇太后、大皇帝派贵大臣来游敝邦，深幸予与全国人民得遂欢迎之意。敝国与贵国通商有年，夙敦友谊。自贵大臣来游之后，予知将来两国商务必益增兴盛，交谊必益加亲睦。盖两国交际之日敦，实即全国人民之幸福也。予感荷大清国皇太后、大皇帝之厚谊，不胜荣幸。'云云。立谈良久，谢其优待之意，并引见参随各员毕，出，往拜首相米谢森。"

"夜八时，首相米谢森邀宴，同席百六十余人。席次互致颂词，十时乃散，引就茶室畅谈。"此间，戴鸿慈与兵部大臣交流中国的国防问题，"言中国如能练兵四十万名。则天下莫敢侮。而练兵必先练将，有将即有兵，又必先能自造械而后可"。戴鸿慈询问练兵时间问题，"答言，步马队四五年即可成功，工程及炮队需七八年，大抵十二年当能完备。然为期虽远，要在立时定议。如有此振作，外国即不敢轻视矣。"这些谈话内容，凸显戴鸿慈对国防建设的关注，也是其对国家前途命运关注的反映。

"按：那威自上年与瑞典分国，请丹王弟二子为王，其后则英王之女也。那王英明，能得民心，且结姻强邻，差足自固。惟地方比瑞典为小，人民二千八百余万，与丹国略同，摄乎俄、德，何啻弹丸，合之则强，分之则弱，似非策矣。其国有森林、铁矿、渔业之利，其工商业则有麻布、棉布、麦酒、牛油、电线、电话，而纸料尤胜。其兵制亦能修备铁甲、鱼雷，逐渐扩充，比瑞典尤为开拓，故能立国于强大之间也。其政府组织有八部，曰内部、外部、学部、农部、财政部、兵部、工部、法部云。"

四月初十日，考察团游历完丹麦、瑞典、挪威三国后，复取道德国前往奥国考察。十一日，观防疫所，"用显微镜观各种病虫，形色不一"。四月十二日，考察德国最高法院。"大审院，此德意志帝国最高法堂也。设法律大臣一人，陪审官十二人，均法冠法服，色微紫。前立辩护士二人，为原、被告代表，而原、被告并不到。凡力不能延请辩护士者，可由国家特派。惟定谳之时，必须原、被告到堂，此各国通例也。有检事官一人，有报馆二人纪录各语"。之后，观机器印书所、浴室等。

四月十三日，参观德国一处公墓，"观公坟，地甚宏敞，其坟墓各树碣，为地方所捐建者云。吾国愚人，惑于风水之说，穴山营墓，累累皆是，因之路政、矿政、林政，一切地方行政皆受其梗，可为太息者也。说者愤之，至欲提倡火葬之法，以谓苟不如是，则千百年后大地为死人之窟穴，生人无复容足之地矣。此言固不韪于时，然各国公坟之制，则断乎甚善，抑吾国今日之所宜行者也"。戴鸿慈并不拘泥于传统的风水之说，对西方建设公墓的做法颇为赞赏，认为中国也应仿效而行，其这种观点在当时的中国人中应该是非常超前的。

四月十六日抵达维也纳。十七日，参观电学院与贵胄学堂等。十八日，观上下议院。"按：奥国以贵族院与代议院组成国会。贵族院无员数，以皇族之成年以上者及大僧正、僧正之为世袭议员者，有功国家而经皇帝特选者充之。代议院员数凡三百五十三名，以各领地之大地主，都、

府、市、町、商法会议局、郡、村之各代议士充之。"

"观府尹署。署结构堂皇,局势开展,多陈什器,如游博物院然。"

"一时,与午帅、李星使偕参随十八人入宫觐见。外部以宫车来迎。车甚朴实,不尚华侈。奥都士女,衣饰亦俭朴,屋宇多旧,有古国风,此其一斑也。至宫内,少俟,奥皇出,行一鞠躬礼。"

十九日,观枪炮子弹厂。二十日休息。"按:奥国在泰西称为老大之国,顾自其表面观之,则政治修明,国防綦固,若武备、若工艺、若农业、若医学,皆其所长。至如街衢之广,树木之美,公园之多,人口之繁,并有可观。脱有拿破仑其人,起振霸业之遗烈,国固未可量也。然而奥匈分立,龃龉已久,加国中人种混杂,语言庞殊,有如异国。夫种族不统一,国语不统一,例之物质,则其分子游离,无爱力为之固结,欲不瓦解难矣。今皇年逾八十,精神康健,生平遭际至蹇,甘苦备尝,在位五十余年,老成谙练,资望为欧洲领袖。然无嗣子,其弟若从子,亦非守成令器。百岁之后,主鬯非人,匈牙利分立,而国势不可复合,后事殆难言之矣。"这些文字中隐约可见戴鸿慈十分看重的国人团结,认为是国力强大的重要支撑。

二十二日,至史歌德枪炮厂。"余与午帅均亲试放连珠炮十数响"。

四月二十四日,考察团坐汽车前往俄国。当时俄国正在开议院,戴鸿慈等认为,"现正值俄国政府组织宪政之时,中国尤应格外注意"。

二十八日,早十时三十分,戴鸿慈与端方带参随十八人,乘汽车进入彼得离宫(Peterhof)觐见。十一时,乘宫车入宫。"宫车华丽,视德有加。驭者衣服遍缘金线,腰束锦带。俄例,于车服体制綦严,使臣等差视车者服饰而异其接待,故胡使特以专使之制,令预备一切。章服尊严,所以尊国也。至行宫外殿。少憩,旋入见俄皇尼古拉第二(Nicolas II)及其皇后",之后,戴鸿慈读颂词、递国书。俄皇答:"中俄两国,交情最深。此次派贵大臣等考察政治,凡有可致力之处,务必竭力相助。望贵大臣在本国身体平安,于考查事宜十分满意,归国之后采择办理,尤望两国交情因此更加亲睦。"戴鸿慈记载，俄皇懂得英、法、德、俄四国语言，与中方的参随诸人，各交流了几句。接着在大礼官、副礼官的引导下赴宴。"行宫仿法都陪宫式，绕以绿水，风景殊佳。从前，彼得大帝生平最爱此地，然建造质朴，不侈壮观。"饭后，坐汽车回圣彼得堡，三时到寓所。四时，游冬宫（Winter Palace），"此旧皇宫也，亚力山大第二居此。今俄皇远居行宫，此成虚设矣。""观亚力山大第二卧室、办事室、浴室、客室，陈列当时所常用之衣服器具甚多。此外又有祈祷室。"从冬宫回寓所的途中，一行人参观了大商店。

二十九日，"往观博物院。院藏油画千数百幅，并极古之名画也。"后又参观水师学堂，"校长某及武员数人指导遍历各所。堂上学生凡三百人"。

闰四月初一日，乘坐火车前往彼特宫阅操。

初二日，戴鸿慈拜访俄国沙皇前首相维特，谈及宪政问题。维特认为，中国立宪，当先定法律，君民俱要遵守，然后才可以言立宪，中国的立宪应做五十年打算，太快了不行，太迟了也不行，"上急行而下不足以追步，则有倾跌之虞，上不行而下将出于要求，则有暴动之举"。戴鸿慈虽然认为维特之言"语多罕譬，颇切事情"，但却不甚赞同，认为五十年的时间太长。

闰四月初六抵达荷兰，"沿途荒芜满目，牛马盈野，川原平坦，水泽时见，盖以地低多水，故于森林、畜牧最宜也"。"初七日，晴。荷地低湿，夜卧须累褥，且寒风砭骨，视俄京尚过之，起居稍不慎，辄易中寒，宜谨也。十时四十五分，上火车往离宫觐见。荷国系女主，近以有娠，不克多酬应，故约参随只带四人。十二时至海口，三十分至阿姆士得敦（Amsterdam）京城，一时十五分至离宫。旋入觐，余致颂词云：'今奉大清国大皇帝电传谕旨，著本大臣等前来游历，敬奉皇太后、皇上之命，恭问大荷国大君主安好。本大臣等得以觐见，至为荣幸。伏念我国与大荷国通商最早，睦谊允敦，谨颂大君主福寿康强并全国人民幸福。'谨颂云

云，由陆使翻译。女主旋答词，言：'贵国大皇帝派贵大臣等考察政治，足见两国交情最笃。今日得见贵大臣，予心甚为欢悦。伏愿贵大臣在此地身体康强，考查各处皆能满意，归国之后有可采择，从长办理，国势日见兴隆，两国交情更加敦睦。'等语。复由陆使转译毕，女主遂问两宫安好，并寒暄数言。少顷，出就外殿，引见参随四人，即入坐设宴，女主居主席。宴罢，赠余及午帅头等阿兰芝那寿（Oronje-Nassau）大十字宝星各一，更立谈一刻，辞出。乘车往游森林，风景颇佳。"

初八日，上午十一时，参观下议院。该院乃之前的王宫所在地，议堂规模不大。议长正面坐，书记官坐其前，各部院大臣相向而坐，内有议员一百余人。"两旁凭楼，左侧报馆之采事，右侧旁听客席也。所议之事，凡分六股，与他国略同。各股均有办公室，为股员会议之地"。该日所议为官员薪俸问题。十二时回寓。

"二时三十分，往游大树林，因观王宫。宫为国王避暑之所，中有园，古木阴浓，鸟声上下，红尘不到，绿草如茵。宫中陈设中国器物，如图画、织物甚夥。"

"初十日下午三时，带参随十六人乘火车往比利时。三十分，至荷比交界。"

十二日，"观赛马场，游人如织，随人投票以卜胜负；胜者得彩，而王家抽其赢，以益公用，每礼拜日辄行之。此与民同乐之意，国家亦得其利。"戴鸿慈评论这种赛马的方式非善政，但国家也能从中得力，且游戏之中寓尚武之意，亦是可取的。"六时，与午帅带参随十六人，乘宫车至王宫觐见。""席次接谈，论及铁路为近今要务，中国现欲置办，宜考其价良而工美者，以便订造。又言，中国今修各省铁路，可聘比国工师，言之再三。此亦可见比人之用心及外国谋扩张势力之手段矣。"

闰四月十八日，抵瑞士，"沿途望山，雪色不断，牧场衔接，长林迤逦"。有感于瑞士风景的优美，戴鸿慈思考中瑞之间差异的原因，其在日记写道：

因思中国山川之胜，庐山、西湖、罗浮之属，如瑞士比者，不可偻指。顾瑞士以佳山水闻天下者，何也？欧洲无大好山水，其气候亦多不适宜于避暑旅行之处，故瑞士一隅秀出尘表。而中国内地未辟，交通不便，又泛所以保护而经营之之术，使坟茔纵横，斧斤往来，风景索尽，游人茧足，职此由矣。

日记中虽无"环保"二字，但保护环境的意思跃然于纸上。

"二十日，晴。瑞士宪法最善，政治也略有可观，以时促，不及久驻"，继而前往意大利。

二十二日，参观蚕业院，了解养蚕饲桑之法及所用器具等。戴鸿慈深觉其煮茧出丝各新法，皆可仿效。"观纺丝处，后为丝货陈列所，米兰所出也。米兰以丝绵著名本国，其地丝厂林立，所出之绸缎，质地虽不如我国，而染色鲜艳异常，极合销售之用。其他阑干、颈带之属，亦目迷五色。又有假丝货厂，以纸及木皮等为之，甚美观，几可乱真。"

二十四日，晴。午间十分，前往上议院参观，内有客室、阅报室，全国报章都收录齐备。有办公室，楼上悬挂着历任议长像。旁边室内，悬挂有历史故事为主题的油画。观议室，议长中坐，前十一位为各部大臣，书记官旁议长坐其左右。列位如半月形，环议长而坐，为各省代表员。"面议长之室，为王及后坐"。议室楼上，左为报馆，右为皇族。议员由王选派，须年满四十岁，"各部高等及教会选之，或其产业于三年内纳直接税三千利意（义币Liri）者"。议员任期之长短与人数之多寡，由国王定夺。凡亲王，年至二十一岁，皆为议绅，但必须满二十五岁，方有投票决议之权。"次观藏书楼、阅书室，藏书綦富。此楼以砖作地，余并方平巨石，甚美观。阅名人石像，室室皆有，石刻极工，可喜也。上院议长、副议长各一人，书记官四人，议员三百九十余人，分为五局。"

接着他们参观了下议院。该院距离上院不远，规模略旧，地颇黑暗，以木材构筑，规模和外表看起来远逊上议院。参观议堂，见议长居中而

坐，议员三百人环向之，情形与上院相似。"楼上观者座分为各阑，有外交官席，有眷属席，有女宾席，有报馆席，有亲王席，条理秩然，可以为法"。另外设有休息室、饭堂、书楼、阅报室、电话所、邮政所、办公所等。书楼很高，以白石修筑而成，颇为壮观。下院议长、副议长各一人，书记官八人。"议员额凡五百八人，年满二十一岁，由各选举会选举之，任期五年，分为九局及委员会四。"

戴鸿慈在此处特别指出，意大利任命大臣之权，操之于国王之手。而大臣中不称职者，须由下议院提出指控，由上议院以裁判。戴鸿慈对此非常感叹，谓"欧洲诸国，政制相维，其法至善，胥此道也"。

该日，欲前往皇陵参观，因天已晚门已关闭，未能成行，改而游旃那祜连（Giannicolo）冈公园。"此冈临望全城，历历在目，罗马古迹若保罗、彼得诸庙，均可见也。园有喷水池，分而为三，引山水流出，终日汹涌不绝。观加里波的（Garibaldia）将军铜像。像立平冈山，作骑马状。下列四面，肖战士杀敌之概。下有铜花圈铸石上，以永瞩仰焉。""复至一园，园在山冈，乃富人所有。每星期启户一日，供外人游赏，不常开也。林木阴翳，道路甚曲折。有荷池，方广里许，旁设水管凡五，喷空高丈余。四围树阴，盛暑良宜，亦佳胜也。晚，赴使馆晚膳。"

二十五日午时，参观大医院。医院规模很大，庭院甚多，"为欧洲各国医院所未见"。戴鸿慈一行人参观了医院内的幼稚室、妇女室、病人室、医学堂、解剖处、浴室、电气浴池、电光照病处及食厨、饭厅等，了解到医院内有医官五百余人。该院为新筑，才落成数月，"建造之费凡十七兆利意（意币，重量与佛郎同）"。戴鸿慈感叹医院之设为有利民生之举，"似此博施，可谓宏愿矣"。"游植物园。时天气犹凉，夕阳初下，有池蓄鹅鸭，树亦丰蔚。回寓，外部大臣铁通尼来答拜。夜，赴使馆晚膳。"

二十六日，觐见意大利国王。十一时，意大利礼官派遣了宫车三辆前往迎接，"红衣银花，礼饰甚都"。戴鸿慈与端方率参随二十四人入王

图十 出使意大利罗马与随员合影（前排左六为戴鸿慈）

宫。见王宫规模大略与诸国相同，墙壁上悬挂着巨幅织面。"先入见，午帅致颂词，余递国书。礼毕，咸坐。翻译岳昭燏立传译，询出使路程及归国期，并订期后日请宴。旋引见参随请员讫，国王入内，礼官带领往见王后。后能操英、法、德、俄、意诸语，措词娴敏。复遍见参随各员，乃退。回寓，至使馆午膳。午后，出拜各部院大臣、礼官、各国公使，见首相（兼内部）、副内部大臣、美国公使、巴延公使、礼部大臣。晚，至使馆晚膳。"

二十八日，晴。午，大雨如注。十一时十五分，戴鸿慈与端方及随从往王宫赴宴。周历各殿，见室内铺陈华丽。"有中国古铜器一，刻隶书东坡前赤壁赋全首，疑明时物也"。随后，意大利国王及王后与之会晤：

入席，余与午帅旁后，盖后娴应对而王素缄默，故与各国稍殊。同宴者，参随及各大臣凡四十人。席间语及女学，后意甚以体操为主。并谓幼年之学，主于活泼，务今于身体有益，又不厌倦为主义。其言甚善，诚教育上体验有得之言也。食罢，立谈良久。

从中可见戴鸿慈对意大利王后教育感言颇为赞同。

另外，他认为："按：义大利为古罗马之地，雄视天下。中古渐衰，分为诸小国，强国乘而陵之。千八百六十一年，国中志士力求脱强之制，合为一国，以求自强，定立宪法。行政司法官分为十一部，曰内务部、外务部、法部、困库部、财政部、陆军部、海军部、学部、农工商部、工务部、邮政电信部，组成内阁。国分六十九省，行自治之政。国中大学二十一所。常备兵二十七万人，后备兵约八十九万，民兵则一百十二万。海军有大小水雷军舰二百四十艘，内大战船十艘，水师二万五千人。岁入约七万万元，国债五十万万元，近已轻减利息。国产盐、铁、丝、麻、硫磺，擅长者绸缎、雕刻、油画之属。北义富而南义贫。外省以米兰、奈波里为繁盛。罗马一隅，古迹最多，而街道之整洁、衣服之丽都，比之各国似不如也。义大利宗教最盛，迷信最深。教皇所辖亦有数省，前时几为泰西共主，供亿富侈，故庙宇为天下冠。近则权力顿衰，教皇徒拥虚名，深居简出，与义王各分畛域，且受其胁制矣。中国教案，皆国力为之，借端以为扩张势力之地，故与各国谋弥教祸，实非其所乐闻也。数皇号为彼教之宗主，顾教土之良莠，教皇举不知之，且勿得与闻。或乃欲请于教皇，派遣大使，专任教徒交涉之事，此亦未知彼中之实情者矣。"戴鸿慈对教案的看法，不无过人之处，其认识到这是西方国家扩张的结果，宗教的冲突只是其借口而已。

闰四月三十日，考察团乘德国公司轮船起程回国。五月初一，轮船行驶在茫茫地中海之上，戴鸿慈开始阅读在西方各国考察时搜集的资料。五月初二日，"阅义大利财政汇考。义国幅员不及中国十分之一，其人民少中国十三倍有余，而其进款反多五倍，由其君臣上下，实力同心，深得藏富于民之意。年中即估定豫算表，量入为出亦量出为入，凡事与民谋之，此其国计近日进步所由来也"。戴鸿慈认为意大利富强的原因乃上下同心，君主与民众乃平等的统一体，可见其深深懂得了藏富于民的深意。

五月初四日，抵波赛。初五，到达苏伊士运河南口，"午帅自开卢来，登舟，为言埃及国势式微，受役外族，文明古国不能自强，至于如此，可为感慨！"戴鸿慈从埃及的衰落中受到的刺激可见一斑。

十四日，舟行印度洋。"是夜，船上为音乐大会，遍邀男女各客，并请二等船客会于膳厅。或唱歌，或奏风琴，或吹喇叭，间以留声机器"，"二等客中有埃及兵官，红帽垂黑缨，能英语，谈及将往日本一游。因言埃及为英人所制，不能自拔，言之慨然。谓中国自强，当取法日本，不可专信欧人，语甚痛切。覆辙在迩，殷鉴匪遥。追维埃及以千年古国，奄奄至今，岂有天灾人祸不可救药？徒以客卿用事，财政无权，而臣民涣离，漠不爱国，致忽焉之惨有余矣。彼兵官身为亡国人，宜其言之沉痛也。书志之，以警吾国民"。

五月二十日抵英国领地槟榔屿，"商人及中华学校生徒皆列队恭迎岸次"，戴鸿慈勉励华侨，虽寄身于异国，但应勿忘朝廷，应时刻谨记为国效力，如"内地路矿等政，皆当效力兴办等"。戴鸿慈感叹："华民寓此者十二万人，大约皆闽、广籍，而闽较产巨，广较人众，广帮又以潮属为多。富商皆各建第宅，有祠堂，衡宇相望，俨然成一村落。有中华学校一，学生凡百余人，皆男生也。有报馆一，曰槟报。领事皆由商家轮充，而驻英使臣委派之。办公费仅百金，不敷甚巨也"。

五月二十一日，到达新加坡，在中华商务总会华商公宴。"商会以前月开办，规模宏壮。正总理吴世奇寿珍、副总理陈景仁云秋主席，宣颂词。在坐有广西道罗乃馨，游历至此，余皆商人也。席散登船，已九时矣。是日，大雨竟日不休，虽在埠游行一周，不能浏览，殊可惜。孙领事仍送至船。询知本埠华人凡二十八万人，广人居百分之五十，闽人居百分之四十五，其余则各省人也。华商销售之货，以各岛锡矿、树胶、胡椒、甘蜜、沙藤、薯粉为大宗。有广益银行，粤人所设，资本四十余万元。有报二，曰南洋总汇报，曰叻报，日出共八百余纸。有学堂二，曰华英学堂，其来已久，专教英文，规模未备；曰应新学堂，乃本年广东客籍所设，生徒五十人。商会近又倡办广肇养正学堂，尚未成立也。有轮船往来各岛，二千吨以上者四艘，千吨以上者五艘。"

同时，他认为：

> 按：新嘉坡为南洋群岛之总汇，其地周围六十六英里，人口三十三万余人。开辟后于槟榔屿，而繁盛远过之。华商居此者，多富有资财，不忘祖国。近者创银行、设商会、立学堂，高瞻远瞩，联络团体，可谓能见其大矣。比者，刘大令鸣博奉大府命视学来此，诱掖奖励，不遗余力。由兹以往，知其必有可观也。顾侨民居此，以国力所不及，而寄命外人，仰鼻息以为安，其无权利之可言久矣。当一千八百七十七年，英人设华民政务司。翌年（光绪四年），吾国乃设领事。光绪十九年，改为总领事，兼辖榔屿、麻六甲各岛。今孙领事至，首与坡督力争，得免华人裸体验疫之丑，复谋所以增进利益、挽回积弊之术，商人称道翕然，谓设官以来所未见也。虽然，又以知外人之未尝不可以理夺也。

从中可见，戴鸿慈对维护华人在侨居国的权益及维护国家利权的态度。

"近十年来，新埠商务日见减色。推原其故，大抵以商力绵薄，团体涣散。于是，各国银行不肯揭借，即物产不能转输；又无公司以总其成，故不能持久待价"，戴鸿慈认为，补救之法，唯有设银行、立公司，之外没有更好的办法。"自光绪二十九年广益银行开始（规模尚未推广，有存放揭项而无汇兑），迄今年商会成立，虽尚幼稚，然新埠商务之前途必受影响，则可决也。"

戴鸿慈特别记载，新加坡征收税，除地税、港门税、邮政铁路门牌税及各杂种税外，"惟鸦片烟、酒税岁征四百四十余万。酒税约十之一，烟税约十之九。每年烟税一项，计四百万元。查鸦片专销于华侨，岁输至四百万元，皆尽华侨之脂膏也"，其认为这些均为搜刮华侨之举，因为针对英人的政策，则是严禁售卖戒烟丸药。庆幸的是，"本年照会坡督，始许设立戒烟所，一月已有成效，今已由绅商集款举办振武社、戒烟所云。"

二十六日，到达香港，见到亲戚故旧门生数十人：

> 弟兄叔侄，风雨联床，怀旧述今，竟夕不寐。惟始知第六子
> 基华于正月十八日夭亡，深为悼惜。

海外游历，开阔了出洋考察大臣视野，让他们接触到了一个与传统中国完全不一样的世界。戴鸿慈感觉无比新鲜的同时，也感慨万分。西方诸国的富强与民主，与清王朝的贫弱与专制形成强烈的反差，不时地刺激着他的神经。他在对中西方进行对比的同时，意识到中国落后的根源在于社会制度，深感在中国进行政治制度改革的必要。后戴鸿慈将旅途中细致的考察经历随时记录下来，形成了《出使九国日记》。

除此之外，戴鸿慈深知目之所见、耳之所闻远远不足以满足改革的需要，故而还特别留意有关西方国家宪政和政治制度资料与相关典籍的收集和翻译，将之带回国内，以备宪政改革之需。如在美国考察时，戴鸿慈向美国行政各部门索取现行的章程，派随从进行摘要翻译。考察团共带回的政法书籍和资料多达四百多种。戴鸿慈除了将所见所闻及时记录下来撰写而成《出使九国日记》十二卷外，还带回了大量西方议会、宪法、财政、教育、军政等方面的资料，系统而全面地反映了欧美各国的政体、制度和社会生活。五大臣原计划搜集资料后编一个详尽的报告，但由于时间仓促且资料繁多，最后报告没能成型。如施肇基即称："端方搜集宪政书籍资料多种，满载而归，原拟编一详尽报告书，以为国内行宪之参考，惜以材料太多，编译人才难得，报告迄未编成。"后来戴鸿慈、端方据此辑成《欧美政治要义》十八章、《列国政要》一百三十三卷，详述各国政治制度、比较中外国情，为清末立宪做参考，也为后人研究20世纪初期欧美各国的政治、经济、文化、军事和社会发展情况留下了宝贵的历史资料。《欧美政治要义》和《列国政要》在当时堪称是介绍西方宪政制度的百科

全书式的著作，为清政府的政体改革起到了重要的借鉴作用。

而他们在西方国家的考察一定程度上也成为西方人了解中国的一个渠道。1906年2月6日，《纽约时报》报道了端、戴考察团在美孚石油公司考察的情形：

> 中国代表团观看了贮油罐及管道输油，接着考察了油桶厂、制罐厂、粗油厂和沥青车间，这些几乎花去了三个小时。考政大臣戴鸿慈用手帕仅仅捂住鼻子走过沥青车间，但另一位考政大臣端方以及其他随行人员似乎不为这种气味所扰。尽管戴鸿慈手帕捂鼻，还是向伍光建问了许多问题，使得伍不得不向公司官员咨询。美孚石油公司在中国的上海、汉口、天津等地建有许多油库，对中国市场充满兴趣。因此，该公司对中国考察团照顾极优，尽其所能地提供各种有关石油提炼和副产品制造的信息。伍光建后来说，"考察政治大臣对在油厂的所见所闻印象极深，我们非常惊奇石油能产生出那么多的副产品，也是第一次理解为什么石油本身卖得那么便宜。迄今为止，在我们国家，石油只在长江源头的内陆省份四川有所发现，但那里的工艺远远不能和这里相提并论。毫无疑问，中国有许多石油储藏而且终有一天被开发，石油迟早会成为中国的一个正规行业，考察团今天所学到的东西极有可能推进中国石油工业的发展。"[1]

---

[1] 转引自潘崇：《清末五大臣出洋考察研究》，南开大学博士学位论文，2010年，第311页。

第六章

出洋考察的成果

戴鸿慈在《出使九国日记》以及与端方等人共同编纂的《欧美政治要义》和《列国政要》等书籍中，对欧美各国的政治体制、法律制度、社会生活等进行了较为系统的介绍，增进国人对世界了解的同时，也作为清政府宪政改革的参考，凸显出戴鸿慈的思想主张和政治态度。

第一节　《出使九国日记》

戴鸿慈、端方考察团从1905年12月至1906年7月，先后考察了美、英、法、德、丹麦、瑞士、荷兰、比利时、意大利等国，历行十五国，经亚、美、欧、非四洲，自东往西，圆行一周，行程十二万里。他们在德国停留的时间最久，先后两次入境，达六十七天，美国次之，达三十五天。这次考察，马不停蹄，时间仓促，路途遥远而漫长。

西方各国的考察，让戴鸿慈感慨万分，其痛感国人自诩为泱泱大国而对西方世界抱有成见，他们对西方并不了解，"足未出国门，取其书伏而诵之"，却"逆臆而暗解，则以为西国之政俗如是如是。耳食者，又从而崇拜之、诟骂之，几以为定案不可易矣。"戴鸿慈认为，"一切政治，非躬至其地，假之时日，一一取而绅绎之，比较之，斟酌选别之，则其精微未由见也"。也正因为如此，戴鸿慈将考察途中的所见所闻所想仔细记录下来，包括西方诸国经济、政治、军事、外交、文化、教育、风俗、民情等资料，以供时人参考，开阔国人眼界，启迪国人思想，同时也可供后人研究，使"他日之读吾游记者，其将俯仰太平，以兹行为中国维新之一大纪念焉，吾昧昧思之也"。戴鸿慈在考察期间，一般是当天晚上将白天的经历记录在日记中，其日记是即时记录，相当于随笔，故而其日记的内容很能反映戴鸿慈当时的思想、主张和真实感受。光绪三十二年（1906）秋，戴鸿慈将旅途见闻的随笔编定成为了《出使九国日记》，于1907年1月由农工商部工艺局印刷科印行。该书着重记载了旅途见闻和美国、德国、丹麦、瑞典、挪威、奥地利、俄国、荷兰、意大利等九个国家的政治状况，故称之为《出使九国日记》。

相比之下，与戴鸿慈一起考察西方诸国的端方，却对记日记不屑一顾。当时随从人员施肇基曾建议端方撰写考察日记，却遭到了拒绝。施肇基后来回忆此事时说道："余当时即虑材料太多，编译费时，曾建议仿照《洪文卿日记》之例，作一旅行日记，以便日后追记补述。若将来题材内容过于丰富，自不妨再出专书。然迄未实行，此亦由于端方好高骛远不切实际，一切求全责备，以致日后虽一简要纪行之作，亦不可得矣。"[①]

一、日记的基本情况

《出使九国日记》开篇是清政府派大臣出国考察政治的五份"谕旨"。接着是戴鸿慈撰写的"序"、考察团人员及考察地照片、"例言""各国考察政治大事略表"及各卷的内容。

在自序中，戴鸿慈谈及考察缘由及经由欧美考察后对西方世界的一些看法，如其对自由与平等有了一些粗略的看法，认为自由并非毫无限度，而是有一定限度的自由。生长于君主专制的清王朝，他对西方自由与平等的看法可谓是难能可贵的。

在日记的第一卷中，戴鸿慈论及清政府派遣大臣出洋考察的背景及出洋前的一系列准备，言及对于出国考察这一朝廷交代的任务颇感诚惶诚恐、责任重大，又为自己忝为"亲贵"重臣之列而倍感恩宠殊荣，其十分激动地在日记中写道："自惟文学进身，未谙外务，闻命之下，弥切悚

---

① 施肇基：《施肇基早年回忆录》，台北：传记文学出版社，1985年，第48页。

惶，惟竭一得之愚，深思五善之益。感惧交集，夜不成寐。"①

第二卷一开始，戴鸿慈便交代了随行成员的人数及其基本情况。并在后来的记述中论及："参随各员，本分任调查之责，因令自后各就所长，悉心采访，或查学务，或查财政，或查裁判，分途并出，俾以短期而收速效焉。"②轮船还在海上漂泊的时候，戴鸿慈便与随行人员细致地商定考察期间应注意的事项及日期，"令投票公举干事三员，专任一切庶务"，选出了温秉忠、施肇基、伍光建三人为干事，专任一切庶务。投票选举干事，而不是由长官指定，这是这个官方使团的新鲜事，使这次会议似乎就已经有了一点民主的气息。为使考察不流于形式而收到实效，戴鸿慈制订了一份详细的考察大纲——"敬事预约"，作为随员的"应事秩序"即工作要旨和行动指南。全文分为六条，每条题目均为三字，内容是每句四字的韵文，提纲挈领，简明扼要，且读来朗朗上口，易于记诵，目的在于使考察团成员"通力合作"，以达到学习西方良法美意而实现"他山攻玉，资我良功"的目的，③具体条例如下：

一、立宗旨：欧美进化，实擅专长。合炉而冶，陶铸乃良。政体由系，宪法是详。体国经野，惟富与强。财用兵制，厥类惟彰。其余庶政，敢谢弗遑。次第及之，在提其纲。

二、专责任：先民有言，众擎易举。矧兹令典，名类繁侈。各奏尔能，相资以理。或认专门，或兼数诣，或聚而谋，或分而纪。集腋成裘，殊途同轨。纲举目张，始基视此。

三、定体例：斯文撰述，体裁贵先。马氏通考，矩矱前贤。条分缕析，厘然秩然。拟仿其例，国以类编。冠以通论，义取昭

---

① 戴鸿慈：《出使九国日记》，长沙：湖南人民出版社，1982年，第39页。
② 戴鸿慈：《出使九国日记》，长沙：湖南人民出版社，1982年，第78页。
③ 戴鸿慈：《出使九国日记》，长沙：湖南人民出版社，1982年，第61页。

宣。若夫游览，风景山川，无关宏旨，概从缺焉。

　　四、除意见：是非可否，或难强同。从容辩难，亮哉协恭。房谋杜断，马速枚工。孰娴润色，孰任折衷。通力合作，以讫成功。他山攻玉，资我良工。勿参成见，畛域胥融。

　　五、勤采访：著乃形式，藏乃精神。批隙导窾，周爰咨询。欧亚巨子，或见或沦。如美摩根，如德波仑。沉思骋秘，妙论翻新。片言启牖，胜彼遗文。造门请益，务得其真。

　　六、广搜罗：寰球一览，目力其劬。赖有图籍，菁英是储。政界学界，汗牛充阃。多多益善，购盈巾车。付之邮船，传之沪壖。以编以译，快睹成书。事半功倍，兹行非虚。

　　"敬事预约"相当于考察团的工作手册，随行人员也大都按照该标准与要求进行考察，做笔记、写日记，比如随同戴鸿慈考察的蔡琦便写下了《随使随笔》。戴鸿慈不仅要求随员遵守六条"敬事预约"，他也以身作则，每到一处，每遇一事，他都观察入微，并于每天晚上将见闻写入日记中，因此，他的日记内容丰富，很有参考价值。原本他出洋搭乘的美国邮船"西比利亚"号，并不是其考察对象，但他也以"初履重洋，睹巨舰，于船中之构造与其机关之布置详细询问"，并"书备遗忘"。记载所及，有该船的下水日期、长宽深度、排水量、马力、时速、结构、设备、舱位等级诸项。这是他亲自查询、察访得来的第一手资料。对于他身边的工作人员，他也很关心。在船上，他将这三十三人的姓名、别号、省籍都一一作了记载。据此，我们知道随员中广东人最多，达九人，江苏、浙江人次之，各五人；而在这批人中，广东人伍光建的作用较为突出。在日记中，戴鸿慈详细记录了所到之国的政治、经济、军事、教育等情况，如列出了旅居长崎的华侨人数，甚至按省份、男、女、幼童、女孩分类列出；又如参观德国克虏伯炮厂之后，其在日记中通过两个表详细记录了各种炮的性能，还通过摄影图片的方式展示了欧美各国的风情，可见其做事之细致认真。

《出使九国日记》按照考察的时间顺序，分为十二卷。第一卷：自京启程，途经秦皇岛至上海；第二卷：从上海出洋，经日本渡太平洋而至美国；第三卷：自旧金山横过大陆而至华盛顿、纽约；第四卷：由纽约往费城及各省游历；第五卷：渡大西洋至英国、法国；第六卷：抵德国，居柏林；第七卷：游历德国南方、西方各省；第八卷：游历丹麦、瑞典、挪威；第九卷：游历奥地利、匈牙利；第十卷：游历俄国、荷兰、比利时；第十一卷：游历瑞士、意大利；第十二卷：经地中海抵埃及领地

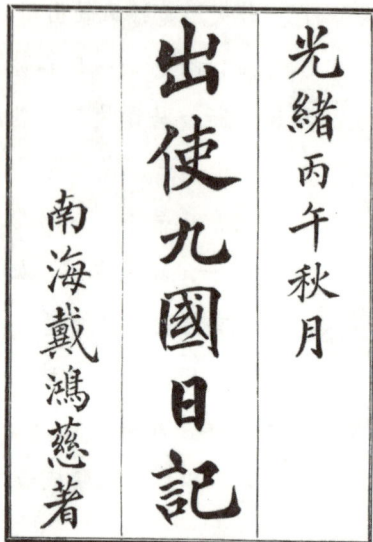

图十一　《出使九国日记》原版

波赛（赛得港），经红海抵英国领地亚丁（阿丹国），经印度洋抵英国领地锡兰、槟榔屿、新加坡、香港，归国入京。

《出使九国日记》撰写成书后，戴鸿慈将书稿送给了一些友人，并在1906年十二月付诸清政府农工商局所设的工艺局印刷科印制发行。该书由此成为国人了解世界的一个很好的渠道，受到广泛的好评，时人论道："法部戴尚书自考察政治回国，即将一切考察情形及游历所到之山川、风景悉心编纂，修辑成书，名曰《九国游记》，共计十二卷，刻已出版，闻内容极丰富，条例亦甚清晰。"[①]

二、日记的具体内容

出洋期间，戴鸿慈、端方考察团受到各国政府的礼遇和欢迎，他们

---

① 佚名：《戴尚书著作九国游记》，《申报》，1907年4月2日。

与多国的总统、国王、亲王、高官等有过较多接触，"相见日多则相知亦深"，并在各国官方的协助下参观了许多地方和项目，收获甚丰。西方各国的政治制度与风土人情等与中国差别很大，这一切在戴鸿慈看来都是新鲜的，他目睹资本主义国家的物质文明和政治制度相较于封建君主专制的优越性，他谦虚地学习，向西方学者请教，如在美国时曾请美国上议院某议员到寓所讲解华盛顿地方自治章程，可见其思想开明。其没有固守成见、抱残守缺，而是于考察过程中不断思考，审慎判断，细致分析西方资本主义制度与中国封建体制的差异，在此过程中其思想也产生了巨大飞跃。从其旅途中随手记录下的经历和见闻，可窥见其内心的起伏与触动。戴鸿慈效忠于清廷，亦能够在一定程度上突破一般士大夫的传统保守思维定势，能够比较客观理性地审视西方社会。他在日记中重点记录了各国的政治、经济、教育、军事、司法等多方面情况：

第一，政治。

对各国政治进行考察，乃此行任务的重中之重。考察团重点考察了各国议院、地方自治等情况，美、英、德、意等国的议会更是考察的重点。戴鸿慈日记中提及各国议院就有十一处之多，基本上每到一个国家都会对该国议院进行考察，并日记中有所介绍，其每到一处，也及时通过奏折向国内汇报考察的基本情况。

如戴鸿慈在考察途中及时向清政府介绍了俄国准备立宪的基本情况，其谓："俄国现开议院，民气正嚣"，"内乱未靖，所有学堂、工厂人数稍众之区皆已停办"，"现值俄国政府组织宪政之时"。"查俄国幅员最广，素以横力雄视环球各国，猜忌之萌，已非一日，其政体久以专制著称。从前兵力盛强，民间虽怀有追求立宪之心，尚不敢存暴动非常之想，战败之后，始有种种要求。当时迫于事势，不能不由政府允许，近则筹借国债，增练新兵，政府威权又稍稍复振，而议院所求各事未能事事允行，是以上下相持，颇滋疑沮。臣等曾与该国前首相维特接谈，据称该国预备立宪已逾百年，究之民间知识犹未尽开，一时甚难合度，大抵此次宣布，

在政府不能不曲从舆论，而断不能满其所欲，深虑乱事难以消泯。此俄国现筹立宪之实在情形也。"①戴鸿慈在向朝廷汇报有关俄国情况的奏折中并没有明确地展现出其政治态度，基本只是对俄国的情况进行客观陈述，但在《出使九国日记》中却对俄国考察情况进行了详细的记录，从这些文字尤其是与俄国前首相维特的交流中可以看出，戴鸿慈对于俄国多年来固守原有体制导致日俄战争失利的情况颇为感慨，认为俄国尚未从中警醒，"朝野上下，尚海言此役之败"。②究其原因，当时的奏折写于考察途中，考察尚未完毕，他自然不敢明确地提出改革的主张，以流于轻率，可见戴鸿慈的谨慎。

戴鸿慈主要从三个方面记载了各国议院的基本情况：一、议院的结构。他记录各国议院基本都分上下议院，如美国上议院议绅由各省选举，每省两人，任期六年，下院议绅由地方选举。二、议员的任职资格、人数、任职年限和选举办法等。各国的情况并不一致。三、议院的办事规程和具体做法。戴鸿慈记录尽管各国议院的规则各不相同，但维持权力制衡的基本原则是一致的，各国基本都将立法、行政、司法分开，即为"三权分立"，他对此颇为赞同。

戴鸿慈对各国议会进行了分析和对比，他记录美国议会，"上院议绅由各省选举，美分四十五省，省二人，故为额九十人。任期二年，每二年易其三分之一。议定律例、宪法一切之事，大约关于议法者为多。下院议绅由地方选举。每户口满三万者，许举一人。任期两年一易。议定之事，大约关于筹款者为多。每岁以西十二月开会，以逾年三四月闭会，遇有故，则或改迟焉。下议院演说，每员限十五分钟，此上议院所无，亦以人众使然也。如立论激烈至于争竞者，议长得而退之（上院以副总统为议长，下院则自举议绅为议长）。然文明国人，恒以正事抗论，裂眦抵掌，

---

① 佚名辑：《清末筹备立宪档案史料》，台北：文海出版社，1981年，第17—18页。
② 戴鸿慈：《出使九国日记》，长沙：湖南人民出版社，1982年，第222页。

相持未下，及议毕出门，则执手欢然，无纤芥之嫌。盖由其于公私之界限甚明，故不此患也"。

而英国议会与美国有所不同，英国的下议院，"院为长方形，式与他国微异，其法度亦不尽同。议员分为政府党与非政府党两派。政府党与政府同意，非政府党则每事指驳，务使折中至当，而彼此不得争执。诚所谓争公理，不争意气者，亦法之可贵者也"。英国的政府党，"亦曰众党，列于右，以内阁大臣为首；非政府党，亦曰少党，列于左，以其党中之领袖为首。两党员皆各从其领袖之指挥，以决胜负焉"。①英国的两院制议会是世界上最早建立的代议制机构，被誉为世界"议会之母"。在英国，议会是国家最高的权力机关和立法机构，由国王、上议院和下议院三部分组成，议案必须同时得到三方的同意才能成为法律。议长在上下议院中充当领导地位。上院议长是内阁成员，由首相提名、国王任命，一般由大法官兼任。而下议院员代表的全国民众的意见，由下院通过的议案，送交上院审议，"若有所更改，发回下议院。下议院不以为然居多数，上议院终必勉从。两院意见既同，则呈君主批行"。全国财政之权，独归下议院主持，政府度支及国中赋税，必先经决议乃行，上议院不能干预。作为政府首脑的首相也是自下议院中产生，"议员于两党为多数之党魁者，实为政府大臣之首相。首相自选议之贤能者，闻于君主，以为各部大臣。""英国下议院议事之制，于堂中设议长位，下为书记官位，其两旁皆议员席也。政府党，亦曰众党，列于右，以内阁大臣为首；非政府党，亦曰少党，列于左，以其党中之领袖为首。两党员皆各从其领袖之指挥，以决胜负焉。议员之额，凡六百七十名，皆择有公民资格者，以秘密投票法选之，任期为七年。""观上议院，即贵族院也，皆以世爵之家充之，然人数较少于庶民院。""英国贵族院之制，以国中世袭贵族、代理贵族与大

---

① 戴鸿慈：《出使九国日记》，长沙：湖南人民出版社，1982年，第111页。

僧正、僧正等充之，凡五百二十九名。其任期有终身者，有七年者，自立法言之，两院之权力本相等。然以实际论，则下院之势力较大。凡立一法，在下院议案已成者，贵族院对之虽有修正之权，而无反抗之力。故虽名为共定法律，大抵仍视舆论为转移而已。"

法国的上议院为元老院，制度、规模与美国相仿，"定额为三百人，由选举会（会以县、郡、町、村会议员组织之）于各县中选之。年非四十以上者，不得应选。任期凡九年。九年中，每三年改选其三分之一，与美国元老院之制、每二年改选三分之一者微异焉。"下议院为代议院，"法国代议院议员选举之法，依法律所定，各分县为各选举区，每七万人得选代议士一人。其各县人口不齐者，至少亦得选三人，凡为额五百八十四人。议员年须在二十五岁以上，任期为四年。"

德国的联邦议院，与各国的上议院、下议院有所不同，其规模与制度则大致相同①。普鲁士的下议院，议员总数为四百三十二名，任期以五年为限，采取间接选举，"选举之法，乃依人民纳税之多寡而定。其投票之数，乃分区之选举人为三级，三级各自投票，按本区选举议员者之定数，各选三分之一，然后使选举议员，所谓间接选举是也。"②

欧美各国的议会政治，让戴鸿慈感触颇深，也颇为向往，他深觉这是与清王朝的封建专制完全不同的政治制度，可谓为良法，"欧洲各国，政制相维，其法至善"，值得仿效推行。他在参观完华盛顿故居后评论到："室内陈设朴素，无异平民，盖创世英雄，自以身为公仆，卑宫恶服，不自暇逸，以有白宫之遗型，历代总统咸则之。诚哉，不以天下奉一人矣！"③可见其对西方制度里公仆的真心赞美。

为深入了解各国制度，戴鸿慈注意与各国宪政名家进行交流。出洋考

---

①　戴鸿慈：《出使九国日记》，长沙：湖南人民出版社，1982年，第119页。

②　戴鸿慈：《出使九国日记》，长沙：湖南人民出版社，1982年，第131页。

③　戴鸿慈：《出使九国日记》，长沙：湖南人民出版社，1982年，第83页。

察五大臣在考察期间不光受到了美国总统的接见，还见到了德国皇帝，英国、比利时、瑞典、丹麦等国国王以及其他一些国家的元首。考察团每到一地，都受到当地政要的欢迎与接待，他们与考察团友好交流，介绍所在国的宪政情况，为考察团答疑解惑。

在德国考察时，戴鸿慈与德皇进行交流，德皇对国家发展的途径深有体会，其谓："从前本国喜谈哲学，近数十年始考究矿路、格致、制造各项实业专门，是以年来进步较速。"复论及中国的变法事宜，德皇言词恳切，云："今日之要，莫如练兵。当请贵国皇帝崇尚武备，以一身当提督军旅之责，国势自强"。又云："变法不必全学外国，总须择本国之所宜，如不合宜，不如仍旧"。又云："中国学生在德国学武备者，均能守规矩，勤习练，将来尚宜多派学生"。戴鸿慈对德国的做法颇为赞许，他认为德国立国，专注重于练兵，故国民皆有尚武之精神，即无不服从。至于用人行政，"则多以兵法部勒其间，气象森严，规矩正肃"；其人民习俗，亦觉有勤俭质朴之风，与中国最为相近。"盖其长处，在朝无妨民之政，而国体自尊，人有独立之心，而进步甚猛。是以日本维新以来，事事取资于德，行之三十载，遂致勃兴"，故而，戴鸿慈认为，中国近多歆羡日本之强，而不知溯始穷源，其得出结论，"政当以德为借镜"，"其良法美意行之有效者，则故当急于师仿不容刻缓者也。"

图十二　出使德国与德军、政官员全影（前排坐者左起：荫昌、载鸿慈、端方）

在俄国考察期间，戴鸿慈与俄国前首相维特也有一番谈话，他们相谈甚欢，颇为投机，戴鸿慈也深觉受益。维特建议中国的立宪应有一个准备时间，需按照一定的流程逐步推行，不能操切："中国立宪当现定法律，务在延中西法律家斟酌其宜；既定之后，君民俱要遵守，然后可言立宪，约计总以五十年准备。欲速不能，过迟不可。上急行而下不足以追步，则有倾跌之虞；上不行而下将出于要求，则有暴动之举。"对于维特的建议，戴鸿慈颇为赞同，但他认为五十年的预备立宪期时间太长，他焦虑于当时中国的困境，急于发展，"唯中国今日之事，方如解悬，大势所趋，岂暇雍容作河清之俟？准备之功，万不能少，然不必期之五十年之后。所谓知行并进者，乃今日确一不移之办法也。顾空言立宪，而国民无普通智识与法律思想，则议法与奉法，略无其人，弊与不立宪惟均。"因此，他认为应该广兴教育与多设法律学校，分班出洋学习法律，此为根本之图，"此则归国后所亟宜注意之事也"。

第二，经济。

经济的考察方面，戴鸿慈团主要涉及各国财政、银行、工厂、农业、商业、渔业等方面，范围颇广。

"银行为全国财政枢"，地位十分重要。1904年3月，清末新政过程中，户部奏请设立银行以为推行币制之枢纽，自此，国家银行设立。1905年定名为大清户部银行。作为考察团成员，此时的戴鸿慈尚为户部右侍郎，自然对银行的考察十分感兴趣。戴鸿慈主要从银行的设施、办事方式、保密措施等进行了深入的考察，其认为对于银行的考察，必须耗费时日才能得其精髓，"尤非穷年累月，无从究其精微。若徒视其形式之美观，本无与于精神之作用。然以职掌计曹之，凡诸组织，亦有不可忽者，故并录著于篇"。

戴鸿慈对带领其考察的日本人小田切君的银行管理看法颇为赞同，其谓："凡管理银行，荷于学问、才识、信用三者缺一，即不能胜任愉快。此自用人言之，诚至言也。"在日本的横滨，戴鸿慈团考察了正金银行，该银行的总行在横滨，诸地都有支行，如在香港、上海、天津、北京、伦敦、纽约、里昂等地都有。"其建筑法，参各国现行之制及己国之习惯，不求饰之华丽，专以实用与坚牢为主。"该银行建筑分为四层，构造如下：金库、预晶库、保护预品库、预品出纳取扱箱室、保护预品取扱所、改银场、电话自动交换处、扇风机、食堂、更衣室、小使室、便所、升降器。其中，"金库分为三室，外壁之厚计四尺二寸余"，其门设引电机，门开启时室内灯燃，门关闭则随之熄灭。此电直达于上层营业室督者之座，故凡遇开金库时，必先通报于监督处。戴鸿慈对这个安保系统颇为感兴趣，谓"依此装置，而凡一切盗窃之事，可以无患，诚妙机也"。戴鸿慈参观了金库，见其内储藏有金银货、纸币等，有铁箱数个。金库前的空地，以铁栅环绕，金银货在此处查验后方放入金库。"保护预品库者，所以严密保存预主之贵重品者也"，保护预品库，四面与他室隔绝，"惟于监督员事务所之前，始有阶级可降"，从而使凡出入此处的人，都能被监控到。库内设保护铁函（美国制）凡二百四十五个，形状与药肆的抽屉相同，有大有小。每函备有两个钥匙，"预主持其一，而一存银行"，必须两把钥匙同时并用，才可打开。"预主所有保护函内之物品，当出纳时，不欲人之见之也，乃设一来客用之暗室，是曰保护取扱所。其室设引电机于门，与金库之用相反，门开而灯灭，预主入其中，门阖而灯即然（燃）。如是，门外知其有秘密也，即勿入。若欲窥其隐而猝辟是门，则灯即灭而无所睹矣，亦妙法也。室甚小，而文具用纸无不备。库内既四面隔绝，空气即少，故用电气扇风机引外间之空气与地阶密室之空气交换。至冬日则换以温度之气，其法亦同。""其地基，则由地平线以上三尺，皆砂及黏土等混合为之，更下则皆砂层，极坚固。墙壁则皆以耐地震、火灾为主，最厚者四尺二寸余，最薄者亦一尺五寸以上。综观各地，材料坚固，组织周密。午帅言：无一闲处。信然。"戴鸿慈的考察和记录可谓细致而详尽，其对横滨正金银行的结构、各功能室及室内外的设施都进行了详尽记载，对员工的办事方式及监督办法也颇为赞赏。认为员工在工作

时，"孜孜矻矻，举无所逃"，他也深受银行管理方式的启发，认为"凡衙署办事之法，悉当用此为课吏之良法，不特银行而已"，可见其赞赏之意及忧国之心。[1]

考察美国经济时，戴鸿慈感叹美国发展固然很好，但与中国国情差距太大，其谓："美国商业之发达，工作之精良，包举恢宏，经营阔大，一学堂一工厂建造之费，动逾千百万金，不惟中国所难能，抑亦欧洲所叹畏。盖美为新造之国，魄力正雄，故一切措施难以骤相仿效"。同时，戴鸿慈看到我国与美国在太平洋地区商业的竞争，感觉到了危机，谓"此又中国所急宜注意竞争刻不容缓者也"，建议清政府加强发展商业。[2]

戴鸿慈也主动地与各国财政界人士进行交流，探讨经济管理之道。如在美国考察时，负责陪同考察的美国总统特使精琦是耶鲁大学教授，也是考察团成员施肇基的老师，他曾于1903年应清政府之邀前往考察中国的货币改革，是财政方面的专家。虽然清政府对于考察团的权限曾有明确的规定："分赴各国除考察政治外，其关系一切权利及财政等事宜，均著毋庸与议"。但作为户部侍郎，关心财政问题当属戴鸿慈的分内之事，因此，在火车上他与精琦"细谈财政大要"，向其请教了有关财政问题。戴鸿慈在虚心向精琦请教财政管理要道之后，将交流所得归纳为六个方面内容，即"一曰先定平色之轻重；二曰各省宜分设各局，以便转换而平价直，且勿用各省名目；三曰按人民消费之程度，而定铸用之多寡；四曰宜先定镑价，以免亏损；五曰宜仿各国定金为本位；六曰宜借款铸金元，以纸币辅之"。[3]

戴鸿慈一行参观和考察了美国的铸币局，惊叹其规模与效率。美国铸币局的运作由中央预算、统一管理、统一铸造。"该处为美国造币之总

---

① 戴鸿慈：《出使九国日记》，长沙：湖南人民出版社，1982年，第56—59页。
② 佚名辑：《清末筹备立宪档案史料》，台北：文海出版社，1981年，第7—8页。
③ 戴鸿慈：《出使九国日记》，长沙：湖南人民出版社，1982年，第72页。

区，平常人不能入观，只可于楼窗下眺而已。历观提净之机、熔注成条之机、切片之机、印花之机、磨边之机、计数之器，凡为机器二十四具，每具一分钟时可造钱九十枚，无论金、银、白铜、青铜，大小皆然。盖机器如故，不过钱模随时取换耳。观金库，其地重门严局，异常坚固。中为库六，储金钱三百五十兆，皆奉户部之命而后铸也。每铸成其币，即存于此，而不置之华盛顿，不置之纽约。每欲取用，则以纸币存抵而后取之。向者，各省所铸，各于其币上有小字为记，今则一皆中央政府之所造，无有歧异，此亦吾辈所宜措意者矣。美铸币局凡三：一在旧金出，多铸金。一在纽阿连（New Orlean），多铸银；惟此局最大，金、银、白铜、青铜并铸焉。"[①]戴鸿慈虽然参观了各国的银行、铸币局、印务局等，也与精琦就财政问题进行了深入的交流，对精琦的币制改革建议颇为感兴趣，但基于认识的局限，其回国后除了在官制改革的主张中提及其对经济政策的相关认识外，并未提出具体的改革举措，如其认为"户部掌财政行政，为旧制所固有，然以户名其部者，盖缘旧日财政以户田为专务。今征诸各国所掌，则自国税、关税以至货币、国债、银行，其事甚繁，户田一端实不足以尽之"，建议将原户部的业务扩展，"臣等以为宜因户部之旧，更其名曰财政部，而以前所设之财政处并入焉"。

戴鸿慈一行还参观和考察了各国的工厂和公司，对工厂或公司的规模与设施、工作的流程与方式、用工情况与工人的福利以及后勤服务工作等都进行了深入考察和详细的记录。如他记录了芝加哥屠宰场的宰杀流程与方式，"职工凡八千五百人，系商家私立者，政府惟令人检查其畜肉之有毒与否，其他不干涉也。故其势力甚大，其组织亦绝周密，如电话、电报、运送之汽车，制冰、制铁罐之机器，均已齐备。"[②]印刷局印刷效率之高，速度之快，让戴鸿慈不敢相信，"最大之机器，一转轮，印出三十二

---

① 戴鸿慈：《出使九国日记》，长沙：湖南人民出版社，1982年，第92—93页。
② 戴鸿慈：《出使九国日记》，长沙：湖南人民出版社，1982年，第76—77页。

页。其印邮局收票之器，一小时能印十万张。初以为太过，立视良久，乃知信然。其尤妙者，乃或并选纸、裁剪、折叠诸工为之，终日运行，不烦人力。机器至此，可云巧夺天工矣"。[1]卷烟厂的效率也非常高，"卷烟之法，大率以机器运之，然亦有新旧之异，最速之机，每日可出烟卷十八万支，缓者仅三万支而已。纳烟、卷纸、封弥、截筒，顷刻而就"。[2]尤其是对一些规模较大的公司戴鸿慈更是记载详尽，而且进行了深入的比较，如以表格的形式将美国东部的纺织厂、织布公司等进行列表比较，以为国内工商业发展的借鉴，可见其良苦用心。

第三，教育。

教育关乎人才培养与国家发展，十分重要。戴鸿慈深知此次考察的目的，"考察政治，知本原所在，教育为先，故于学务一端，颇为殚心研究"。[3]戴鸿慈考察团从多个方面考察了西方各国的高等学校、中小学以及专门学堂等，对美国、德国、英国、俄国等教育普及情况、学校开设情况以及所需经费、教员人数、学生人数、教学设施、专业与科目的设置，以及教学方式等都非常关注，也进行了比较细致的了解。

考察过程中，戴鸿慈目睹西方学校中教师根据孩子的特点设置教学内容以及轻松活泼的教学方式，对此十分赞赏，认为这种形式易为孩子接受，"往观女学堂。堂中有教员四十名，女生四百名"，"观其幼稚，功余耍玩"，"殊有快乐之致"，"足见教育之道，不可以拘迫为也"，又"幼年之学，主于活泼，务令于身体有益，又不厌倦为主义"。戴鸿慈认为普通教育是提高全民族文化水平和素养的重要渠道，在中国发展教育事业刻不容缓，其甚至对俄国高等教育发展而普通教育发展不足的状况深表惋惜。

---

① 戴鸿慈：《出使九国日记》，长沙：湖南人民出版社，1982年，第83—84页。
② 戴鸿慈：《出使九国日记》，长沙：湖南人民出版社，1982年，第88页。
③ 佚名辑：《清末筹备立宪档案史料》，台北：文海出版社，1981年，第961页。

　　戴鸿慈每到一所大学考察，都会悉心考察其藏书楼，甚至细致到藏书楼里借书的程序与借阅管理等具体的细节。他深感藏书楼与教育发展有着莫大的关联，认为强国利民莫先于教育，而图书则为教育之母。故而其后来回国后也极力推动国内图书馆的建设。

　　戴鸿慈团队还对各国的工艺学堂、手艺学堂、农学院、电学院、化学院、水师学堂以及军校等地进行了深入考察，力图学到西方各国专门教育的先进经验。他对西方专门学堂的发展颇为赞叹。如在德国的专门学堂之化学馆，戴鸿慈感叹化学对社会发展的重要作用：

> 　　此大学堂中之一专科也，专授化学，旁及物理。馆中机器室甚多，而讲堂则惟一所。堂甚宽敞，容三百十八人。余等憩此，观诸教员演试：先为各种流质试验；次以毒药试鼠，闻之立毙，次试变易水色之法；其后出示诸物，显化学作用之神。有加非精（Caffein）及茶精（Teain），皆化学制成，色白，可以代饮，能增长精神，与真者无辨。闻此物以鸟粪制之，可谓奇谈矣。有五色丝线，亦以棉花制成，坚韧可用，光润亦胜丝而柔软不及。西人所成洋花缎，即多出此。其他制香水、制玻瑠、制珊瑚、制象牙、制蜜蜡诸物，皆可乱真。化学之功用，不可限量也。[①]

　　戴鸿慈还意识到了文化的发展对于教育的促进作用以及教育应注重方式方法，其通过观剧，意识到戏剧是通俗易懂的教育方式，并进一步思考教育在西方各国发展中所起到的作用。如在德国看剧，其记载："是夜，骑马骑象，纷纭繁会。最后，则楼阁三层，有百十女郎排次歌舞，灯光五色，悦目赏心。亡何，楼阁上升，下用白纱围罩，四面有女郎，衣色变换

---

① 戴鸿慈：《出使九国日记》，长沙：湖南人民出版社，1982年，第138页。

瞬息二三十次，异彩夺目，花样翻新，盖用电光摄射各色于素衣之上，使人目迷五色也。维时，水景激射，如珠落玉盘，尤为可观。前在纽约、巴黎所看诸剧，已叹观止，不图至此又别开生面、光怪陆离如此也"。戴鸿慈看到西方各国戏剧之精妙，反思本国的情况，思考其中的原因，认为原因在于西方国家知戏曲为教育普及之根源，重视通过戏剧的方式对国人进行教育，故而不惜投入大量资本，竭心思耳目以图之。而在本国，优伶之身份卑贱，"媟词俚曲，彼则不刊之著述也，学堂之课本也"。如此，"又安怪彼之日新而月异，而我乃瞠乎其后耶！"故而，"今之倡言改良者抑有人矣，顾程度甚相远，骤语以高深微眇之雅乐，固知闻者之惟恐卧。必也，但革其闭塞民智者，稍稍变焉，以易民之观听，其庶几可行欤？"[1]

戴鸿慈详细记录了美国基督教青年会的慈善教育，从学校招生到创建背景，无不涉及，字里行间毫不吝啬自己对这类慈善学校的肯定："会以教授少年智识、强壮身体为目的，乃耶稣教徒所设，因略说其立教之由、办事之法。会中设操场、浴池，为体操之具甚备。观居留院，盖贫人子女之所托也。会长某氏演说云：彼居此十六年矣，所建房舍凡十所，有议事院、书楼、游玩所。设会友三十五人，即如学校之有教员然，专以教育儿童为主。小孩来此者凡七千人焉。然独不许传教，何也？因附近居人教派太歧故也。议事室常借为演剧之所，剧本间采之意大利、希腊，而英剧为多。儿童学毕，咸来此受音乐教育。自兹以后，儿童不患无谋食之地矣。旁有工厂，各国古今纺织之法、木石器具，罗致备焉。每日曜，延各国名人演说历史其间，使工人见之、闻之，倍有兴趣而坚其执艺之心。邻近女童来学者，常五百人"。令戴鸿慈甚为感慨的是，这些学生学成之后，"乃出而授其他穷者，亦慈善事业之不可少者也"。"又贫家子女年幼，抚养无人，碍于作工者，别为一室，代调护之，尤法之最善者也。本省设

---

[1] 戴鸿慈：《出使九国日记》，长沙：湖南人民出版社，1982年，第121—122页。

会类此者不一，每年一次大会于此，以考究其处理之方法。盖贫民子女，多有聪明殊众者，得此然后无弃材，不至终于埋没也。初，倡此议之女士某，初本甚贫，作工自给。既充报馆访事、主笔，后国家派令考查工厂情形，遂发宏愿，组织此会。而今会长某氏，独力支拄者十六年，亦女杰矣哉！"①

戴鸿慈也十分关注贫民教育。他注意到多个国家对贫民教育都十分重视，也不收取学费。他参观德国的贫民学堂，参观了操场、教员室、教室等场地，还观看了教员上课，戴鸿慈对这种"循循善诱，浅近易解"的教学方式十分称赞。他认为该学堂规模虽小，管理却十分细致，十分人性化，其记载：

> 观小学堂。此学堂为国中贫人而设，男女生徒各六七百人，年约六岁以上十二岁以下，每年经费凡六万马克云。观雨中操场、教员室、教室。观各教员教授地理、博物、国文等科，均循循善诱，浅近易解。观浴室，每星期一次，由教员率诸生澡浴。浴时，二童子一室，盖幼年未知卫生，虑其不能自洁也，故有强逼之一法。而不须浴资，又甚便于贫民，二美具焉。此学堂规模虽小，然分别男女，教法整齐。柏林城中似此者凡二百八十所，均出自地方关税，不收学费云。

戴鸿慈认为该国对贫民教育的关注，既是对贫民的福利，也是提升国民素质的重要方式。他还考察了该校外面的藏书楼，了解到该藏书楼专为贫民而设，这无疑也是贫民的利好：

---

① 戴鸿慈：《出使九国日记》，长沙：湖南人民出版社，1982年，第75—76页。

其外有藏书楼，专为贫家作工之人夜间来读者立，故日间不启。每日下午六时至九时乃启门；至礼拜日，则终日客常满座矣。①

戴鸿慈对贵胄学堂也进行了专门的考察，其在参观维也纳贵胄学堂后，十分赞赏其做法，认为该校"狭寝室以励苦修，广公园以供游赏，布置得当，用意深远"，目的在于杜绝贵胄子弟的游玩之风、奢靡之气，使其不放纵、不娇宠，帮助其潜心学习。其联想到清朝贵胄子弟的教育，往往沦为"王公子弟肆武之地"，认为必须让贵族子弟也同贫民子弟一样，通过吃苦来励志，"学生之勤苦，则与贫家之子弟毫无以异，此最宜着意者也。假不其然，而一切以因循放纵出之，是则无用学堂为矣。"这是他考察后的感悟，也是平常思考的结果，更是对后代的教诲与希冀，即无论贫富贵贱、无论身份地位，无论家庭出身，"总应勤苦，放纵则学亦无用。"

中国传统是一个男权社会，只有男子才有受教育权，提倡女子无才便是德，更不用说女子教育了，女性主要是在家相夫教子，不便出门抛头露面。戴鸿慈考察时见到诸国女子教育的发展，颇为感慨，也由此增长了女子教育的意识。在日本，他见到当地华商设立的同文学校，里面有男女二班，除了少数几个附学者，其余都是广东人，男三十余人，女十余人。"观生徒兵式体操，演放枪诸法，步伐颇整，演习纯熟。次观唱歌室，教唱从军乐之章及日本竹谣，教习鼓风琴以导，其音节抑扬有致，令人生蹈厉发扬之概。"②后又参观日本的大同学校，"女学校之女教习率女生入见"，戴鸿慈勉励中国的女学生："女学近方盛行，皇太后拟兴办女学堂

① 戴鸿慈：《出使九国日记》，长沙：湖南人民出版社，1982年，第137页。
② 戴鸿慈：《出使九国日记》，长沙：湖南人民出版社，1982年，第54页。

于京师，诸生学成，必沐特殊之宠待。"[1]戴鸿慈对各国女子教育的情况十分感兴趣，其每参观一个学校，会记录有多少女生及其所学课程，如在美国，其记录斯坦福大学"男女学生凡数千人"[2]，加利福尼亚大学，"是校男生凡二千五百人，女生千余人"[3]，哥伦比亚大学中的师范学堂，"凡男女生徒四千人，内师范生男女九百余人"[4]，他在美国还特地参观了专门的女子学堂，其中"女教习率学生百五十人并来见礼"[5]。

此次考察，戴鸿慈对教育有了更深入的认识，对实业学堂的设置也有了新的看法，其谓："此次到美，览其大纲，其立国之本，首在农、工两端，而有商业为之扩充，有学校为之引导。每省、镇均立大学、中学、小学至数百区。其大学生徒之众，类至数千人，省学习专门，一一见诸实验，所谓操之有要者非耶？是以取精用宏，每举一事，皆有排奡一世之概。然其效有由致，若徒慕其外容而不探其内蕴，犹之强病夫而竞走，鲜不仆矣。"[6]戴鸿慈认为中国当时中等以上实业学堂已有多所，应迅速筹办简易科，变通课程，以适合现实需要。如农则注意蚕桑，或森林，或渔业，或畜牧，而不必兼修；工则注重土木，或织造，或机器，或采矿冶金，而先求初级；商则宜求通地理、历史、算数、簿记、商品经济之大凡，兼注重处理商业，而不徒躬营商业。

第四，司法。

戴鸿慈考察团的目的就是考察西方政治制度，这其中尤为重要的是法制，戴鸿慈对此十分关注。在与俄国前首相维特交流时，维特建议，中国立宪，应当先制定法律，"务在延中西法律家斟酌其宜；既定之后，君民

---

① 戴鸿慈：《出使九国日记》，长沙：湖南人民出版社，1982年，第59页。

② 戴鸿慈：《出使九国日记》，长沙：湖南人民出版社，1982年，第69页。

③ 戴鸿慈：《出使九国日记》，长沙：湖南人民出版社，1982年，第71页。

④ 戴鸿慈：《出使九国日记》，长沙：湖南人民出版社，1982年，第88页。

⑤ 戴鸿慈：《出使九国日记》，长沙：湖南人民出版社，1982年，第95页。

⑥ 戴鸿慈：《出使九国日记》，长沙：湖南人民出版社，1982年，第107—108页。

俱要实行遵守，然后可言立宪，约计总以五十年准备。谓欲速不能，过迟不可。上急行而下不足以追步，则有倾跌之虞；上不行而下将出于要求，则有暴动之举。"戴鸿慈认为维特之语颇为中肯，然而，维特所言之时间对于急于奋起直追的中国来说，却难以实行，"余惟中国今日之事，方如解悬，大势所趋，岂暇雍容作河清之俟？准备之功，万不能少，然不必期之五十年之后。所谓知行并进者，乃今日确一不移之办法也。"戴鸿慈进一步思考，对维特所说之法律为治国的依据颇为赞同，认为政府应在此方面加强人才培养，其谓："顾空言立宪，而国民无普通智识与法律思想，则议法与奉法，略无其人，弊与不立宪维均。故广兴教育与多设法律学校，分班出洋学习法律，尤为根本之图，此则归国后所亟宜注意之事也。"财政方面，也需相关法律以遵行，"询以财政，则言须立预计表，而总不外乎明定法律。盖凡事必以法律为基础，苟无法律，则事无可办者矣。维特君深识远虑，洞知时势，诚俄廷中之表表者，名不虚得也。"①

司法方面，戴鸿慈考察团主要考察了西方的裁判所、警察局以及监狱等。裁判所相当于现在的法庭。在德国的时候，戴鸿慈参观考察了普鲁士的裁判所，对法官审理案件时的基本情况进行了解。他记载，在小法堂内，"上坐者五：中为正法官，次为陪法官二人，又次则书记官一人。旁一栏设有几，被告者坐之。面法官者，为辩护士位。其余四人，率司书记者也。廷丁往来传递案卷及伺候观客。室前，即听审栏。入观者随意，惟严整勿哗而已。次观高等法堂，规模稍广。上坐五人如前，皆玄衣、玄冠；盖法官开庭之礼服，类取平顶之冠，博袖之衣，两法堂皆然也。旁坐陪审员十二人，由于公举。而法官坐者，为原告、辩护士，其被告人则羁木栏中。栏后有门通羁押所，引致于此。寻导观各案卷所及检查旧案之

---

① 戴鸿慈：《出使九国日记》，长沙：湖南人民出版社，1982年，第226页。

法。虽以他邦之民，数年之久，是否再犯，有无积案，一查立辨。观其编次，井井有条不紊，洵可效法。然非先编户口，岁列统计，有以立其根本而为之顶备，则逃犯亡命，改易姓名，孰从察之？是以户口不清，万事无从下手，宁独检案一事而已耶？"[①]可见，戴鸿慈一边参观一边思考普鲁士法庭秩序井然的原因，以及在中国实施时需应对的问题。这里提及户籍问题，故而后来戴鸿慈在警察局参观时，特别关注了此处的户籍管理，他评述这里的户籍管理详细而严格，凡初入境居住者，三日内必须报明，否则巡警士将登门索要。其报明的办法，有册纸填写，有姓名、原籍、出生月日、职业、所信仰的宗教，都详细登记，存册备查，"故无奸宄潜迹之患。"正是受此启发，戴鸿慈深感户籍整理的重要性和紧迫性，其回国不久，便建议清政府开始了对户口的清查。同时，戴鸿慈还分析了警察局消息灵通的原因，"专设电报处、电话处，以便传发。其电报分局，即在各处警察分局内。柏林城中凡设十八局，皆如臂使指，盖所以谋消息灵而机事密，非此末由也。"[②]

戴鸿慈等还对美、德、法等国的监狱进行了考察，其认识到西方监狱设置的初衷，"监牢非以苦痛犯人也，束缚其自由而仍使之作工，故西人有改过所之称"。戴鸿慈对监狱的考察主要关注到以下几个方面：

首先，监狱的设施、环境与费用等。戴鸿慈观察到，为保障监狱的安全，西方各国的监狱基本都是高墙环绕，设高台以瞭望，以防止狱囚逃跑。各个监狱都设有不同数量的监室，分为男监和女监，监狱内有各种生活配套设施，包括给狱囚检查身体和医治疾病的医室。如参观美国某监狱，戴鸿慈记载："狱建筑费八万二元，为房室二百四十所，室中床、桌、盥溷之具毕备，且有电灯。每室容二人，其食所亦洁净，有牛羊肉、面包、清水给之。观工作所，男犯皆于此作筥帚。询知每犯人平均数年费

---

① 戴鸿慈：《出使九国日记》，长沙：湖南人民出版社，1982年，第123—124页。
② 戴鸿慈：《出使九国日记》，长沙：湖南人民出版社，1982年，第130—131页。

用七十三元，售去所作笤帚，平均人得四十五元，是国家仍须人出二十八元以补之也。"①他特别提及荷兰，谓"律法、监狱是其着意之处，修明整洁，颇为他国所不逮"。其谓荷兰土地狭窄，面积尚不及中国一个府，却能"厕居列强之侧，汲汲图存，其经画治理之方，正复粲然可观"②。

其次，对狱囚的管理与教育。西方监狱对囚犯的管理，让戴鸿慈深切体会到此乃帮助囚犯改过自新的场所，基本上每个监狱都通过组织参加相关劳动、学习相关技艺使其掌握一些技术，以为其出狱后的生活做准备。而且，监狱会有相关的探监制度，狱囚能有机会与亲人进行交流，感受家人对其的期盼与家庭的温暖，从而帮助其立志改过自新尽快回归社会。对于在监狱服刑期间表现较好的囚犯，可以根据具体情况进行减刑，提早释放，从而激励罪犯改造。戴鸿慈对囚犯的教育举措也进行了详细的记录。一般监狱中都设有教室，定期定时对囚犯进行教育，包括文化知识与技能等方面。如戴鸿慈记录柏林的重罪监狱，"每囚一室，室中有工桌。各囚皆于室中作工，无杂居者，其床有机括，日间则几桌也，及夜，引其机，即成一床。故室小不觉其狭，诚善法也。"③

此外，在美国，戴鸿慈一行人考察了顽童学堂。顽童学堂实际上是一个改良所，专门羁押罪行较轻的年轻犯人。戴鸿慈记录改良所规模宽敞，有教室，有操场，有房舍凡千一百余间。有印字场，所中设有报刊，在其内印刷。"有木匠所，制几于此。制已，复毁之，资熟练不以牟利也"。有泥匠所，教犯人学习盖屋，"今之新饭厅，盖囚徒所筑云"。他进一步考察，"此所为本省官立，现在所者凡千五百有九人。男子自十六岁至三十岁，犯轻小之罪不至监禁者入之。如入所即勤奋知愧，虽不及期而放使出可也。至及期，则无论性行之良否，亦必释出。既释，犹不悛，又可

---

① 戴鸿慈：《出使九国日记》，长沙：湖南人民出版社，1982年，第73页。

② 佚名辑：《清末筹备立宪档案史料》，台北：文海出版社，1981年，第23—24页。

③ 戴鸿慈：《出使九国日记》，长沙：湖南人民出版社，1982年，第124页。

拘入焉。其在各县监狱者，或察其年幼初犯，亦可改拘于此。其年限有五年者，有二年半、一年者，视案情定之。若罪重，即年合格，不许入也。此所建筑之费凡三百五十万元，常年经费二十五万元。所中工课，大抵教以工艺、商业，使其出所时有所倚以谋生。据所长言，由此改良以后，其能有名誉于世者绝少；然百人中大抵有八十人复为良善，则可信也。惟入此者美人绝少，大都意大利、犹太、中国之人为多耳。"①

第五，军事。

西方各国的军事状况，也备受戴鸿慈关注。其参观考察了诸国的军事人才培养学校、武备学堂、水师学堂和军校等，试图从西方取经以加强国内的军事建设，改变近代以来清政府军事羸弱的状况，改变鸦片战争、甲午战争甚至庚子事变等多次战争中清政府总是兵败最后被迫签订不平等条约的状况。

在美国，戴、端团参观了水师学堂。戴鸿慈首先关注的是招生录取的方式，注意到其考取之法，是由各处选举年龄自十六至二十岁的学生，每县数额限定为两人，考试科目为国文、舆地、代数、几何、格致诸科。在堂学业分为三科：驾驶科、轮机科、陆军科。"海军中有陆兵者，为上岸之用也。"海军学制为六年，其中四年在学堂学习，两年则在海船上练习。每年都要组织考试，不及格者，即须退出。"初入学堂时，因身体不强固不能入者，往往而有，甚或数年后因患目疾而出者。盖目疾为行军之最患，其次则为心肺病"。故每年间，堂中皆举行体检一次，"水手亦然，诚慎之也"。学习过程中检查出有这些病者，须告退，或予以闲差，或给予半薪以优恤。每一战船中，学生有十五六人，分别学习驾驶、轮机、施放枪炮等，这些都在学堂中学习。至冬令寒冻时，"则上练船试演打靶，登桅则夏令练船习之"。"其他如管炉、结绳等事，各执一艺。其

---

① 戴鸿慈：《出使九国日记》，长沙：湖南人民出版社，1982年，第95页。

关于体操者，若泅水、击剑、拳战、跳舞等，皆当学焉"。学生一旦进入学堂学习，便由国家每年给以五百元美金的费用以补贴，在用于食用、衣服、书籍、仪器等方面后，基本没有盈余，节约的学生，也可能年省百金，"比卒业而持为购置军服之备也"。"至国家之为各学生而用之经费，平均计之，人约一千五百元至二千元。此项海军经费，由议院议定即置户部，而海军部由户部如数拨取之。堂中管事、教习凡四百人，除教化学、格致外，皆以水师官充之。水手月薪凡七十元，其总巡、炮弁则有加。由此可见其不错重费，士之咸致死力，盖有由也。水雷学堂别为一地，不属于此。水雷局则每年派学生练习，如开放、检查之法。"①

老兵的福利也是戴鸿慈的关注点。其参观美国老兵院，感叹里面环境之秀美，空气之清新，身处其中倍感神清气爽，感慨这种福利对于激励军人报国的作用，"观兵士所住室及医院，地甚精洁。盖国家欲军人之出力报国，诚不可无此以激励之。田子方所谓'少用其力而老弃其身，仁者不为'。此言虽小，可以喻大也。"②

戴鸿慈渴望中国加强军事建设以改变被列强侵略的状况。其对美国海军发展速度深为感慨，评论道："美国之言海军，在六雄中，盖幼稚之时代焉耳。自一千八百八十年以前，所谓海军者，承平日久，因循旧式，卑卑无足数矣。乃怵然于门罗主义之非，计戒惧之不可以怠，五年之内，军舰之制造者六十余艘。一岁之间，海军经费之增加者，一百余万。用是战胜西班牙，组织六舰队，称雄海上，与诸国抗衡。今观其学堂，经营不遗余力，乃知幼稚而进于老成者，非偶然也。吾国之谋恢复海军屡矣，问能有如是之速率否乎？谚有之'长袖善舞'，此非一朝夕之能为力矣。"③在挪威时，戴鸿慈与其兵部大臣交谈国家富强之道，该大臣认为"中国如能

---

① 戴鸿慈：《出使九国日记》，长沙：湖南人民出版社，1982年，第79—80页。

② 戴鸿慈：《出使九国日记》，长沙：湖南人民出版社，1982年，第82页。

③ 戴鸿慈：《出使九国日记》，长沙：湖南人民出版社，1982年，第81页。

练兵四十万名，则天下莫敢辱"，戴鸿慈又追问多少年能练成，该大臣回答步兵、马兵需要四五年时间，而工程及炮兵需七八年，整体大概要十二年才能完备。戴鸿慈听闻其语之后，虽然觉得十二年的时间太长，但其认为"要在历时定议，如由此振作，外国即不敢轻视矣"。可见其希望中国能强大从而改变受列强欺辱现状的急切心理。

第六，其他。

戴鸿慈团的考察还涉及剧院、博物馆、消防、交通、报馆等方面。戴鸿慈将考察情况都一一记于日记之中，并加入了自己的观点，从中可见其思想和认识水平。

火灾的发生，往往会给人民的生命和财产带来危害。中国传统社会的木质房屋加上蜡烛的使用使火灾发生的隐患很多，甚至清政府的统治核心紫禁城内也频繁发生火灾，北京城内火灾更是时有发生。而当时的救火手段仍然非常落后，往往依靠水桶、盆等传统的方式运水救火，耗时长而效果差。1890年，北京城内的东安水会开始用到诸如龙吐水一类简陋的消防器材。1903年，清政府的警务学堂中设立有消防队，1904年的东四牌楼南德顺兴和1905年船板胡同内的肃亲王府等发生的较大火灾，都是由这家消防队扑灭的。火灾一旦发生，救火的时间十分宝贵，耗时越长往往损失就越大。1905年，北京一个粮仓在一场烈火中化为灰烬，大部分储备粮食被火舌吞噬。1903年，户部所在地发生大火。作为户部侍郎的考察大臣戴鸿慈对此自然记忆犹新。[①]

因此，戴鸿慈对西方诸国的消防器材与救火方式十分感兴趣。在纽约，他们参观了美国救火署，戴鸿慈深感其机器之先进，行动之快速，"其机车各物凤备，辔勒绳索皆悬空中以须试。一警电至，人即自楼上缘铜柱而下，马即自槽奋鬣而就车，辔勒即掣落马上，不数秒钟而成行

_____

① 鸽子：《隐藏的宫廷档案：1906年光绪派大臣考察西方政治纪实》，北京：民族出版社，2000年，第289—290页。

矣。马栅前有铁链，电机动即落，而马耳闻电铃即知，故如此其速也。人则日夜皆豫备，不敢苟玩。车中若升屋之梯，黑暗救人之电镜，掣人空中（八十五尺）之救命机，均备其上。盖救火机器之发明，此其最新者矣。"①在柏林，戴鸿慈一行观看了德国救火总会的救火演习，他进行了详细的记录："先为救火车一队，队二十五人。为车四：一为激水机器；一以载长梯，一则载绳索及他器具，其一载短梯、皮管之属。四车为价三万五千马克，值中国银元凡一万八千元也。其长梯分为两式，旧式用人力运动之，新式则以机器代人力，逐层推上，可及五层屋颠。其皮管接于地以取水，上有水管二，激水使高焉。先演挂梯，次演长梯。无何，继至者凡三队，乃合演登屋救火法。次一人穿火衣，衣以厚呢为之，以药制成，可以御火。头戴救火冠，前面嵌四玻璃，可以视物，有通气管以吸空气，顶上有孔激水以凉身。随以积薪三，灌以火油，厝火其下。此人直入火中，毫无伤损，不惟可以救火，尤可以救人，诚善法也。闻习此者亦须熟练，乃能心定无所恐怖云。旋至分局，观各兵寝室、澡室、饭厅、电报房。其出车绝灵便，自闻警至成行，计不逾六秒钟。"②

戴鸿慈一直肯定报纸在提升国民智识上的作用并提倡办报。其在出国之前就曾提议设立官报，以加强舆论的引导。此次考察，他对西方报业的发达也颇为赞叹，评论道："人民智识之程度，恒与报馆之销数为比例。美国国民嗜报如命，侨民居彼，举化成风。以旧金山三万人，而能自设报馆至五六家，虽词旨不尽可观，而智识之开明，视内地为何如也？脱有能者，渐从而改良推拓焉，其必有可观者矣。"③显然，他希望国内也在此方面加强引导，以提高民众的认知。

戴鸿慈在游览冬宫时，对其中的油画选题颇感兴趣，深感艺术也是

---

① 戴鸿慈：《出使九国日记》，长沙：湖南人民出版社，1982年，第90页。
② 戴鸿慈：《出使九国日记》，长沙：湖南人民出版社，1982年，第136页。
③ 戴鸿慈：《出使九国日记》，长沙：湖南人民出版社，1982年，第89页。

对国人进行教育的重要方式。其谓："宫中铺陈奢丽，所藏雕石镂金之品甚夥，而以油画为最多，绘本国历史上有名誉之战役，所以昭示子孙、煜耀远人也。至如近者日俄之役，尚未之及。余意为俄策者，方当仿法国故事，绘远东屡次失败之象，以铭国耻而励士气；顾乃朝野上下，尚讳言此役之败，而断断与人争辩何邪？本朝凤重武功，于平定某地，必修方略。然欲愧励国民无忘濛泹，则甲午、庚子以来创深痛巨，又恶可以无记也？入人之易，感人之深，无有如图画者。他日而有美术馆、博物院之设，此其尤当著意矣。"①值得一提的是，戴鸿慈看到国外的油画和各种雕塑时，非常感叹其形象逼真、与真人无异，当看到裸女雕像时，也会由衷地称赞其"花容雪肤，细筋入骨，称为美术中之上品"②。从这些简短的文字中，读者可以判断戴鸿慈视此为艺术，以欣赏的眼光对待，而不同于有些迂腐的士大夫将其批判为"败坏风俗"，可见其思想的开明与豁达。

另外，戴鸿慈也关注公共卫生事业的发展。他参观西方的公共浴室，认为："洁净之道，关于卫生甚大，故各国学堂有强迫儿童入浴室者。其公众之地，则有地方特设之澡堂，不惜糜巨费以建之。如两邦然者，其重若此！吾国澡堂虽多，而器具屋宇概不修洁，积垢污人。欲谋公众卫生，此亦宜改良之一事矣。"③

出洋考察大臣们亲身感受到先进的西方文明，领略到立宪政体较封建专制政体的诸多好处，他们肯定美、法等共和国的"纯任民权"，认为"三权互相维系"的政体是其富强的根本；他们赞同日、德、英等君主立宪国，肯定其"公议共之臣民""朝无妨民之政"和"立法操之议会，行政责之大臣宪典掌之司法"，认为在此体制下"君主垂拱于上，而有暇豫优游之乐"，故而，他们成为立宪政体的拥护者。但需要指出的是，戴鸿

---

① 戴鸿慈：《出使九国日记》，长沙：湖南人民出版社，1982年，第222—223页。
② 戴鸿慈：《出使九国日记》，长沙：湖南人民出版社，1982年，第185页。
③ 戴鸿慈：《出使九国日记》，长沙：湖南人民出版社，1982年，第206页。

慈对西方制度的认同并不是一味地追随与吹捧。如整个考察期间，戴鸿慈怀揣着学习西方各国政治而促进中国发展的目的，平心静气地将欧美各国与清王朝进行对比，他震撼于西方社会的富强，因清王朝的贫弱而黯然神伤。当时中西方之间的巨大差距，对他冲击很大，也因此而深感清朝政制进行改革的必要。他客观地分析西方的民权、自由、平等，谓："民权，学者之所倡言也。我观西国，其重视主权也良至，几百职司，权必归一，而下此服从焉，未有以分权而能治者也。共和之政治，学者梦想之所托焉耳，殆非我中土之所能有也。美为民主之国，而选举之法，弊亦随之，所见或不逮所闻，而况于人格之不美若乎？此民权之真相也。又如自由，自由云者，人人于其权利范围之中，得以为所欲为，不受压制焉耳，非夫放纵亡节之谓也。我观欧美之民，无男妇老少，其于一切社会之交际，相待以信，相接以礼，守法律，顾公德，跬步皆制限焉。自其表观之，至不自由也。此自由之真相也。又如平等，西国之所谓平等者有之矣，上自王公，下逮庶民，苟非奴隶，皆有自主权，其享受国民之权利维均。一介之士，虽执业微贱，苟其学成专门，皆足以抗颜宰相之前而无所恶，盖其执艺平等，而非以爵位之贵贱论也。此平等之真相也。"他的认识可谓客观而深入。同时，他指出西学中源论调的错误，认为这是"不审其历史之沿革，施行之内容，而貌而袭之，则书院何以不学堂若？保甲何以不员警若？公局乡约何以不市会若乎哉"！故而提出，"一切政治，非躬至其地，假之时日，一一取而细绎之，比较之，斟酌选别之，则其精微未由见也！"[1]他没有一味推崇西方，而是将制度放入具体的历史文化背景与社会环境中去考量，体现出务实的态度和求真的精神。在对中西方的审慎对比中，戴鸿慈坚定了改变中国现状的意识。

历经八个月欧风美雨的洗礼，东西方社会的强烈反差刺激了戴鸿慈等

---

[1] 戴鸿慈：《出使九国日记》，长沙：湖南人民出版社，1982年，第25页。

人内心的爱国热情，使之自觉地担负起清末预备立宪的重任，成为推动清末宪政运动中不可忽视的力量。故每当结束一国的考察，戴、端二人都及时向朝廷奏报考察、游历经过及感受，其中有考察后得出的结论，也有介绍外国政治体制及统治得失的经验。这些奏折和书籍，成为清政府宪政改革的重要依据。在考察尚未完成、仍处于考察过程中之际，戴、端二人便不断向清政府介绍西方立宪的种种好处，奏请清政府以五年为期改行立宪政体，谓宪法是"安宇内、御外侮、固邦基、保人民"的好事，他们以瑞典、葡萄牙、比利时、荷兰、日本等国为例，说明立宪政体有利于君、有利于民，非立宪不足以保邦致治。

次年，戴鸿慈等出洋考察宪政的大臣先后归国，他们提出了改革中国政治体制、发展近代文教事业等措施，推动清政府的改革。1906年9月1日，清政府排除各种反对声音，颁布"预备立宪诏"，宣布"仿行宪政"，规定预备立宪期为九年，确立了实行立宪的基本国策。1908年，清政府又颁布了《钦定宪法大纲》等宪法性文件。

第二节　《欧美政治要义》

戴鸿慈在欧美考察过程中注重沿途收集有关西方各国政治制度的资料，回国之后，其按照清政府的需要将各国政体资料荟萃编撰，介绍西方各国政治制度的渊源和内在结构，编撰而成了《欧美政治要义》和《列国政要》，这两部书在当时堪称介绍西方宪政制度的百科全书式的著作，对于清政府的政治制度改革起到了重要的借鉴作用。

一、基本情况

1906年10月23日，端方、戴鸿慈等将《欧美政治要义》作为政治读本进呈给慈禧太后和光绪皇帝，他们在《进呈〈欧美政治要义〉以备立宪采

用折》中，阐述了成书过程，论及考察任务紧迫、时间仓促的客观原因以及资料搜集的方式方法等：

> 臣等此次前赴欧美各国考察政治，为期较促，历国甚多，深恐博览周咨，不免挂一漏万，是以放洋之后，即注意于采译书籍，诚以耳目所得，常不敌公私著述之切实可稽，详尽无憾。惟是译材较少，政典弥繁，参随各员间有口译，笔受者又往往得其一端，未能综括全体，且各国分译，亦不能贯串成编，上备朝廷才择。因特就各国政体，荟萃编为《欧美政治要义》一书，酌派妥员，专司纂辑，去其繁杂，撷其精华，似于政治大端，业已粲然具备。现奉明诏，预备立宪，各国政体，自应兼搜并采，以备考求。谨将臣等所编恭录成册，先行进呈，用备几余省览。至参随各员编译各书，门类甚夥，现正详加排比，分别部居，头绪纷繁，审定尚须时日，容俟编齐后，陆续咨送考察政治馆查核，再

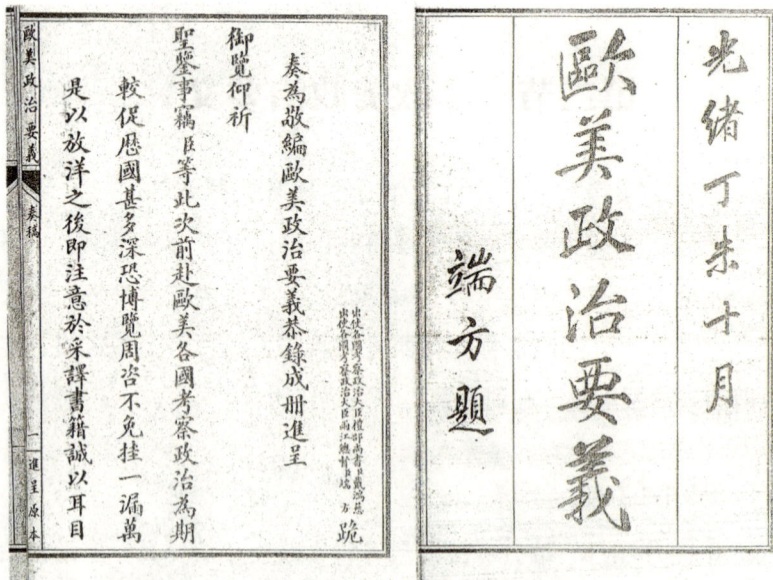

图十三　《欧美政治要义》封面及首页原件

146

行呈进。其未经译出之各国政书，有由臣等购买者，有系各国赠送者，名类更繁，篇帙颇富，亦经饬员译出书目，开列清单，一并咨交政治馆收录，以俟择要编译，俾成巨观。[1]

该书后由商务印书馆于1907年十一月出版发行，颇得时论好评，十分畅销，至次年六月即再版了三版。

他们在奏折中对各国政治进行了政体的评述，认为各国情形虽间有不同，治理则大略相似。从政体上来说，"美为合众而专重民权，德本联邦而实为君主，奥匈同盟，仍各用其制度，法、义同族，不免偏于集权，惟英人循秩序而不好激进，故其宪法出于自然之发达，行之百年而无弊。反乎此者，有宪法不连合之国，如瑞典、挪威，则分离矣；有宪法不完全之国，如土耳其、埃及，则衰弱矣；有宪法不平允之国，如俄罗斯，则扰乱无已时矣。种因既殊，结果亦异。故有虽改革而适以召乱者，此政体之不同也"；从国力上来说，各国情况也各不相同，"陆军之强莫如德，海军之强莫如英，国民之富莫如美"；从外交方略上来说，"则俄法同盟，英日同盟，德奥义同盟，既互相倚助，以求国势之稳固，德法摩洛哥之会议，英俄东亚之协商，其对于中国者，德、美海军之扩张，美、法屯军之增额，又各审利害以为商业之竞争，盖列强对峙之中，无有一国孤立可以图存者，势使然也。况人民生殖日繁，知识日开，内力亦愈以膨涨，故各国政策或因殖民而造西伯利亚之铁路，或因商务而开巴拿马之运河，或因富国而投资本于世界，均有深意存焉"；从民气上来说，"俄民志伟大而少秩序，其国失之无教；法民好美术而流晏逸，其国失之过奢，德民性倔强而尚勇武，其国失之太骄；美民喜自由而多放任，其国失之复杂；义民尚功利而近贪诈，其国失之困贫；惟英人富于自治自营之精神，有独立不

---

[1] 佚名辑：《清末筹备立宪档案史料》，台北：文海出版社，1981年，第24页。

羁之气象，人格之高，风俗之厚，为各国所不及。"通过对各国情况的比较，戴鸿慈总结，各国强大的原因，不外乎"君臣一心，上下相维，然后可收举国一致之益"。

而治理失效的原因有三种：

"一曰无开诚之心者国必危"。其举例论述西班牙苛待殖民地，致有菲律宾、古巴之败；英鉴于北美民众反抗，而于澳大利亚、加拿大两域予人民以自治之权，"致有今日之强盛，开诚故也"。俄灭波兰，而用严法以禁其语言，"今揭竿而起，要求权利者，即波兰人也。又于兴学练兵，皆以专制为目的，今满洲之役，不战先溃，莫斯科、圣彼得堡之暴动，即出于军人与学生也"。因而，戴鸿慈在此即为凸显专制政体的弊端，"防之愈密，而祸即伏于所防之中，患更发于所防之外，不开诚故也。"

"二曰无虑远之识者国必弱"。他以欧美诸国为例，"俄以交通之不便而用中央集权，故其地方之自治日以不整，美以疆域之大而用地方分权，故其中央与地方之机关同时进步。治大国与治小国固不侔也，德以日耳曼法系趋于地方分权，虽为君主之国，而人民有参与政治之资格；法以罗马法系趋于中央集权，虽为民主之国，而政务操之官吏之手，人民反无自治之能力。两相比较，法弱于德，有由来矣。"

"三曰无同化之力者国必扰"。他认为美国行共和政体、重视人民权利，故而虽人种繁杂而同化力甚强，也因此能上下相安于无事。而土耳其一国之中分十数种族，语言宗教各不相同，又无统一之机关，"致有今日之衰弱。俄则种族尤杂，不下百数，语言亦分四十余种，其政府又多歧视之意见，致有今日之纷乱。奥、匈两国虽同戴一君主，而两族之容貌、俗尚、语言、情性迥殊，故时起事端，将来恐不免分离之患"。因而，戴鸿慈得出结论，"盖法制不一，畛域不化，显然标其名为两种族之国，未有能享平和、臻富强者矣"。戴鸿慈继而思考中国的情势，认为中国地处东亚，又为数千年文化之古国，故而有泱泱大国的心态，"不免挟尊己卑人之见，未尝取世界列国之变迁而比较之"。其认为对中外情形进行对比尤为重要，才能做到准确定位，"故比较对于内，则满盈自阻之心日长，比较对于外，则争存进取之志益坚。然则谋国者亦善用其比较而已"。①

二、具体内容

该书除总论《设立立宪君主政体之总因》外，共有十八章，分别是第一章《皇室典章之发明》，第二章《国家宪法之制定》，第三章《宫中与政府之区分》，第四章《立宪政体君主之权力》，第五章《君主之至高顾问府》，第六章《政府即责任内阁之编制》，第七章《国会之设立》，第八章《会计监督及豫算制度》，第九章《法律命令》，第十章《立宪政体之行政原则》，第十一章《行政司法之分划及司法制度》，第十二章《海陆军之制度》，第十三章《中央行政各部之编制》，第十四章《中央行政各部与地方行政官署之关系》，第十五章《地方会议》，第十六章《地方自治制度》，第十七章《臣民之权利义务》，第十八章《非常警察及戒严之制度》。各章内容涉及宪政制度的各方面，在介绍了西方的做法后分析了在中国实施的可行性及实施办法，其中的许多观点，与早期宪政思想家有类似之处。

《欧美政治要义》在开篇总论阐明了设立立宪政体之总因，强调政治的目的在于既要实现"发达臣民之生活"，又要实现"增长国力"。其谓，"所谓立宪君主政体者，举国家之全力提挈臣民之生活，助其发达"，"增长国力"，故而设立国会以通上下之情，其执行之权则仍归政府，但需明定国务大臣之责任。戴鸿慈认为在立宪政体下，保障臣民的权利十分重要，"不许以行政权有所侵损"，"又如司法权从一切行政事宜中分划独立，以公平保护臣民之权利，其国务大臣收支国帑又必先以豫算

① 佚名：《戴鸿慈传》，《清史列传》，卷六十四，北京：中华书局，1987年，第5134—5136页。

之数经国会之参与极其平准乃行，凡此等类，皆立宪政体最为枢密之要目也"。"助长臣民生活之发达"乃是国家改革最为要紧之事务。人民生活发达了，国家才能够真正强大，才能在这个竞争时代立于不败之地。这种思想贯穿了《欧美政治要义》全书，其介绍了西方国家将臣民的权利写进宪法条文中，通过宪法来保障人民的权利自由。主要有如下几方面：人身之自由、家宅之安全、居住移转之自由、书信之秘密、信教之自由、言论著作印行结社之自由、请愿之权利、裁判之公平、登用之均等。当然，臣民对于国家也有相应的义务，如服从国家依宪法施行、服兵役和纳税等义务。

"立宪政体，其臣民有参与国政之权"，"今宇内大势，凡独立之国，恒其视国力之充溢与否，以觇其能否并行政策于列国之间，其政策行之无碍者，其国力必充溢"。戴鸿慈该书中有关责任内阁、国会、司法裁判以及地方议会、地方自治等方面的内容，都围绕"助长臣民生活之发达"而展开，这也正是戴鸿慈宪政观的一个亮点。

在第一章《皇室典章之发明》中，戴鸿慈、端方认为，宪法的制定须明划国家各部之编制及权限以及臣民之间权限及义务，使之"不相侵越"，其遵旨在于"昭明皇室之典章，以保持君主之权力及尊严为第一义"，从而使臣民之间的等级昭然有序。其认为，一方面，"君主之国与民主之国异"，在君主之国，君主的身份地位十分尊贵，"尊如神明，高如帝天"，"其固有之礼仪权力不可不特为章明"，"其保持君主之尊严者即所以巩固国家之团结"；另一方面，"君主之尊威、礼仪、财用皆非臣民所得拟议，若因论政治之得失而议及更改王家之典例，或纵论国家之财政而议及节减宫廷之经费，皆非所以维持君主尊威之道，故必先发明君主之家宪使臣民之分秩然不紊乱"。

可见，戴鸿慈、端方等高级官僚在推动清末政治改革的过程中，考虑到是在中国这样一个延续两千多年封建专制制度的国度推行宪政，那么保全君主的权威、维持皇室贵族的腐朽特权，使改革顺利进行，这是首先且必须要考虑的问题，故而他们在第一章便首先对此方面内容进行阐述，强调"皇室之典章不列之于宪法而必为特别之条文"。因此，他们强调要保留"皇室之特权"及"皇室之财产"。在"皇室之特权"方面，他指出皇族与普通人虽都受刑法制裁，但如果与普通国民的办法相同，则必然会有损皇族之尊贵，"君主为皇族之长亦监督全族，摄政亦然，有重要之族务则开皇族会议以定之"，"故非经君主之救许不得拘捕之于裁判所，往往由君主自加惩戒，而仅使附于裁判所之裁判"。但如果皇族出现有辱其品位之行为，或不忠顺于皇室者，则可以对其进行惩戒，"重者停止皇族特权之一部或全部，甚至剥夺之可也"；关于"皇室之财产"，其认为"天子对中外而表彰国家之威严，代国家而受中外之尊敬，故为构宫室、饰威仪、养皇族之事需用颇多，欲保其地位之尊严，自不可无必要之收入"，因全国之收入必悉纳于国库，"立宪之国所有政务之经费，每年以岁计预算咨询于国会而定支出之数，故皇室必须别定一可供度支之财源，置之于每年国会决议之外，不然则议会定预算时或有减少皇室及皇族费用之虞"。故而为了保障皇室的经费，其遵照各立宪国的做法，其将之分为皇室经费、皇室世袭财产、皇室普通财产三类，强调享有免除课税的特权。[①]

在第二章《国家宪法之制度》中，作者首先明确了宪法的概念，"所谓宪法者，诸法之渊源也，一国之大本大法也，故又称之为国家之根本法。盖所以规定国家各部机关之编制及权限，并臣民之权利及义务，在一切法律之上而可为国家一切政务之基本者也。"其指出宪法制定的方法有三种，敕拟宪法、共议宪法与民主宪法。"所谓敕拟宪法者，君主命其臣僚拟具宪法之草案，下之于高等顾问府，使议定而裁可之，以公布于天下"；"所谓共议宪法者，其宪法非由敕拟而定，必以之询议于臣民之代表机关，君民共议而始确定之者也"；"所谓民主宪法者，当革命之后人

---

① 戴鸿慈编著：《欧美政治要义》，桂林：广西师范大学出版社，2016年，第44—48页。

民先开宪法构成会议以议定宪法，因此以选定君主"。西方各国中，敕拟宪法较少而共议宪法较多。因为"以敕拟而定者，亦得以敕废止变更之，则宪法不能固定而终归于无效"，"且宪法多定条项，若不洽于人民之意则反动力因之而生成，反致于危国"，故而戴鸿慈认为敕拟宪法不如君民共议宪法之易于遵守，因之各君主立宪之国多用共议宪法。戴鸿慈在文中推荐君民共议宪法的目的一目了然，其对于要经过革命方式订立的民主宪法是排斥的，希望通过君民共议的宪法，使清政府与民间社会达成一致，从而有效避免人民的反对，最终达到消弭革命的目的。

在第三章《宫中与政府之区分》中，作者论及在英国等君主立宪制国家，议会制度是核心制度。议会为国家的最高立法机关，拥有立法权，代表全体国民行使职权，是资产阶级民主政治的主要体现。戴鸿慈主张在中国实行君主立宪政体下的三权分立制度，将国家统治之权，分配于立法、行政、司法之三机关。

在第四章《立宪政体君主之权力》中，戴鸿慈指出中国可参考普鲁士的做法，推行立宪政治，与原来的君主专制政体相比，立宪之后，君主权力虽然有所变化，但变化不大："纯粹君主亲裁政体之国一变而为君主立宪政体之国"，"特设条章明示君主之权力又于宪法条章以外"，"仍为最高之机关"。在西方各国宪政体制之下，"王为国家元首，总揽统治权，依宪法之条规行之，君主一身不可侵犯"，"君主之权力不仅不明记于宪法也，即宪法不载者，凡关于国政之权力，君主仍得行之"。各国宪法都将君主置于指斥言论之外，"特为规定一条，曰君主一身不可侵犯，是无责任之义自存于其中矣"。在君主立宪政体下，君主之权必依政府大臣之辅弼行之，"不仅因其事务之繁杂，一人之心力难于审理，乃实因其间责任之关系有不得不然者也"，故而当出现"君主误政道或违宪法"之时，"终不得加以指斥，是必至于无可匡正其过失之途，则宪法条规亦将有名无实，是与君主亲裁之时无异也。"因此，当君主出现失误时，其责在于政府大臣，"辅弼者未尽其任，故政府大臣必代君主而负其责任，此之谓责任大臣，各国宪法明确规定者是为君主立宪政体之目的。"①

在第六章《政府即责任内阁之编制》中，作者对责任内阁制进行了详细的叙述，指明在立宪政体下，君主和臣民都必须遵守宪法，"君主之权不问其属于大权与不属于大权，必依政府大臣之辅弼行之，是不仅因其事务之繁杂一人之心力难于审理，实因期间责任之关系有不得不然者也。责任所关者有二，曰违宪法之条规，曰误政治之方针。""使违背者任违背之责，乃立宪政体最要之义"，然而君主一身不可侵犯，立于指斥言论之外，虽发生违背宪法之行为，也难加以责问，故而因由责任内阁负责。

"责任内阁者，合首相及各部之国务大臣组织一合议之政府，代君主而负责任者也。"责任内阁是国家行政中枢，权限如下：

其一，对于君主，一方面，"各国制度以内阁为奏宣之枢机，由国家他种机关上奏于君主，或有君主下宣于国家他种机关，皆必须经由内阁"。另一方面，君主有关国务政令的下达，必先经过内阁，由国务大臣副署，如无国务大臣副署，则不得执行。"凡君主之制一法，布一令，非有大臣之副署则不能实行，故其法令之不惬民望者，民得而攻难之。曰吾君本不能为恶也，今其为恶，皆副署者长之、逢之也。故虽指斥其政，而不为不敬废置其人而不为犯上。而彼副署者，亦不得不兢兢于十目十手之下以自检自龟，而一国之政务乃完善之至也，君主无责任使然也"。

其二，对于国会，内阁代君主行使"议长副议长及敕选议员之权""选举召集开会闭会之权""出席发言之权"，以及"停会及解散之权"。

其三，对于行政各部，内阁具有编制权、指令权、监督权和发阁令权。因此，立宪政体强调保障君主的权力，但与此同时，君主权力也不是无限的，必须遵循宪法的规定，"君主违背宪法，非君主之咎，乃政府之

---

① 戴鸿慈编著：《欧美政治要义》，桂林：广西师范大学出版社，2016年，第80—84页。

咎"，"君主依宪法之条规而行其统治权，则其制令必不可不依宪法之条规；若不依宪法之条规者，非君主行其统治权之制令也。政府大臣职在辅弼君主行其统治权之制令，若有违背宪法者，是政府大臣以非君主行其统治权之制令而行之于天下，其责任实在政府大臣，不得辞其咎矣。就实际施行言之，当君主行制令时，政府大臣审议之，而知其为违背宪法，则当献替其可否，直陈其是非，若君主不听而强命其执行，则亦惟有乞身自退而已。倘君主听其辞，更任命大臣仍使执行此制令，则新任大臣亦复如是，屡经大臣之交替而结局相同，则违背宪法之制令自不行而止矣，终无损于君主之所以为君主也。若政府大臣恋其禄位，明知君主所命为违宪之制令而亦执行之，则天下之非难、议院之质问集于一身，不信任之问题将起矣，此所谓违背宪法之责任也。"[1]

第七章《国会之设立》。资本主义宪政分为英国的议会君主立宪制、美国的总统共和制、法国的议会共和制、德国和日本的二元君主立宪制四种模式。其中，在德、日等国的二元君主立宪制中，君主被赋予了相当大的权力。戴鸿慈尤其推崇德、日的宪制制度。戴鸿慈在该章节中认为二院制优于一院制，谓："主张二院制者，谓其优之理由有二。盖采用一院制者，当会议之时，或因一时之激动而离乎公平，或因党派之轧轹而流于偏颇，不若二院制，则此虽激动而彼则依然定静，此虽有党争而彼则无所偏私，互相牵制，以持其平，故议事精确周匝，是二院制优于一院制者一也；一国臣民之中，优秀者必居少数，此外皆中人以下者。故凡贵显富豪及有学识功劳才能者，皆民生发达之先导，而国家所宜爱养者也。苟一依普通公选法以举代议士，则此少数之秀民不必与选，而国会中仅中人以下之臣民组织之，是不公平之甚也。故不如备置两院，下院之代议士由公选，上院则或由世袭之特权，或由同族之互选，或由君主之敕选，庶免秀

---

① 戴鸿慈编著：《欧美政治要义》，桂林：广西师范大学出版社，2016年，第110—111页。

民无所与选之虞，是二院制之优于一院制者二也。"尽管戴鸿慈认为二院制优于一院制，但鉴于当时中国情势，戴鸿慈主张中国应当采用一院制，"就中国今日之情势考之，贵族无多"，非如西方社会人民有相当程度的等级，"所谓上级下级之悬隔，又无如欧美各国之显然，则中国当设立国会之初，似无须采用二院制。"①

戴鸿慈认为，在君主立宪政体下，国会是保障臣民权力的重要部门，"政府与国会，殆如车之两轮，彼此常相钳制者也"。"国会与责任内阁相须为用，而借以为国政之枢纽"。因立宪政体的目的在于以国家之力助臣民生活之发达，"而因其协赞以增进国力云者，盖臣民之所需惟臣民知之最明，故以国力兴起臣民何种之事业，与其使君主之官僚有事推察，不如直接咨询臣民之为愈也。但臣民之数众多，必一一咨询势有所不逮，故不如使其依公选方法，由亿兆臣民中选出数百人为代议者，俾之对于政府代表全国臣民之意见，是即所谓国会也"。而国会设立最重要的目的即为"立于臣民之地位而参与国政是也"。"盖君主国中政府及百官有司皆受君主之命令执行国政，惟其如此虑，其仅知尊重国家之权力而疏于考察臣民之利益，乃使臣民组织代表会议以参与政治而因以维持其权力。国会之本质既如此，故须以臣民组织之而不可以官吏编成之。盖以官吏编成者，既有君主之至高顾问府，又安能再以官吏编成国会而使于顾问府有所反复乎？"②

国会根据宪法而构成，"未有宪法以前无所谓国会"，国会之职权明载于宪法或附属于法令中，范围包括：关于改正宪法及其附属法令之职权、上奏之权、会计监督之职权、法律之职权、命令之职权、质问之权、

---

① 戴鸿慈编著：《欧美政治要义》，桂林：广西师范大学出版社，2016年，第151—153页。
② 戴鸿慈编著：《欧美政治要义》，桂林：广西师范大学出版社，2016年，第147—148页。

建议之权、受请愿之权、国会内部之自治权等等。戴鸿慈在书中对国会的每一种职权都进行了详细的阐释。如上奏之权，"国会有不由政府而直接上奏君主之权"，"国会对于内阁所采之政治方针，见其有害于国计民生，则诉之君主，仰其圣断，此上奏既达于君主，则内阁与国会即已分裂无可调和之法，当是时，君主或解散国会或更替内阁，二者不可不择一而行之"；如会计监督之权，"国家政务之费用，课之于臣民，是即国家事业与臣民义务所以密接相通之原因也，盖臣民既负纳税之义务，即因之有监督会计之权利，无论君主国、民主国其宪法中皆必有此等规定"。而国会监督的目的有二，"盖国家之资财皆出于臣民之脂膏，故其监督之者，一欲使臣民之负担勿致过重，一欲使政府不至滥为支出也"；如命令之职权，"命令者，以政府之职权经君主裁可而发之者也，故国会与之无直接之关系。然有二种命令，政府于既发之后有提出之于国会以求国会承诺之义务：一为当国会闭会时，有紧急事发布，可代法律之命令；一为有紧急事不能临时召集国会发布财政处分之命令。此等命令虽已发出，而提出于国会，而国会不承诺，则政府有废止此命令之义务也。"同时，"国会无执行之权"，"国会之职权，仅可于内部执行规则，对于外部则无有执行一事之权也。至执行之职权，属于行政各部者，不可使国会从而侵之。"①

而关于国会议员的选举，有四种形式：一为普通选举法，"凡国中成年之男子悉得参与选举，其不获参与者，唯痴者、狂者及刑余之人而已"；二为制限选举法，"须备一定之资格者始获参与选举，例如纳定限以上之租税额，或住居该土地至若干年以上之类是也"；三为直接选举法，"使有选举权者直接选举代议士，即普通之方法也"；四为间接选举法，"使有选举权者先选出选举委员，再使选举委员选举代议士，其结果与制限选举同也"。戴鸿慈指出民主国皆用直接选举法，君主立宪国则采

---

① 戴鸿慈编著：《欧美政治要义》，桂林：广西师范大学出版社，2016年，第158—165页。

用制限之直接选举法或普通之间接选举法，就中国而言，"中国情势与泰西各国迥别，故设立国会之时，其选举法不宜拘泥各国之旧制，即自为机轴以酌定选举方法亦无不可也"。[①]

在第九章《法律命令》中，作者强调法律命令是西方国家行政的基础，"法律、命令皆为总揽统治者所制定，使官僚人民服从此"，二者的效力不同，"法律重而命令轻"。"所谓法律命令者，有司依之以行国务之准则也，君主以政府之辅弼、国会之参与所发布之准则，谓之法律；不由国会之参与，仅由政府之辅弼所发布之准则，谓之命令"。"当政府定政治方针以助长民生发达、希图国力增进之时，则将以法律实施之乎？抑以勒令实施之乎？二者不可不采其一也"，"法律能动命令，而命令不能动法律也。盖以法律规定之事，非以法律则无变更废止之道。而以敕令规定之者，皆得以法律规定之。反于此，而得以法律规定之者，不得以敕令规定之也。各国宪法皆指定，凡依于法律或以法律措置之命令可适用之。"[②]

在第十一章《行政司法之分划及司法制度》中，戴鸿慈重点论述了西方国家实行的司法独立。司法机关与立法机关、行政机关分离，是立宪政体的重要特征。欧美实行立宪政体的国家均实行司法独立，"司法之官衙与行政之官衙各相分割其构成"，司法部掌司法行政事务，"裁判专门官衙之事务及各裁判所一切行政之事务，皆当受司法大臣之监督"。司法独立的理由有二：第一，出于立宪政体之目的，立宪政体的目的在于臣民生活之发达，"而裁判公平即为发达此之第一要件"，而公平裁判的实现，必须要求政府不能干预裁判，"政府不能以一时之便宜，而竟为增损于其间"。作者将臣民之生活分为"既成""未成"两部分，前者由司法保护，后者由政府行政推行。"发达臣民之生活，分为既成、未成之二区

---

① 戴鸿慈编著：《欧美政治要义》，桂林：广西师范大学出版社，2016年，第154—156页。
② 戴鸿慈编著：《欧美政治要义》，桂林：广西师范大学出版社，2016年，第189—192页。

者，即司法、行政之根本也。既成云者，谓既发达之生活范围；未成云者，谓将来可使发达之范围。政府于既成之范围，唯以公平保护之，不使减退足矣。未成之范围，则必因事之缓急重轻立便宜之计画而助长之。盖司法裁判者所以保护既成之范围，而其他之行政所以助长未成之范围，是其根本之区别也。"第二，在于适用法律命令之方式，实施行政事务有自由裁量权，而裁判则必须严格按法律条文，"一切行政事务所有之法律、命令惟定其大纲而已，其细者，则考其便宜与其必要而定实施之方法，委任行政官吏以自由裁量。是以上级官衙所定下级必须从之，否则上级官衙与下级官衙各异，其裁量行政必出于数途，民众将不知所适从矣。司法裁判则不然，当适用法律之时，不容酌量一时之便宜，虽至微细之手续，亦定之以法律之条文，即刑事诉讼法、民事诉讼法之所定是也，若所适用方法违于法律之时，则其方法为无效，故官吏无自由裁量之余地也，亦无上级官衙以所裁量者"。①

在第十五章《地方会议》中，戴鸿慈指出各省"为政府以其责任直接行君主统治权之范围，而非各部大臣行其行政于权下级官衙之范围也"。②"关于全国之政府则设立国会"，"关于各省之政务则有设立地方议会"，"非此两者并行则不得为完全之立宪政体也。"故而国会与地方议会同属于立宪政体的重要组成部分。"关于全国者以军务、财政、外交等事为增进国力之目的居多，关于一地方者则以发达臣民之生活为目的者居多，固自然之势也。夫臣民生活之发达，何者为其要素？与其仅由统治者表面之体察，曷若使臣民自言其所愿而由统治者取舍之乎？故开民选议会问臣民之意旨，比于在全国各谋一地方之行政者，反不如其适切也。"地方议会是地方的立法机关，其职权为"参与地方法律，协赞可行于一省之法律之制定"。对于政府提出的法律案，"亦有议决而修正之权，已经

---

① 戴鸿慈编著：《欧美政治要义》，桂林：广西师范大学出版社，2016年，第217—225页。
② 戴鸿慈编著：《欧美政治要义》，桂林：广西师范大学出版社，2016年，第313页。

议决者，则经总督巡抚奏上之"，还有建议总督巡抚发布法律、命令权。与此同时，地方议会还享有地方自治的相关权力，如议决执行公共事务之权力，主要包括"编制自治之建设，如学校、病院、共同牧场之类，及议定关于其维持与使用之条例规则等；其次为重要者则定自治事务之财务计画及议决其豫算耳。又地方会议有处分一省公有财产之权"，"又可管理其出资之公立孤儿院、养育院等之财政"。[①]

戴鸿慈还在书中论及，各地的具体情况不同，地方议会主要由下列人员组成，"一、省内知名之博学鸿儒，自总督巡抚指名之而为议员；二、大学校卒业之学士取若干以为议员，但其初数次须由总督巡抚指名其适宜者，至于后则可定互选之法；三、于省内有最多之土地、纳最多之租税者，依互选法使出若干之议员；四、商工业会议所及其他之商工业团体，使各出一人以为议员；五、府州县及最繁盛之市集议会，使各出一二人以为议员；六、每府州县分为数选举区，使各选举区各出一二人以为议员。此仅标举一般之方针也，至于实际仍宜依土地之情形便宜而计划之，非冒昧所能拟定也"。[②]

在第十六章《地方自治制度》中，戴鸿慈特别提道："泰西各国行政之编制，其最宜于中国者则地方自治制度。"他认为地方自治中国古已有之，而西方各国实行地方自治乃源于"与立宪政体之目的有密切之关系"，故而"今中国定立宪政体，提议自治制度，宜本中国现在之惯例而大为扩张，以定助长民生之计划，固最为平易可行也"。[③]他认为国家通过相关的法规为地方自治确立规范，无疑有利于地方公共事业的发展，"公共事业。例如，开通道路以便交通、设学校以教子弟是也。而公共事业，

①　戴鸿慈编著：《欧美政治要义》，桂林：广西师范大学出版社，2016年，第323—324页。

②　戴鸿慈编著：《欧美政治要义》，桂林：广西师范大学出版社，2016年，第316—322页。

③　戴鸿慈编著：《欧美政治要义》，桂林：广西师范大学出版社，2016年，第327页。

非以众多团结之力各出其资财之几分不克举之，必俟各里、各乡之同意而可行，然此同意之成立，因事业之重大必愈见其困难。例如，架桥于河流固为在两岸者极有益之事业，若有一同受利益之村落不肯负担其费用，则此事业必中止而不成。其所以致此之故，则由未经确立少数服从多数之义务也。倘确立此等义务，则共通必要之事业必日进而不已。道路可通、桥梁可架、学校可立、病院可起、公园可筑，因之地方民生之发达臻于美备之域，不亦盛乎？然确立是等之义务，其方法若何？曰唯一之道即自国家干涉之也。盖先于地方团结之间，判别其公共事业之轻重缓急，其重且急者，则为决定迫起之方法，使立会议之编制，凡会议决定者，则团体中之各家各人皆有遵守之义务。约言之，即以国家之法律（即自治编制法）施于民众之间，变自然之团结为公然之编制，而为决定其意旨之会议与实行其决定之机关。此其编制同为国家之编制，皆有约束该管内住民之权力也。有如此编制，则公共事业可以盛起，人民生活可以发达。至人民生活发达，则立宪政体之目的庶乎达矣。此立宪国家所以必置重于自治制度之理由也，是为自治主义之第一义。"①

在第十七章《臣民之权利义务》中，戴鸿慈论述了国民的权利及义务。其提及西方各国通过宪法及法律命令规定国家与臣民之间的关系，臣民的资格通过国籍法来规定，"此资格因有不许以行政命令变更之之意。"②凡属于一个国家的国民，则有相应的权利和义务，故而该章用两节内容——"臣民之义务""臣民之权利自由"对此展开论述。关于臣民的义务，作者论道："臣民对于国家之义务，即服从国家、依宪法行于臣民上之权力之义务也，此权力有依法律行之者，亦有依命令行之者。而依命令以行国家权力之时，虽得以政府及行政各部之便宜而动之。至于兵役之义务及纳税之义务，自臣民观之，为非常之重荷，以其影响于生活之发达

---

① 戴鸿慈编著：《欧美政治要义》，桂林：广西师范大学出版社，2016年，第328—330页。
② 戴鸿慈编著：《欧美政治要义》，桂林：广西师范大学出版社，2016年，第351页。

不少，故各国之宪法于此二种之义务，限定非依于国会参与之法律，则不得课之及增减之也。"[1]

作者以很大的篇幅对臣民的权利自由进行了论述，从中可见其态度。其谓："国家依于法律、命令行其权力于臣民之上者，欲以之助长民生，而即依之以增进国力也。如此，而忽以此之权力妨害民生发达必要之条件，则不得不谓之自贼其国。是以各国于宪法之条规，必对于国家之行政权，明记其制限，使无论在于何时，不得以行政之目的而侵此制限。盖此制限之范围内，即一国之臣民所得安心以乐其生、执其业之畛域，即臣民在于宪法上之权力及自由是也。"并以欧美各国为例论述，具体如下：

（1）人身之自由。"臣民无各从所欲而为动作之自由，则不得自营生活发达必要之事件"，故人身之自由为臣民最重要的事。国家应该以人民的发达为目的，"乃吝此不与于臣民，是犹养树者断其根，求水者涸其源也"。因此，国家设法，不仅应严惩私人任意监禁他人，即便是官吏，除以法律制定之情形外，也应不使其有滥为束缚人身自由之权力，此为宪法之一条。人身自由，"与警察及治罪之处分有密接之关系，其间不能容分毫余地"，一方面警察具有维持治安、防制罪恶的职责，故而"必使检探、纠知之处分有敏捷强健之能"；另一方面，其也需要尊重各人之自由而峻严其界限，不使普通人的自由为威权所蹂躏，"此立宪之制最重要之事件也"。故警察及司狱官若有不依法律而擅敢逮捕人及监禁之，或有苛刻之举者，则其被罚比于普通人尤重。"至审问之法，亦不委之于警察官，使诉之于司法官，许其辩护，公开法庭以裁判之，以示刑期无私之意。司法官及警察官因欲使被告人供述罪状，肆为凌虐者，则重加而处断之。凡不依处罚之法律正条者，则为无效"。戴鸿慈列举这些，强调这些制度的设置在保护人身自由上的重要作用，"皆务尽缜密周详之意，所以

---

[1]　戴鸿慈编著：《欧美政治要义》，桂林：广西师范大学出版社，2016年，第352—353页。

为保护人身之自由者也"。

（2）家宅之安全。"泰西有恒言曰人民以家宅为城垣，盖人在于家室之内，无他人侵入之虞，其身心可以安慰。倘使在于家室之时，官吏及其他之私人得以无端侵入，则必致人民心身裹缩，自由无所开展，以至失其家族生活之安全，而父子夫妇之间不能常保安和之态度，此其关系固不细也"。因此，国家设法，不仅严禁无故侵入他人家宅，即官吏若不得主家之同意也不能侵入私人住所。唯有警察、司法及税收之官吏，为行其职务，须入民宅为检查搜查之事，则得依法律指定之时地及方式为之，违反者则为有罪。"各国之宪法盖莫不有此规定也"。

（3）居住移转之自由。臣民为求生活之发达，必有以终始常住一定乡里为不便者，如农欲求田野、商欲选都市，莫不以移转为民生发达必要之条件。故在立宪国家，特以宪法之一条，保明臣民居住移转之自由，独行政上有不得已之事，则以法律之正条制限之。其谓，"所谓不得已之事者，例如豫防恶疫之传染，不可不遮断一时之交通。又为保护自治体之财政，不许贫民多集于同一市町村等事皆属之也"。

（4）信书之秘密。"披发他人之书信，其为不合，犹之窃听他人之谈话也"。戴鸿慈认为，书信乃发信者与受信者之间的私事，他人并没有了解其中内容的权利。"况其必须秘密者，如防商机之漏泄，或至害其经济上竞争之自由以及其他之事，不能枚举也"。因此，国家设法，不仅应严罚普通人私启他人书信，即便官吏也在限制之内。至于为刑事之检探、军机漏泄之预防等须侵臣民书信之秘密，也必须依据法律进行。"其他电信、电话以及别种之通信方法，亦适用书信之秘密，更不俟言"。

（5）所有权之保障。"凡人民生活之发达，其显于财产上者为多，盖财产为其过去发达之成绩，又为其将来发达之资源也，故使私人不得相侵"。戴鸿慈认为，应在司法上保护臣民财产所有权，国家也不能滥侵臣民财产的所有权，除非政府是因公益之需而欲征收臣民土地。其谓，"例如买收土地而布设铁道以及其他之财产，若为国家之必要，则有可使供提之权利，而臣民难与争之。例如为军队之需用而征发物品，又为牛疫之传染，凡与病牛同舍之健牛悉扑杀之，皆为公益必要之处分也"。总之，必依法律条文行事，若无法律可依，则虽官吏亦不得以其职权私自行押收之事，"此盖立宪之大义也"。如果政府因为公益之事而征收私人之财产，则必对其财产进行评估后由国家予以赔偿，"此普通之原则也"。"但有时不必收用其财产，而惟制限其处分之权。例如发采私有山林者，使依于山林经济之标准，于墓地一定距离禁止凿井等事。此等制限虽皆依于法律，然无给以赔偿之事也。"

（6）信教之自由。其谓，"信教自由又谓之本心自由，即人心欲求安心立命之地，一放任之于人人之自由，而不以国力强一派之信仰及教理之谓也。泰西中古宗教极盛，往往混用之于内外政治，以致流血之祸。其信仰异教者，虽为同一国家之臣民，亦不与以十分之自由，或制限其公权，禁止居住于一定之地域内，或塞其为官吏立志于国家之途，其妨碍民生发达之事不为少矣。其后去今四百年前，信教自由之说始行于世。至于法兰西之革命、北美合众国之独立，乃公然宣言之，渐次遂为各国之所认。虽现时各国犹或特以一派之宗旨为其国教，其于教育之偏袒与否固非所问，然至于法律上则不能不与信教自由于普通之人民也。如屠戮异宗之人，或以异教之故而生差别于公权、私权之享有等事，皆已属于过去之事，今世殆已无有。固不得不谓除去民生发达之一大障害也。然信教固属于人心信仰之自由，而其显于外形者，如礼拜之仪式、布教之演说、信徒之结社等，亦不可有紊秩序、害公安之事。即以国家之故不害信教，以信教之故不害国家之意也。"

（7）言论著作印行结社之自由。"言论著作印行结社者，所以交换人民之思想智识，增进国家文明最重要之事也，故必以宪法之一条保明其自由"。戴鸿慈认为，这类事情最容易"为最易滥用之锐利器械，或有用以伤害他人之名誉者，妨害公众之治安者，教唆人民之罪恶者"。因此，在此方面立法加以规范就成为必要，"当依于基本法律之警察处分以防制

之，但警察官吏不能以自己之专断而措置之也。"

（8）请愿之权利。国家施政的目的在于臣民生活之发达，"故凡为政者莫不思悉心筹画无有遗算以达此目的也，无如亿兆臣民生活之所必要终无可以周知，而法律又为固定物，依之以为处分，更难保无不公平之事。"因此，国家应制定相关法律，使普通人民拥有请愿的权利，从而实现开言路、伸冤屈、补充官吏之所不及觉察的方面，如此，则"法至善也"。"中国古昔圣君多本此意以临御天下，盖协于立宪国法之原义矣。至于请愿之方法必以文书提出于议会及官衙，而不可戾于敬礼则固不必论矣。"

（9）裁判之公平。"裁判之公平云者，凡为立宪国家之臣民，必使有依公众之手续受裁判所裁判之权利"。裁判官的权力需要受到约束和牵制，以实现公平裁判，"其或有贵族与平民别异之裁判所，及因特别事件于常法以外临时设立之裁判，均不许以私曲行于其间，致破裁判之公平。各国宪法盖莫不于此设保证也。"

（10）登用之均等。"登用之均等云者，立宪国家之登用官吏，不问门阀，凡为其国之臣民，但使各有一定之资格，则无论何人均可任以官吏之谓也"。戴鸿慈认为该权利之所以重要，在于一国之内若仅仅只有一部分臣民（如贵族）能成为官吏，仅这部分人得以参与国家治理，其结果就是这部分臣民生活发达，而其他人穷困潦倒，"此贵族政体所以终不宜于今日也"。"至于所谓资格云者，无论何人勉学练习皆可得之，国家但制定试验之法，以详考其学力、艺能足矣。"[1]

在这一章中，戴鸿慈在人民的权利自由上着墨颇多，其不仅认可这一套与中国传统封建等级制度完全不同的臣民的权利、自由观念，不仅大胆地将之上呈于清中央，而且还敢于公开出版，可见该时期其思想的开明，也反映出这些观念与其骨子里的民本思想之一致。

---

[1] 戴鸿慈编著：《欧美政治要义》，桂林：广西师范大学出版社，2016年，第353—366页。

值得指出的是，学界对于《欧美政治要义》一书的编纂有多种说法。周秋光依据随团前往西洋考察的成员熊希龄的档案史料，指出熊希龄只到了德国，之后，便受戴鸿慈、端方之命返回国内负责该书的编辑事宜。熊希龄归国后组织编辑队伍，由张鹤龄"总其成"，随后前往日本找杨度要稿子，同时在日本购买了一些欧美国家的书籍，请留学生帮忙翻译以丰富该书编纂的材料体系。待戴、端回国之时，"枪手"的文章及在日本的译件均已带来了，再经过加工整理，"枪手"的文章便成为立宪的各类奏折，译书定名为《欧美政治要义》。[①]也有人认为《欧美政治要义》所展示的政治见解不少来自梁启超。而张海林在其《端方与清末新政》中指出《欧美政治要义》及《列国政要》虽由端、戴两人署名，但两书实际上是端方编定的，并通过对这两部书的分析给予端方极高的评价，称其为晚清政坛上思想前卫的少壮派政治家，他的眼界和胆识在当时无人能出其右。然而，不管真相到底如何，戴鸿慈、端方一同上奏上呈该书，那么毫无疑问是认同该书观点的，故而该书能反映端方和戴鸿慈的政治主张。

《欧美政治要义》出版发行后，受到各界的关注。学界也高度评价此书，认为该书充分反映了戴鸿慈、端方等考察政治大臣对西方立宪君主制度原理及其运作方式的理解颇为到位，为清政府的宪政改革提供了根据。美国学者廖圣雄认为，该书已经相当于第二次世界大战前大学一年级课本的水平，是当时先进的中国人介绍西方政治的宝贵之作。[②]

---

① 周秋光：《熊希龄与清末立宪》，《湖南师范大学学报》，1996年第5期。

② Sheng-hsiung Liao（廖圣雄），*The Quest for Constitutionalisn in Late Ch'ing China: the Pioneering Phase*，Thesis（Ph. D.），The Florida State Univresity，1978.（中国社科院近代史研究所藏刊）

第三节 《列国政要》及《列国政要续编》

出洋考察期间，戴鸿慈、端方考察团广为搜求国外各类著述，如《教育书目录》《学堂教育书目录》《美国政治书目录》《实业书目录》《政治书目录》《政书目录》《各项书目录》《美国教育报告书数年分表》等，种类繁多。这些书籍有的是由考察团从西方诸国购买，有的由外国政要赠送，在诸多翻译和编辑人才共同努力下，经历几个月的系统整理，编纂而成《列国政要》及《列国政要续编》，反映了戴鸿慈、端方的主张和政治态度。

一、《列国政要》

光绪三十二年十月初七日，戴鸿慈、端方将《列国政要》进呈清中央政府，书中对他们在西方考察时所搜罗到的各国的政体、宪法、经济、财政、军事、法律、教育等作了详细的介绍和比较，其中重点介绍了意大利、美利坚、德意志、俄罗斯、法兰西、奥地利等国的情况，卷帙浩繁，内容广博而繁富，全书四函三十二册，凡一百三十二卷，仅目录即占一册，计有宪法十卷、官制十卷、地方制度五卷、教育十九卷、陆军二十三卷、海军十八卷、商政七卷、工艺二卷、财政二十九卷、法律八卷，以及教务一卷。整部书中，涉及意大利的篇幅占四十二卷，美国为三十卷，德国二十九卷。此书重点介绍了立宪政体的优越性，对与立宪政体紧密相关的"宪法""官制""地方制度""法律""军制"等内容，论述尤为详细。很显然，他们编辑此书的初衷在于讨论各国政治制度的利弊得失，为清政府施行君主立宪制度提供参考。

该书虽名为《列国政要》，却并非论及所有西方国家，且对各国制度的介绍也各有侧重，"意大利篇多论君主，美利坚国篇多论议院，俄罗

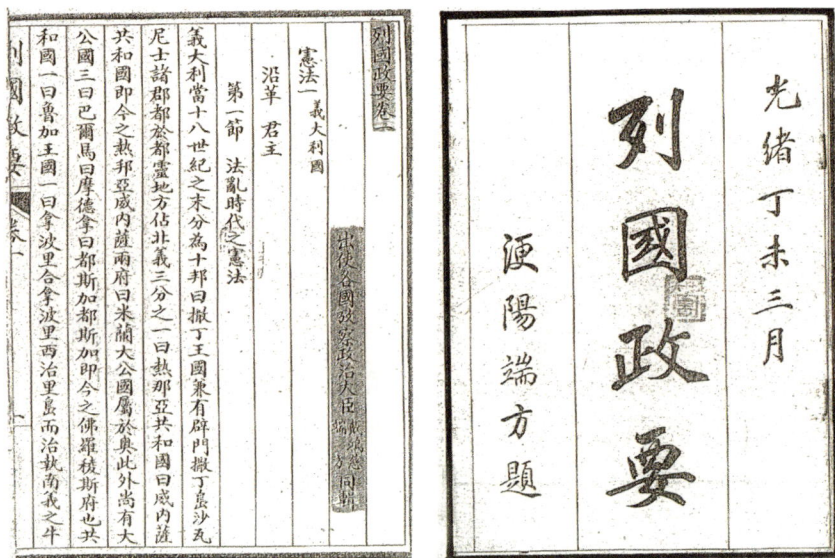

图十四　《列国政要》封面及首页原件

斯国篇则列入参议院条例与国会条例，这是编者观察角度与各国政情的结合"。其中，意大利篇中第三、四节，关于王权之限制与继承特别体现了王位的神圣性与王族特权："王位乃神圣鉴临永不可破坏废除之位；有简放全国文武官吏及上议员议员之权；有调补罢黜全国文武官吏之权；有遣散下议院全院议员之权。"其中关于摄政、亲政的条款则更像是对当时清政府摄政王权合法性进行鼓吹："王位继承之法遵用从前沙立旧律立长男，如国王无出，则以宗室中最近支之男而长者承继大统；国王幼龄践祚，由王室中最近之亲王摄政至王年满十八岁止；如王室中无近支亲王可以辅政，则以王族远支年满二十一岁者辅政；如亲王幼稚或王祚衰薄而无亲王，则母后听政至王年满十八岁然后归政。"

地方制度部分以美国为主进行罗列，其中有大篇幅的谈论美国各省与全国之关系，凸显出明显的集权国家官员思维角度："联邦政府本无丝毫之政柄，然既成一联邦矣，苟非于各州之上更立一枢府以总大权，角立分离不相统属，则外交内政必涩滞而不能灵通，于是诸州政府不能不割其政

权之最大者数端奉而让之中央政府，而其余则仍自操之，沿至今日，各州人民与联邦政府直接交涉者，事尚极简，邮政而外未之。或闻虽然近日国际之争降而益烈，非厚集中央之权必不足举大政而张国势，征之各国既有然矣，大势所趋，穷则必变，他日合众政府之权增高，继长其势，固有不得不然者也。"①

端方为该书作序，其在序言中言及该书的编订过程，"乙巳六月间，同受出使五国之命，仲冬之月，偕少怀尚书自上海起行，东至扶桑，西穷罗马，经十有五国，周爰彼都，历八月而归，裒其所得，为《列国政要》。"②虽然该书并非由戴鸿慈与端方亲自执笔，但署名为他们两人，故该书代表的是他们的政治观点，其中不少内容十分突出，主要有：

在卷一"宪法"中，戴鸿慈提出，宪政制度是欧美各国富强的根源，"义大利为欧洲文明最早之古国，而于千八百五十年之顷，东北一带为法、奥、西班牙所蚕食，国境有日蹙之势，即千八百七十年之前，罗马亦尚为各国屯兵之地，列强环视，外交至为棘手。卒以立宪之故，统一全义，二十年间陆军常备至二十七万余人之多，铁甲军舰五十七艘，合二十四万九千余吨之盛，每年出款预算表数目增至一亿八百六十一兆，其魄力之雄厚于列强并肩矣。"③

其强调立宪政体下军权应该受到限制。同时，戴鸿慈认为在立宪政体下，君主所操之权也为国民应享之权，非君主之所能独擅，应当与国民同享。其以英国的君主立宪制度举例说明，其宪法规定：一、专暴之君主为国民之所不能忍受而必生反动，固不得不以宪法对其加以限制；二、国君之权力，不能超越国民所定宪法之权力，也不能超越上下议院及英国人人之权力，那种认为君主别具神权的说法，不能容于国家之原理；"三、

① 张生：《清末〈列国政要〉的编辑与意义》，《文汇报》，2013年9月23日。
② 端方：《端制军列国政要序》，《申报》，1907年六月十六日（7月25日）。
③ 端方、戴鸿慈：《列国政要》，卷一，上海：商务印书馆，1907年，第4—5页。

一千六百八十九年巴利门及人民自由之证书当与君位而并传，而不得中废；四则宪法虽有君主神圣不可侵犯之例，如有非常之变，有防害国家者，即不能不对君主而生反动；五则宰相代君主而负责问，下议院可控告之，上议院可裁判之；六则下议院有立法之权，监督各部之行政，国家度支之出入及允许加税权力；七则法院裁判国民全得有陪审之权；八则出版及政治结社之自由，皆可以主持公是，监督政府。"

"王位仍神圣鉴临、永远不可破坏废黜之位"，"国王幼龄践祚，由王室中最近之亲王摄政至王年满十八岁止"。"国王登极时须对上下议院议员发誓，终生遵守祖宗宪法"。"辅政亲王或大臣当于辅政日向国王矢誓，遵守宪法国律，并竭忠忱示信国民"。"所有王室远近支派之人，为被人谋害或毁谤者，罪犯应得之罪较诸谋害平民者，加重三分之一"。

卷二，论及个人的权利与义务。其认为，人生而自由，生而平等，有天然应得不可被夺之权利，如保护性命独立不羁、享有财产权等等。简单而言之，即人人都享有求得治安乐利之权利。而政府的设立在于为国民谋公共利益，保全国民之治安兴盛利乐，非为一人一家或一种人之幸福尊荣私利。其指出，法律面前人人平等，如"凡为义大利国民或他国民之已入义籍者，不论其所操之职业、所处之家世之等级若何，于法律上皆列平等，并享有国民应享之权利及政治选举之权，除为法律所限制外，皆有拨充文武官吏之资格。国民所纳各项税则，各称其家产之厚薄以为比例，无轻重偏倚之等差。所有一切税则，如未经颁律设立者，无论何人不得强迫需索"。

在卷四中强调对个人权利自由的保护，"保护个人自由，英国于一千六百七十九年特立专条，载在国律，所以禁擅权者之专恣逮捕也。德国一千八百七十七年正月一日所定罚科，凡有逮捕之事，须令法官传集告诉之人同至判断，极迟不得过逮捕之第二日，所以重保护个人自由之义也。普民居室无论何人不得侵犯，非法律所特许不准擅自侵入、穿毁垣牖及搜检信件。居室皆有应享内室之安乐之权利，故德国刑律中第

一百二十三条，凡未经主人许可及主人不在室内而以私人侵入作事房中，或储信之处者，皆有三月监禁及三百马克之罚。其地方法官及巡捕有入私室者，亦须谨守法律范围。"

上议院有提议内政及修改旧律设立新律之权、有组织高等司法院、裁判行政各官吏之权、有诘驳下议院呈拟条律之权。下议院有提议内政及修改旧律设立新律之权，行政官吏之溺职营私、国民之结党谋陷政府等案，一经下议院察觉，议员有连名出首充当原告之权，直控高等司法院。有诘驳上议院所拟条例之权。

在卷十五"官制"中提及法国自1789年制定宪法之后，司法院之组织日益发展，其令制可分为六科：民律科、刑律科、商律科、布政科、总提科、特别科。民律科之制有上诉院、初审公堂、解讼公所。刑律科理刑院专审人命、盗贼及干犯科律应受惩罪各重案。商律科商务裁审公堂，专司商讼之事。布政科专负责为人民之因、政府之事而涉讼的案件，如完纳关税、承办工程以及轮船、铁路、海关、邮政局厂，各项司员、丁役营私舞弊之类的案件，均归其审判。总提科分为二院，司法大审院、明权裁判院，各分权限列于以上各公堂之首。司法大审院为法国最高等之司法院，明权裁判院专门负责裁判行政、司法两权攻击不和之案。特别科分五院：政治高等院、学务司法院、财政司法院、兵备司法院、高等兵备司法院。

在卷十六"官制"中提及德意志国设内阁宰相，大宰相代表皇帝，代皇帝负一切责任，掌握帝国行政之枢机，其职位居凡百官吏之上，且任联邦议会之议长，"权力强大如是，即自握中央政府之枢机"。

在卷二十七，提及德国的幼稚教育。此外，其指出，初等教育、初等庶民小学的开设，目的在于造就国民的人格，因此，孩子无论家庭贫富，到六岁都须入学，学制为八年；中等教育，分设文科中学堂（九年制）、实科中学堂（九年制）、高等实科学堂（九年制）、寻常文科中学堂（六年制）、寻常实科中学堂（六年制）、高等女子小学堂（九年制）、女子文科中学堂（三至四年制）；师范教育，"师范学堂之本旨，一则使有教员之学历而精于选择教材，二则使有教员之技能而善于运用教法"。师范学堂内必须设有附属小学堂，以备师范生之练习（六年制）。女子教育，设高等女学堂（九年制），且多附师范科、补习科、随意专修科等。戴鸿慈在该章中专门论述国外女子普遍都享有受教育的权利，指出在德意志，"女学堂有寄宿制，今者甚少，惟私立者有之，其管理较男子尤为严重，凡外出之时必须随同教员，星期六日或令节应游息之日，生徒十人八人必有教员一人领游公园及他名胜地，使人一见知为女生徒，与常人不同"。

在卷三十"教育"中，提及意大利法律规定，凡为父母及代表父母者若未遵照法律保障孩童的受教育权利，则州县官会介入。若幼童不入官立学堂，亦未至州县官前听候考试，又未呈出私学课程单，又非因病及其他原因，"则州县官知照催迫，如知照之后一礼拜内未曾投到者，即须照本律第四节办理"。

卷三十二，提及不少西方国家通过立法的方式鼓励女子接受教育和从事教育活动。如在意大利，"一千九百零六年五月七日定章，凡女教习在堂已满五年者，加束五百，以后每五年递加一次，至图绘、歌曲、缝纫、体操四门教习在堂已满五年者加束三百，以后亦每五年递加一次。"

卷三十九"教育"中提及，"强迫教育为美国教育者一大问题，有主持者、有反对者。反对者曰，强迫教育其本质非美国之风，以干涉父母之权限故也。主持者曰，无学者，国之贼也。父母无使小儿无学之权，而州有去国贼之义务，故有发布实行强迫教育之权。"

卷四十介绍了美国的学位制度。学位分学士、博士、大博士三级。"四年正科卒业者与以学士之称；得学士后在大学院二年苦志勤学，能有撰述者与以博士之称；学士在大学院三年，博士在大学院二年研究学业，能有发明则与以大博士之称。"

卷五十一，提及西方国家军队建设中对思想教育的重视。戴鸿慈认为，德国军队强盛的原因在于教育之善、制度之美，"即于无形中为社会教育所致者亦复不少，如宗教感念尤其最著者也"。新兵入营后，"每星期日必由

担任教育官长率诣寺院或宜于游行之宽敞地听军僧说教，至如其大旨所在，则终不离乎忠爱之可贵、公私之宜判与夫军人美德、世界大势数端。"

卷五十七，列举了西方募征、记征、普征等几种征兵方式的优劣，介绍了普征的方式风行于欧洲的原因：募征法利在累民不多，愿应征者即可久居营中，因而军队得以训练精熟，"然投效之人非有国家感念，兵额亦不如普征之众，倘欲广募必糜巨款，临战之时所费尤大，不幸挠败，续募维艰"；"记征法差为美善，然有以上四者之弊，于公理正义皆无所当，缘其法只使无学寡民受累也；惟普征法定例之意，即使国民不论贵贱一律应征，按比例计之，国家所费不多而所备之战力极大，今欧洲各国皆已行之"。①

该书的初版由（上海）商务印书馆于光绪三十三年（1907）岁次丁未四月出版发行。出版前后，《申报》即不断刊登广告对其进行推介，"是书为戴尚书、端制军出洋考察政治时所译辑之本，分宪法、官制、地方制度、教育、陆军、海军、商政、工艺、财政、法律、教务十一门。全书约六十万言，去年（即1906年）腊月制军派员赍稿至沪，发交本馆印刷发行，并蒙核准缴呈应用部数外，余由本馆定价发售，以广流传，并给示禁止翻印在案。"②

该书刊行后，除通过考察政治馆呈递清廷、分送各部外，端方还亲自给各省发咨文，推销此书，其在赠各省督抚的赠言中说："现值预备立宪，百度待兴，体察内地情形，参仿列邦制度，是书虽未敢遽言详备，而各国政学源流粗具，用特检呈一部，借供浏览。尚希贵部堂院察收指示疵谬，以匡不逮。"③商务印书馆总经理、候选道夏瑞芳曾咨请"各督部堂

---

① 端方、戴鸿慈：《列国政要》，卷五十七，上海：商务印书馆，1907年，第1页。
② 佚名：《新编列国政要预约》，《申报》，1907年5月21日。
③ 佚名：《江督咨送列国政要》，《申报》，1907年8月7日。

采购若干部，颁发各府厅州县及各局所学堂，以资参考而广流传"。[①]出版后，商务印书馆曾在《申报》宣传该书，特意刊发了端方的序言，并配以评论：

> 去年五月，吾国立宪之议起，特派五大臣出洋考察政治，归而浭阳制军就考察之所得，辑为《列国政要》一书，俾商务书馆刊行之，美哉，此诚医国之良剂也！
>
> 夫立宪预备期以十年，苟其一无凭借，坐误因循，则十年以后之国民，犹是十年以前之状况耳。
>
> 且吾国疆宇广衍，诚如浭阳所谓百里以外则病其利而利其病，国俗政典之各殊，非可凭偶然之慧而自谓吾知者也。
>
> 第我欲更进一言者，即使知之而择要行之，则亦不能斟酌其国俗政教之同异而为适当之措施，故有此书，则在上者既可讨论其利病得失，以决定实行立宪之方针，在下者亦可研究其组织方法，以造成立宪国民之人格。风行一纸，拭目俟之矣。[②]

商务印书馆还通过自己在全国各地的分销处宣传和出售此书。故而该书在清末发行量颇大，1907年（光绪三十三）四月第一版印制，到次年二月，便已印刷了四次。

二、《列国政要续编》

与《列国政要》类似，《列国政要续编》也是时人系统了解欧美各国各项制度的资料，在中西方交通并不算便利的年代，为人们了解欧美各国

---

① 夏瑞芳：《护督部堂准江督端咨饬购列国政要分颁以资参考札文》，《四川教育官报》，1908年第3期。
② 佚名：《端制军列国政要序（记者按语）》，《申报》，1907年7月25日。

制度打开了一扇窗，同时为清政府正在进行的预备立宪提供了借鉴，其中很多内容也能反映出作者的主张和政治态度：如卷十九提及欧洲各国教育发展的趋势，指出：

> 教育之历史起于最初开化之时，然学校规制不过晚近所发生。中古之世，教育几为教会或民间之私事，所借以扶持者，惟学金或善举余款而已，然亦有为地方公立者。日耳曼当中古之季，已有以库款拨助市府学校之事，新英吉利各殖民地则自十七世纪之中叶已有公立学校，由各市维持之，苏格兰亦于一六九六年令各宗教团皆设学校焉。①

各国的学校教育学科门类齐全，比如林业教育也有对应的规范，在奥地利：

> 森林教育之发达始于一八七三年改革林政之时，及一八七五年创设高等农林学校，增定林学科，至一八七九年六月九日，政府宣布农矿物部令，第二百七十四条，而林业教育及森林事业之机关统归农矿物部管辖，惟森林教育必由文部省与农矿物部协商，分森林教育为高等、中等、下等三级，其此有兼讲林业者。②

军事上，德国陆军行政大权为德皇所总揽，以下则设立四种机关，各授以活动之范围，使分别职掌：

军事内阁直接隶属德国皇帝，为传达各命令之机关；

陆军部为管理行政事务之机关；

---

① 端方、戴鸿慈：《列国政要续编》，卷十九，上海：商务印书馆，1911年，第1页。

② 端方、戴鸿慈：《列国政要续编》，卷七十六，上海：商务印书馆，1911年，第1页.

参谋本部为研究机动演习、出师准备、作战计划、兵事侦探之机关；

兵监本部为主持训练军队、搜讨军实、养成将才之机关。中央机关由该四部门擘分职制，以纲纪军中一切事务。[①]

德国的将校制度，有利于培养军人爱国之心与气节，目的在于培养军人之气节，创造军人之名誉：

> 位将校者有两种职务，一平时教育兵卒能使战争；一战时指挥兵卒，使不失败。
>
> 兵丁入伍，已全寄生命于将校肘腋之下，诚希望将校于平时战时之布置完全无缺，其尤大者，则国家威权之张弛，并将来民族之盛衰，全关系于将校之优劣。[②]

为对德国军事有更深入的了解和介绍，考察团参阅了多种资料及对西方政要进行访谈后对德国参谋本部宗旨和职能进行了介绍：参谋本部之宗旨在造就将校，襄助高级军队指挥官以立定帅兵之基础，审确敌人用兵之学识及战场应用之方法，以改良本国之陆军，且特别宗旨在注意于列强军队之征集及列强建设陆军之消息，如兵力之厚薄、编成之多寡，"将下如何、补充器械如何、式样装备如何、教育如何，以及战争之能力与路线、铁道网线、运河、航路、地质、森林、农桑、制造并战场已著之天然方法，审度而利用之"。

此外，还需侦探列强要塞、建筑、备兵情况、防守及炮台内面设备与表面战争之状况，"由其方针制出攻击略图"。

另外，"组织本国陆军事物，如讲求极新建筑、极新枪炮，并考求德国兵要地学及大队演习、德皇诏令演习等事"。铁路为近世集合陆军之紧

---

① 端方、戴鸿慈：《列国政要续编》，卷三十八，上海：商务印书馆，1911年，第1页。
② 端方、戴鸿慈：《列国政要续编》，卷四十四，上海：商务印书馆，1911年，第1页。

图十五　《列国政要续编》出版广告（来自商务印书馆《时报》1911年7月5日）

要机关，凡输送军队辎重等件，必须无滞留停止之弊，故铁路局须制陆军确实行进表，"在未开战之前，又参谋本部总长分送于军团司令部，则军队集合之地界可以照此布置。"①

---

① 端方、戴鸿慈：《列国政要续编》，卷三十九，上海：商务印书馆，1911年，第9—10页。

第七章

回国后的改革

西方各国的考察和游历，给戴鸿慈的思想带来了巨大的冲击，政治改革的思想在其头脑中生根发芽，其对改革传统的君主专制制度和仿效西方改革政体的必要性、紧迫性有了进一步认识，回国后极力推动清政府实行政治改革。同时，西方各国经济、军事、教育、文化、社会风俗等各方面的考察，也催生了戴鸿慈诸多的改革想法和主张，促使其在司法、教育及公共事务建设等多方面提出改革主张并积极进行实践。其整体变革构想是立足于中国国情的基础上学习各国的长处，如：（1）取法日本以教育兴国。其认为日本的富强"虽得力于改良法律、精练海军、奖励农工商各业，而其根本则尤在教育普及"，如"法律以学而精，教术以学而备，道德以学而进，军旅以学而强，货产以学而富，工业以学而巧"，总而言之，大力发展教育事业，才是日本在短短几十年间"名誉隆于全球，位次跻于头等"的根本原因；（2）取法美国以工商立国。虽然美国"魄力正雄"，但其"纯任民权"，恐非中国能仿效，但美国以"工商立国"，大力发展工商业和海外贸易，却是中国应认真学习和仿效的，其谓，"太平洋之商业航利，则我与美实共有之，此又中国所急宜注意竞争刻不容缓者也"；（3）取法英国之地方自治。英国"一国精神所在，虽在海军之强盛，商业之经营，而其特色，实在地方自治之完密"。英国完密的地方自治，"深合周礼之遗制，实为内政之本原"；（4）取法俄国预备立宪已逾百年的经验，建议清政府以九年为期改行立宪政体。清政府最终根据端方、戴鸿慈等人考察欧美诸国政治的结论和建议，拟定了清末制宪的基本原则和基本框架，对清末制宪产生了直接而巨大的影响。[①]回国后，他们通

---

① 贺嘉：《近代中国法制变革的先声——论五大臣出洋考察及其结论》，《汉中师院学报（哲学社会科学版）》，1993年第4期。

过《列国政要》与《欧美政治要义》等书籍上呈清政府，推动清政府政治改革的同时，还多次上奏朝廷，提出多方面改革的建议和方案，如《请定国事以安大计折》《请改定全国官制以为立宪预备折》《请设编制局以改定全国官制折》《请以取法德国为主改革军政折》《考察各国学务择要上陈折》等。这些奏折虽为戴鸿慈、端方等人一起上奏，但无疑是戴鸿慈的主张和态度的反映。

第一节　政治改革

戴鸿慈与端方考察团在经历八个月的游历后，对西方各国政治有了比较深入的认识，其最大的收获应该就是看到了一个与传统中国不一样的世界，认识到清政府与西方诸国政治制度的不同，对西方政治制度的优越性有了切身的体会和感受，真正认识当时的中国与西方世界之间的巨大差距。如其感叹美国的发达与富裕，"商业之发达，工作之精良，包举恢宏，经营阔大，一学堂一工厂建造公费，动逾千百万金"，但同时，也深知美国的发达程度，"不惟中国所难能，抑亦欧洲所叹畏"，故而深羡其"魄力正雄"，又苦于"一切措施难以骤相仿效"。而且，美国《独立宣言》所提出的"天赋人权""主权在民"等，在戴鸿慈看来，与中国的实际状况还是有很大隔膜的，即"纯任民权，与中国政体本属不能强同"，而认为德国的情况与中国最为相近，谓日本自明治维新以来"事事取资于德，行之三十年遂致勃兴。中国近多欲羡日本之强，而不知溯始穷源，正当以德为借镜"。对于"德皇论及中国变法必以练兵为先，致于政治措施，正宜自审国势，求其各当事机，贵有独具之规模，不在徒摹夫形式"的观点，深表赞同，故而建议清政府仿效德国进行变革。[1]

---

[1] 佚名辑：《清末筹备立宪档案史料》，台北：文海出版社，1981年，第7—9页。

戴鸿慈回顾了清政府与东西洋通商以来数十年的历史，谓清政府外交困顿、丧师赔款、权益尽失，"无一不处于失败之地"，后试图"师夷长技以制夷"，开展洋务，目的在于求强求富，然而，让人痛心的是，"求强而反以益弱，求富反而益贫"，究其原因，在于学习西方尚在皮毛而未触及其精髓，"但效其末而不能效其本"。其分析了西方国家富强的原因，谓："臣等以考察所得，见夫东西洋各国之所以日趋强盛者，实以采用立宪政体之故。"故而对于中国来说，不革除封建专制政治，无论怎样努力，也不可能富强，难以缩短与外国的差距。世界已经是"国际竞争之天下也。国际竞争者，非甲国之君与乙国之君竞争，实甲国之民与乙国之民竞争也"，要立足于列强环伺、虎视眈眈的国际环境中，必须仿效西方进行政治改革，改革原有的封建君主专制政体、提高国家和国民的竞争力，是大势所趋。"中国今日正处于世界各国竞争之中心点，土地之大，人民之众，天然财产之富，尤为各国之所垂涎，视之为商战、兵战之场。苟内政不修、专制政体不改、立宪政体不成，则富强之效将永无所望。"戴鸿慈认为内政不修导致国家羸弱不堪而列强肆意侵略中国、掠夺中国的资源和财富，此种状况必须改变。而修明内政、改革专制政体，首先就需要实行宪政，颁布宪法，使人人都能遵守法律，人人都受法律约束，如此国家才能上下一心、同心协力，以改变国家羸弱的状况，使国家日臻强大。故而其主张把制定法律作为立宪的基础，即"盖凡事必法律为基础，苟无法律，则事无可办者矣"。①

于是，戴鸿慈在回国途中便马不停蹄地为改革进行设计。1906年6月4日，由意大利乘船回国，1906年7月21日回到上海。在上海期间，端方、戴鸿慈联衔致电各省督抚，征询他们对立宪的看法。其电文为：

> 此次调查欧美各国政治，无不以宪法为其国本。故诸政可

---

① 戴鸿慈：《出使九国日记》，长沙：湖南人民出版社，1982年，第486页。

因时制宜，惟宪法则一成不变，是以上下相维，虽有内忧外患，而国本巩固不能摇也。然亦有改革之初，秩序不明，基础未善，致形式相似而效果大殊者。观于日本之立宪，出于朝廷之远见；俄罗斯之立宪，由于人民之要求。一得一失，可为前鉴。今海内士夫，海外华商具爱国之诚者，希望立宪尤深且切，熟视国势，亦非此不足以存之。因急遽而偾国是，务持重而失人心，二者之间正有法度。鄙意拟奏请先行宣布立宪，谕旨以十年或十五年为期，颁布实行。一面规划地方自治、中央行政，以求民智之发达，而为立宪之预备。端戴二臣请各省督抚公忠体国，深谋远虑，为国家、为社稷、为人民，联衔请旨……谨此先布，敬候电复。慈方挂印。[①]

端方、戴鸿慈与江浙立宪派代表人物张謇、赵凤昌、张元济、郑孝胥等进行接触和交流，商谈中国立宪问题，并提出预备立宪的主张："拟请先行宣布立宪谕旨，以十年或十五年为期，颁布实行，一面规划地方自治、中央行政，以求民智之发达，而为立宪之预备。"[②]

在上海开往天津的轮船上，戴鸿慈、端方等拟定了定国是、改官制、审外交、设财政调查局、立中央女学院等五份奏折，可见其改革的急切心情。在天津，他们停留了四天，其中有三天时间在与袁世凯晤谈，谈论内容为"筹立宪准备及改官制"，戴鸿慈觉得袁世凯在立宪准备及改革官制等方面"命意略皆符合"，几个人在此方面达成了共识，规划出宪政方案。端方、戴鸿慈的回国受到媒体的广泛关注，《新闻报》报道端、戴经天津，"屡次与袁宫保会商改革政体事宜，并每日与政府暨泽尚两大臣往

---

① 见《时报》，1906年8月12日，转引自鸽子：《隐藏的宫廷档案：1906年光绪派大臣考察西方政治纪实》，北京：民族出版社，2000年，第302页。
② 李细珠：《张之洞与清末新政研究》，上海：上海书店出版社，2003年，第299页。

图十六　戴鸿慈与众官员合影（前排左起：端方、戴鸿慈、袁世凯）

复密电，斟酌原议奏"[1]，为回京上奏做准备。《时报》也谓："五大臣次第回国后，立宪、立宪之声腾跃于朝野上下，国民热情之高涨殆达于最高之度，商榷期限之电交驰，考查政治之馆开幕，立宪起草、谕定国是为时当不远矣。"[2]

一、《回京复命胪陈应办事宜折》

光绪三十二年（1906）六月二十一日，考察团回到北京。当天，戴鸿慈来不及回家，便马不停蹄地赶去颐和园与庆亲王奕劻合军机大臣瞿鸿機会商，并与端方商量即将到来的觐见事宜，当晚他没有回家，于礼部公所过夜。六月二十二日、二十三日，戴鸿慈与端方接连受到光绪皇帝和慈禧太后的召见。戴鸿慈在觐见过程中陈述了他对西方社会与制度的看法，"奏陈外洋一切政治未必尽能行之于中国"，但"立宪利国利民，可造国

---

[1] 佚名：《立宪先从天津实行》，录《新闻报》，《华字汇报》，1906年8月26日。
[2] 佚名：《论立宪亟宜预备者二事》，《时报》，1906年8月17日。

祚之灵长，无损君上之权柄，及立宪预备必以厘定官制为入手"[1]。

端方、戴鸿慈在回国后次日的首次召对中，上呈了《回京复命胪陈应办事宜折》，对考察情况做了简要介绍。该折首先比较了各国政体的不同，谓："美为合众而专重民权，德本联邦而实为君主，奥匈同盟仍各用其制度，法意同族不免偏于集权，惟英人循秩序而不好激进，故其宪法出于自然之发达，行之百年而无弊。反乎此者，有宪法不连合之国，如瑞典、挪威则分离矣；有宪法不完全之国，如土耳其、埃及，则衰弱矣；有宪法不平允之国，如俄罗斯，则扰乱无已时矣。种因既殊，结果也异。故有虽改革而适以召乱者，此政法之不同也。"[2]其次，该折比较了各国国力的差异和各国的优势，认为陆军之强大莫如德国，海军之强莫如英国，国民之富莫如美国。再次，比较了各国的外交策略。他们认为一国的外交策略与该国的生存境遇有很大关系。"窥其政略，则俄、法同盟，英、日同盟，德、奥、义（意）同盟，既互相倚助，以求国势之稳固。德、法摩洛哥之会议，英、俄东亚之协商，其对于中国者，德、美海军之扩张，美、法屯军之增额，又各审利害以为商业之竞争，盖列强对峙之中，无有一国可以图存者，势使然也。"其指出西方各国往往因为国内发展的压力而将势力扩展到国外，"人民生殖日繁，智识日开，内力亦愈以膨胀"，因此，对于国家而言，"非有勤远之略，进取之心，则人民无以发抒其所怀，群起而争之于内则国危矣"，故而各国纷纷将国家力量延伸至国外，以扩展本国利益，"因殖民而造西伯利亚之铁路，或因商务而开巴拿马之运河，或因国富而投资本于世界，均有深意存焉"。

该折在最后部分比较了各国民风的差异，并分析了其中的原因，凸显出英国自治精神的重要性。其谓："俄民志伟达而少秩序，其国失之于无教；法民好美术而留晏逸，其国失之于过奢；德民性倔强而尚无武勇，其

---

[1]　戴鸿慈：《出使九国日记》，长沙：湖南人民出版社，1982年，第270—272页。

[2]　见《盛京时报》，1906年11月23日。

国失之于太骄；美民喜自由而多放任，其国失之于复杂；义民尚功利而近贪诈，其国失之于困贫。""惟英人富于自治自营之精神，有独立不羁之气象，人格之高，风俗之厚，为各国所不及"。[①]

在比较了各国国情之后，端方、戴鸿慈在奏章强调"君臣一心、上下相维"的重要性，指出有三种情况会使国家走向衰落：

第一，"无开诚之心者其国必危"。该折通过西班牙和英国对待殖民地政策的差异导致不同结果的案例阐述政府予人民以权的重要性，"西班牙苛待殖民致有菲律宾、古巴之败；英鉴于美民反抗而于澳洲、坎拿大两域立予人民以自治之权，致有今日之强盛，开诚故也。俄灭波兰而用严法以禁其语言，今揭竿而起要求权利者，即波兰人也。又于兴学练兵，皆以专制为目的，今满洲之役，不战先溃。莫斯科、圣彼得堡之暴动，即出于军人与学生也。防之愈密，而祸即伏于所防之中，患更发于所防之外，不开诚故也。"

第二，"无远虑之识者其国必损"。其曰：俄以交通之不便，而用中央集权，故其地方之自治，日以不整。美以疆域之大，而用地方分权，故其中央与地方之机关，同时进步。治大国与治小国固不侔也。德以日尔曼法系趋于地方分权；虽为君主之国，而人民有参与政治之资格。法以罗马法系趋于中央集权，虽为民主之国，而政务操之官吏之手，人民反无自治之能力。两相比较，法弱于德，有由来矣。"该折通过俄国推行中央集权而地方自治日以不整、美国推行地方自治而中央与地方同时进步的为例，强调政府应当推行地方自治，以此方式来培养人民的自治能力，从而使民智日开而有参与政治之资格。

第三，"无同化之力者国必扰"。其曰：美以共和政体。重视人民权利，虽人种复杂，而同化力甚强，故能上下相安于无事。土耳其一国之

---

① 赵尔巽等撰：《二十五史全书·清史稿》，呼和浩特：内蒙古人民出版社，1998年，第1011页。

中，分十数种族，语言宗教各不相同，又无统一之机关，致有今日之衰弱。俄则种族尤杂，不下百数，语言亦分四十余种，其政府又多歧视之意见，致有今日之纷乱。奥、匈两国虽同戴一君主，而两族之容貌、习尚、语言、性情迥殊，故时起事端，将来恐不免分离之患。盖法制不一、畛域不化，显然标其名为两种族之国，未有能享和平、臻富强者矣。此考察各国所得之实在情形也。窃惟学问以相摩而益善，国势以相竞而益强。中国地处亚东，又为数千年文化之古国，不免挟尊己卑人之见，未尝取世界列国之变迁而比较之。甲午以前，南北洋海陆军制造各厂同时而兴，声势一振。例之各省，差占优胜矣。然未尝取列国之情状而比较之也。故比较对于内，则满盈自阻之心日长。比较对于外，则争存进取之志益坚。然则谋国者亦善用其比较而已。"①该折认为政府应当具有相当的同化能力及包容品质，从而使上下相安。如美国重视人民的权利，虽外来人种甚多，但因其同化力强而能上下相安。土耳其的种族众多，各种族的语言、宗教又各不相同，而政府在此方面没有相应的同化能力，无法统一，故而导致国家积弱。俄罗斯的种族也十分繁多，语言各异，政府又没有统一的意见和策略，以致国内纷繁杂乱。总之，"法制不一、畛域不化"，后果十分严重，乃各国"未有能享平和、臻富强者矣"的原因。

　　该折为端方、戴鸿慈考察后召对时所上的第一折，他们并没有在该折中提出具体的改革建议和主张，显然有试探之意，他们试图通过较为缓和的方式提出自己的看法，不至于唐突。果然，这种方式得到了慈禧太后的赞赏。端方和戴鸿慈继而通过后续的奏折提出了具体的改革主张和策略。

---

① 赵尔巽等撰：《二十五史全书·清史稿》，呼和浩特：内蒙古人民出版社，1998年，第1011页。

185

二、《请定国是以安大计折》

六月二十三日（1906年8月12日），慈禧太后再次召见了端方、戴鸿慈，他们"接续详言立宪利国利民，可造国祚之灵长，无损君上之权柄及立宪预备必以厘定官制为入手"。次日，端方单独被召见，上呈了署名为戴鸿慈、端方的《请定国是以安大计折》，论述了立宪的必要性、模式、时间及具体内容等，吹响了清末宪政改革的号角。

该折首先回顾了本次西方考察的过程，以及海外的基本情况，展示出他们欲不负重托而认真考察的心境，如"先赴美洲，继由欧洲回国，所经日本、美国。南洋各埠，凡有华民聚集之地，莫不倾市欢迎，讴歌圣德，以冀祖国兴起，庇此海外黎民。臣等见其困苦之情，呼吁之状，不忍之意恻然而生。所至各国，与其国君官吏相接，亦莫不谓中国自此以后，当可实行改革，日进文明，而颂我皇太后、皇上之仁圣。臣等自愧菲材，忝膺简命，加以中外属望，以为中国振兴之机，愈不敢不悉心考查，求列邦之善政可以实行于中国者，以期上副朝廷求治之心，下塞中外具瞻之望"。

接着，重点分析了"列邦所以强盛之源，中国所以阽危"的原因以及内政改革的要领。"概观各国之土地人民，殆无一能及我国者，甚或土地小于我数十倍，人民少于我数十数百倍者。此其兵何以能强，国何以能富，必有其不易之道焉"。他认为进行了数十年的洋务运动，通过练陆军、设海军、筑铁道、兴航路、务工商等方式进行，但最终的结果是"求强而反以益弱，求富而反以益贫"，究其原因，在于未知其所以致富强之原因，故"但能效其末，而不能效其本，所收之效乃与始志相反"。他认为，西方国家富强的根本原因就在于修内政，修内政的根本则在于政体。"臣等悉心观察，乃知其所以致富强者，不当于其外交之敏捷求之，而当于其内政之整理观之。夫世固未有政治不修而其国能富、其兵能强者，亦未有内政不修而外交能致胜利者。欲判其内政之能修与不能修，此不必问其他，但问其政体之为何而可以判之矣"。

他接着分析专制政体与立宪政体的区别，论述专制之国中君主所担负的重任。"专制之国，任人而不任法，故其国易危；立宪之国，任法而不任人，故其国易安"。指出在专制政体下君主的责任重大，而且容易引起老百姓的不满，故而专制之国，凡一国中之事，无论大小，皆由君主一人裁决，"是君主对于举国人民而负其责任者也"。"夫君主既负此至重且大、至难且苦之责任矣，然欲以一人之心力，尽治天下之事，不待左右之赞助而可以为治，此其事必为势所不能，则不得已而必当委以官吏"。戴鸿慈认为，国家之事情烦琐，委任之官吏众多，而官吏奉一人之命以治民事。若官吏皆为仁贤之士，能奉行上面之命，则事情好办。若官吏不能尽贤，那么即便"以尧舜之廷，而有四凶之罪，诚为事之无可如何，而非君主所能独任其咎者也"。故而君主担负着重大的责任，而其所委任之官吏，又不可能全部为贤能之士，一旦官吏办事出了问题，老百姓将怨及君主。"且综观历史，贤者常居少数，而不肖者常居多数，官吏之中亦然。因此而民之感官吏者常少，怨官吏者常多。至民之怨官吏者多，则其怨君主亦从而多矣"。"然问其怨之所由来，则皆其官吏有以使人民之怨其君也。夫君主以官吏不贤之故而为人民所怨，则君主危。君主既危，则国事愈以难治，官吏愈无忠实之心，人民愈有离散之势，一切政事愈以丛脞，而国家之危亡随之"。

他甚至举例说明专制政体下君主的困境，试图引起最高统治者的情感共鸣，"俄之先皇，至有为民怨所集，遭炸弹之惨祸者。今之俄皇，臣等曾谒见之，实不失为中主，然其危殆之状与其先皇同，每夕必数易其寝处，以防人民之报怨。其所以至此者，亦官吏使之然，而非沙皇之咎也，且亦非官吏之咎，特专制政体之结果必如此也。何也？专制之国，任人而不任法，人之不能尽必其善者，此无待论，而欲恃此以修内政，何可得也？夫即以俄国而论，其内政既如此矣，故其兵强国富之可见于外者，亦不足以敌他国。以俄国土地之广，人民之众，几为世界之冠，而以言乎兵强，则军事之竞争，曾不足敌一新起之日本；以言乎国富，则经济之竞争

亦然，至欲与欧美各强国争，则其胜败之数有十于此者矣。此无他，专制政体有以使其君与国两危也。"其认为欧美各国以及日本改行立宪政体的原因，"亦无不以其君与国常危而不安，故取任人而不任法者，一变为任法而不任人"。因此，一个国家采用统一的法律，遵照执行，则君安、国安，富强之基也由此而立。

他接着又分析了立宪政体与专制政体的根本区别就是有无宪法。宪法是一国中根本之法律，"取夫组织国家之重要事件，一一具载于宪法之中，不可动摇，不易更改，其余一切法律命令皆不能出范围之中，自国主以至人民皆当遵由此宪法而不可违反"。他指出，君主立宪国之政府必设有责任内阁，内阁中设总理大臣一人及国务大臣数人，国务大臣由各部的行政长官充任，谓之为阁臣。"凡此阁臣，皆代君主而对于人民负其责任者也。使其行政而善乎，则阁臣之位得安。使其行政而不善，为人民所怨，则是阁臣之责任，而非君主之责任。其怨毒之极，亦不过变易阁臣而已，无丝毫之责任可以及于君主之身，故君主不仅常安而不危，且神圣不可侵犯之权亦载入于宪法之中"。

继而，该奏折指明了君主立宪的优越性，倡议清政府进行立宪。"臣等以考察所得见，夫东西洋各国之所以日趋于强盛者，实以采用立宪政体之故。因而推之于俄国，其所以骤邻于弱败者，实以仍用专制政体之故"。其以中国为例，说明几十年洋务运动却未能臻于富强且外交之事无不失败的原因，是与俄国一样实行专制政体，专制政体"万无可以致国富兵强之理也"。其认为中国正处于世界各国竞争之中心点，土地广阔，人口众多，自然资源丰富，为各国垂涎，加入不修内政，不改革专制政体，不建立立宪政体，"则富强之效将永无所望"，"中国而欲国富兵强，除采用立宪政体之外，盖无他术矣"。

但戴鸿慈并未一味推崇立宪政体，其分析了中国的传统及民众的素质，指出不能贸然行事，必须有一定的准备时间，绝不能马上开始立宪。"中国为救之计，即于今日采用立宪政体，实行宪法，可乎？臣等又考列国宪政制度所以能实施之故，而窃以为中国此时尚未可也。何也？中国数千年来一切制度文物虽有深固之基础，然求其与各立宪国相合之制度可以即取而用之者实不甚多，苟不与以若干年之预备，而即贸然从事，仿各国之宪法而制定颁布之，则上无此制度，下无此习惯，仍不知宪法为何物，而举国上下无奉行此宪法之能力，一旦得此，则将举国上下扰乱无章，如群儿之戏舞，国事紊乱不治且有甚于今日。是立宪不足以得安，而或反以得危矣。故谓此时即行立宪者，臣等实确见其不可，而未敢主张此有虚名而无实益之政策也。"

为在中国推行立宪制度，戴鸿慈认为需先从以下几个方面进行准备：

第一，"举国臣民立于同等法制之下，以破除一切畛域"。其曰，"今中国既欲为立宪之预备，则此宪法之精神亦不可不于此时预定之，以示一国之标准，而求人民之同德焉。所谓法者，凡一切刑法、民法、商法等之法律皆是也。所谓制者，凡一切官制、兵制之制度皆是也"。

第二，"国事采决于公认"。戴鸿慈认为，民为邦本，一国之事，都是民事，故而国事的处理必须遵从民意。"故中央必有议会，以代表一国之情；地方亦有议会，以代表一方之情。故一国之中，下无被壅之情，上无不知之状。今中国中央议会虽未可以遽设，然在此预备时代中，亦不可无他种之议政机关，以谋合议政事。此于将来宪法上之机关，即可以借此以为基础。至地方议会中之下级者，则此时即可酌量行之，使人民练习议会之事，为将来各省议会、中央议会之预备焉，亦所以顺民意而收舆情者也"。

第三，"集中外之所长，以谋国家与人民之安全发达"。戴鸿慈认为，中国是数千年的古国，固有之文明实已深厚博大，其于世界文明的发展来说都有很高价值，不能基于改革的原因而全盘抛弃自己的传统。如此，则国将不国，"若仅以维新之故而一切舍己从人，不唯理所不可，亦势所不能"。因此，必采中外之所长，在学术、教育、法律制度等方面都是如此，"不存中外之见，唯以是非为准，庶民德民智相将并进，且又秩

序不乱，安全幸福得以保存"。

第四，"明官府之体制"。戴鸿慈认为，西方各君主立宪之国家，其所以能维持皇室之尊严，原因在于官府体制划然分明。"察其官制，则以一宫内部总理一切宫中之事，不复分掌于他官"，"宫内部官制之完备，而其经费则又与国用分而为二，且有皇室私产之收入因经理得法而日增者。故臣民之爱敬日加，君主之威仪永固"。

第五，"定中央与地方之权限"。戴鸿慈认为中国各行政机关的权限没定，职责没定，"唯视事之来时因宜而与夺之"，这种状况弊害重重，导致"国中之事因此废弛者，不知凡几"。"凡事无论大小，职无论轻重，皆必各有一定之权限，于其权限之内，可以自由行动，而后万事皆可着手，无牵制难行之患"。因此，"此非参酌各国官制何者属于政府，何者属于地方，明定权限，必不足以为治"。

第六，"公布国用及诸政务"。戴鸿慈认为，政府获得国民取信用之方法，不外乎事事公开，而财政公开尤为最要。"国家所营之事愈多，则其所用之财亦多。然而一钱一物皆取于民，苟人民不知官吏之所为，则必疑其滥用图私，而不踊跃于纳税之义务。政府收税既难，生财无术，则一国之财政断无可以整理之时，因而一国之政务亦断无可以进步之时"。各立宪国的政府，在财政上必采取预算决算之制，经议会审查，"今中国虽未能即开议会，然当司农仰屋，百端支绌之时，欲求财政之舒展，亦无能出于此法之右者"。"故臣等拟请归并财政处于户部，以稽岁出岁入之实数；拟请特立会计检察院，以图预算决算之即行"。

戴鸿慈指出，以上六条，"为中国现在最重之国是，而不可不急定其方针者"。他们请求清政府明降谕旨，以定国是，以十五年至二十年为期限，颁布宪法，召议员开国会，实行立宪制度。而其他诸方面，如改官制、定法律、设独立裁判所与地方自治、调查户口、整理财政、改革币制、分划选举区域及征兵区域等都必须预先规划，"不预图之，则立宪等于不立"。"使欲实行预备，尚须上下一心以图之，且须竭力赴功，勇猛精进，乃能有济。若稍有舒缓，犹将不及。是则此一二十年中乃最忙迫之时代，而非宽暇之时代，不得谓约期之非促也。然若谓立宪犹可再迟而约期不妨更缓，则是怠于国事，为苟安目前之计，未尝计及一国前途安危者之所言。"①

需要指出的是，据学界考证，《请定国是以安大计折》与《请改定官制以为立宪预备折》，乃梁启超代笔，此即为"梁启超做五大臣枪手"一案，说的是梁启超在光绪三十二年闰四月、五月（1906年6、7月）间，为清廷派遣的出使各国考察政治大臣戴鸿慈与端方代拟了五篇奏稿。也就是说，此折非戴鸿慈和端方所亲笔撰写，但即便其为梁启超所代笔，上呈奏折的是戴鸿慈和端方，那么说明他们对此折观点和言论是赞同的，作为政府官员，在上呈政见主张时借助学界系统的语言进行阐述，也是能理解的。总体来说，戴鸿慈在奏折中建议清政府效仿日本实行立宪，而对于立宪政体的推进，戴鸿慈认为不能一味求快，因为人们的传统观念根深蒂固，对宪政的认识也较模糊，改变这些都需要时间，不能过于操切，故而其奏请约于十五年或二十年后再颁布宪法、召集国会、实行立宪。在此过渡期内，他提议先改定全国官制，为立宪之预备。戴鸿慈等人在此折中的建议，均为清廷采纳。

三、《请改定全国官制以为预备立宪折》

清政府的中央机构原有吏、户、礼、兵、刑、工六部和都察院、大理寺、军机处、太常寺、翰林院等机构。军机处乃清政府中枢权力机关，于雍正皇帝年间设立，总揽军、政大权，成为执政的最高国家机关，为皇帝直接掌握，等于是皇帝的私人秘书处。此种状况一直延续到清朝末年。军机大臣、军机章京等，均为兼职。原为行政总汇之地的内阁，逐渐被军

---

① 端方：《请定国是以安大计折》，《端忠敏公奏稿》，第六卷，台北：文海出版社，1967年，第708—715页。

机处取代，基本闲置。庚子事变后清政府在清末新政中已经开启了中央体制改革，如1901年将总理各国事务衙门改为外交部，1903年设立了商部，1905年设立巡警部和学部等，另外还有财政处、练兵处和税务处等。但清末官制仍然十分混乱，冗员甚多，办事效率低下。

在对西方各国官署、行政秩序等方面的考察中，戴鸿慈"熟察其官署组织之法，参考其行政秩序之方"，对各国秩序井然、办事有条不紊印象十分深刻，其对比国内的办事混乱、"时形竭蹶，弊患潜滋"的状况，认为其中的原因不在于人的才智悬殊，而在于制度设置，其颇为赞成"任法而不任人"的观点，认为确立了相关的制度后依据制度办事，便能"条理秩然、事无丛脞"。其认为，任人而不任法者，"法既敝，虽圣智犹不足以图功"，而任法不任人者，"法有常，虽中材而足以自效"，而当时中国改革的环境"与日本当日正复相似"，日本仿效西方改革的成功显然可为借鉴，"实由官制之预备得宜"，其未改官制之前，"任人而不任法"，改革官制之后，则是"任法而不任人"。其认为，日本的改革"事事为我先导"，"盖各国国力人格自有不同，而日本则能取彼之长而弃其短，尽彼之利而去其弊"，而"中国今日欲加改革，其情势与日本当日正复相似"。故而建议清政府仿效日本进行改革，"得一前车之鉴"，终能取得事半功倍的效果。

因此，在1906年8月25日，戴鸿慈、端方等人上《请改定全国官制以为预备立宪折》奏请改革全国官制，这是他们回京后上的第三折，与之前的《国是折》颇成体系，前后衔接，系统地阐释了中国应当效仿日本进行改革和将官制改革作为预备立宪首个步骤的主张，建议清政府以十五或二十年为期进行改革，学习日本明治维新后成功进行两次官制改革的经验，其提出了官制改革的八条建议，具体如下：

第一，仿责任内阁之制，以求中央行政之统一。在对西方诸国的考察中，戴鸿慈、端方等人发现各立宪国实行的是责任内阁制度。责任内阁，是立宪制国家中集首相、副首相与各部国务大臣组成的合议制政府，是一国行政体制的中枢机关，其代替君主承担政治责任、行使政治职能。内阁首相由君主推举，阁员由首相举荐，国家的大政方针都由内阁大臣全体会议议定再实行，相关政策实施的后果也由全体阁臣共同承担。这种阁臣需对其施政方针承担责任的做法将内阁的权力与责任结合了起来，使阁臣必须忠于职位，遇事不敢相互推诿。而清政府的官制中，军机处的设置与西方的内阁颇有相似之处，但军机处仅为皇帝的顾问机构，其职权相当于各国的枢密顾问院，这是军机处与内阁的根本区别，军机处官员们的权责不一致。他们均由各部的尚书、侍郎兼任，但各部职能相互分离，政策的制定过程中也往往没有事先沟通，导致"机关阻遏，名实俱乖"，从而各部之间并不能协同一致。且在政策的制定与执行过程中，军机处官员往往只是出谋划策，而各部臣也仅承担"宣化承流"的职责，政策执行的后果却由皇帝来承担，最终影响的是皇帝的形象，"奉行一有不当，小民难免怨咨，谴责尚未能施，宫廷已先受过"。

因此，戴鸿慈认为清政府"仿行宪政"必须设置如同日本那样的责任内阁。无疑，戴鸿慈对日本、德国政治制度中依然有着浓厚封建残余的状况认识较深，认为这种改革方式与当时中国的政治、经济等状况颇为接近，当然也更能为清政府所接受。在《奏请改定全国官制以为立宪预备折》折中，他们请求朝廷以十五或二十年为立宪实现期，学习日本明治维新后成功进行两次官制改革的经验，实行责任内阁制。

戴鸿慈与端方首先指出清政府官制的结构性问题，"中央政府实一国行政之总枢，一切政策从兹出焉。各部各不相谋，则政策万难统一。"而其认为，西方立宪诸国的情况则与清政府完全不同，各国由君主自擢首相，由首相荐举阁臣，一切施政之方，由全体阁臣议定然后施行，而得失功罪，则由全体阁臣共同负责。"所以必以阁臣负其责者，一则使之忠于职位，无敢诿卸以误国，一则虽有缺失，由阁臣任之，则天下不敢怨君主，所谓神圣不敢干犯者此也。"中国内阁曾为枢要，到清代则如同闲曹，军机处虽与各国的内阁类似，然对于上则仅备顾问，对于下则未受责

成。至于清政府中央各部的尚书及侍郎，虽为一国行政长官，但各部之间毫无联络。因此，"若不合议一堂，共谋大局，则虽有开诚布公之念，恐必无同心协力之时，殊不足以收实效。"

因此，他们建议清政府仿效日本改革中央官制。具体做法是，"略仿责任内阁之制以求中央行政之统一"，将军机处归并于内阁，在其内阁中设置总理大臣一人，兼充大学士，作为内阁中的首长，"以平章内外政事，任国政"；内阁中设置左右副大臣各一人，兼充协办大学士，以为总理大臣的辅佐。各部尚书皆为内阁成员，组成内阁，掌握行政大权，原有各部的大学士仍带各殿阁之名衔，简为枢密院顾问大臣，以示优崇。总理大臣以及副大臣三人与各部尚书召开会议商量后做出抉择，之后再奏请圣裁。决策的施行，仍由总理大臣、左右大臣及该部尚书副署负责，如此则"职权既专而无所掣肘，责任复重而无所诿卸，如此则行政之大本立矣"[①]。

第二，明确中央与地方之权限，使国家机关运动通灵。戴鸿慈认为，各国行政，可分为中央集权和地方分权两种，中央集权即如日本，所有地方行政长官都在内务大臣的监督之下，"一切政策悉须秉承"。地方分权，则如美国，中央政府仅掌管军事、外交、交通、关税等大权，其余大小事务皆归各省自行办理。他认为这两种行政方式各有所长，不分轩轾，"要皆各有其职守，而不能越出于范围"。其列举清政府地方行政存在的种种掣肘与纷扰，如"中国以军机、各部统治于内，以督抚分治于外，参酌于集权之间，以中国之幅员既长，处置诚为得当"，但因权限不清，往往导致各部与督抚两失其权。"盖有时督抚以寻常奏报，遇部疑而格不能行，有时各部以管辖事宜，不奏咨而遂离过问，凡此等类，悉数难终。夫各部用其权以裁制督抚，若不量地方之情势，则善政几不得举行，督抚张其权而轻视各部，又破坏一部之机关，而政令几同于虚设，彼此之龃龉尚

---

① 佚名辑：《清末筹备立宪档案史料》，台北：文海出版社，1981年，第368—369页。

小，事权之贻误实多。臣等之愚，以为治泱泱之中国，万不能不假督抚以重权，而各部为全国政令所从出，亦不能置之不理，视为具文。"故而，戴鸿慈建议朝廷效仿日本集权政治体制与美国分权政治体制之长，斟酌损益，明定职权，划分中央与地方之权限，使各有其职守，而不能越出于范围，"以某项权属之各部，虽疆吏亦必奉行，以某项属之督抚，虽部臣不能僭越。如此，则部臣、疆吏，于其权限内应行之事，无所用其推诿，于其权限外侵轶之事，无所施其阻挠，庶政策不至分歧，而精神自能统一矣。"[1]

　　第三，内外各重要衙门，皆设辅佐官，而中央各部主任官之事权尤当归一。戴鸿慈列举了西方各国官制情况，谓各国官制，凡各衙署皆有主任官与辅佐官，主任官即一署之长官，辅佐官次于长官一等，承长官之指挥而辅佐之。"主任官一，辅佐官则或有二三，两者兼重，事乃毕治。"其又列举清政府官制的问题，认为中央各部尚书似为主任官，而侍郎则为其辅佐官。但尚书与侍郎职处平等，"既不能受其指挥，即不可命为辅佐"，而一部之中有二尚书、四侍郎，又加以官部之亲王、大学士，则以一部有七主任官，导致部门内无分劳赴功之效，却有推诿牵制之能，"官制之弊，莫此为甚"。至新设各部，特置丞参，尚有辅佐之意，他部则唯有郎员，郎员分掌各司，实如日本诸省之各局局员、各课课长，不能谓之为辅佐官。"主任既已事权不一，又无人为之承乏指挥，安得不以一部之权，付诸吏胥之手。若夫各省督抚责任至重，藩、臬两司既各有职守，善后局、营务处等又各担一部分之责任，遂令督抚以下无一完全之辅佐官，至为可异。间有宏开幕府，妙选宾僚，虽亦稍收臂指之效，实则不受分毫之责。夫至任事而不受其责，则贤者或相率诿卸，而不肖者转得以营私。推至藩、臬、府、县各官，均有地方责任，亦皆独肩巨细，绝少分司，漏

---

① 佚名辑：《清末筹备立宪档案史料》，台北：文海出版社，1981年，第369—370页。

略阙疏，殊多未善"。^①故而其认为清政府当时的堂官之制首先需要改革，打破督抚衙门不设属官的做法，将体制内外的所有机构合并调整，在各省设置民政、执法、财务、提学、巡警、军政、外交、邮递八司，除执法、军政两司直接由中央管辖外，其余均隶属于各省督抚，且内外官制均增设辅佐官，督府衙门内设置属官，"其外省督抚，设参事以代幕僚，设秘书以代文案。现有各局，除应裁撤、归并外，存留者悉为专官，并隶督抚。然其余各官，亦各量分辅佐。如此则责任分明，诸务毕举，而内外各衙署之规模粗具矣"。^②这种做法，是将参事、秘书等职位代替原来各督抚衙门中的幕僚，终结传统的幕友聘用方式，将人事权下放到各省督抚，实行分科治事，为清政府的官制改革提供了参考。

第四，中央各部机构宜酌量增置、裁撤、归并。其认为，各国官制，中央政府各部名目虽有不同，概而言之，不外乎内务、外交、财务、司法、军事五种。"其中以内务所辖较紧，如是有析教育行政为学部者，有析农工商业行政为农工商部者，又有因交通之利大开，析铁路、轮船、邮政、电报诸行政而为邮部者。军事一项，有析兵部为海军、陆军两部者。又或领土寥廓，宜有专官，有如五者行政之外，而别为殖务部者。"其比较国内情况，认为清政府时有六部，但其中"惟户、刑、兵三部最为切要，近日新设外、商、警、学四部，体制较倍于昔，然尚有阙而未举，冗而无当，与职权不分明，名称宜斟酌者"。

因此，其建议将当时中央的六部以及清末新设的巡警部整合成九个部：

改巡警部为内务部，"凡户部、工部之关于丁口、工程者皆并隶之"，此为第一部。

"户部掌财务行政，为旧制所固有，然以户名其部者，盖缘旧日财政

---

① 佚名辑：《清末筹备立宪档案史料》，台北：文海出版社，1981年，第370页。
② 佚名辑：《清末筹备立宪档案史料》，台北：文海出版社，1981年，第370—371页。

以户田为其专务。今征诸各国所掌，则至国税、关税以至货币、国债、银行，其事甚繁，户田一端实不足以尽之"。故其认为宜改户部为财政部，将之前所设之财政处并入，掌国税、关税、货币、国债、银行以及田赋等，此为第二部。

外务部是第三部，因"法制略具，可以因仍"，不予更动。

军（兵）部掌军事行政，为旧制所固有，因当时绿营半皆裁撤，各省训练新军，"非复部臣所能积严"，导致兵部"既无知兵之实，徒拥掌兵之名，名实不符，殆同闲冗"，故建议改兵部为军部，以练兵处并入，增加军事行政职权，此为第四部。

刑部掌司法行政，亦为旧制所固有，"然司法实兼刑事、民事二者，其职任在保人民之权利，正国家之纪纲，不以肃杀为功，而以宽仁为用，徒命曰刑，于义尚多偏激"，故其建议改刑部为法部，掌一国之司法行政权，所有各省执法司、各级裁判所及监狱之监督都属法部分管，并逐渐仿效西方，实行司法独立。此为第五部。

当时学务部已经设立，因"法制略备"，可继续保持，无须更改，此为第六部。

农、工、商业，此三者为富国之本源，各国都以殖产兴业为重要之政，设有专部进行管理。而"法、普皆三部分立。英则仅有商部，而农、工隶焉。日本则有农商部，而工隶焉。美以农部、工商部分立为二。义、比等国则合三者而为一……中国自古以农立国，而土地之膏腴，物产之丰殖，加以林业、矿产、渔业之盛大，实为世界农国之冠，而人民精勤技巧，于工最宜，信义勇诚，于商为适。故以我之地利、民情论之，三者实兼擅其长，况以中国幅员之大，任举一省，已足当欧洲之一国，国家若为之维持保护，一旦诸业发达，谁能御之？本应各分职掌，始能悉协机宜。然目前农工诸学尚未讲求，办事人才颇形缺乏，不如仍仿英、义各国之制，统归已设之商部管辖，日后再议增设。是为第七部"。

自轮船、铁路、电报盛行，而交通行政事务繁多，各国都特设专部进

行管理。中国铁路，久为各国垂涎，"急起经营，正恐惟日不足"，邮政本为交通枢纽，"今尚委诸税司之手，办理亦未得宜"。其他轮船、电线创办已久，而进步甚迟，欲求整顿扩张，正赖事权统一。因此，戴鸿慈认为宜合并此数项，仿日本递信省例，设交通部。交通部统辖轮船、铁路、电报、邮政等事务，此为第八部。

仿效英、法等国，设立殖务部，将之前理藩院的职掌并入其中，凡东三省、蒙古、青海、新疆、西藏开拓之政策，都由其管辖，"广募腹地民族，以实边陲"；而南洋、美洲华民甚多，建议于殖务部内专设一局，尽保护海外华民之责。此为第九部。"此九部为一国最高行政官署，总于内阁，如各国责任内阁之制。

其总结：九部长官皆为阁臣，加以总理大臣、左右副大臣，为十二人。上之代皇太后、皇上负责任，下之各率其职，尽力于本部，是为中央政府之制"。①

此外，其建议在内阁之外增设若干独立机关。一为会计检查院。戴鸿慈指出，各国财务行政，均操之于户部大臣，而监督之权则在国会及会计检查院，凡国库金之出入，会计员之决算报告，"均须经本院判决，当者认可，不当者使之辨正，仍不改，则一面奏陈君主，一面牒告长官，加以处分"。故而该院的职能，与司法裁判同为独立之性质，"故能破除一切弊端"。中国户部仅掌本部收支，而各部岁计出入之当否，户部无权过问，各省奏销，则凡外销一项，亦无从稽核，因此，全国财政尚缺少一监督之机关也。会计检查院设立后，"凡关于检查会计之事，各地方行政官皆受其监督指挥"；二为行政裁判院。"各国设此于司法行政之外，上图国家公益，使行政官吏不敢逾法，下保人民权利，使举国民族不致受损"。行政裁判院的设立，专理官民不公之诉讼，及官员惩戒处分，凡内

---

① 佚名辑：《清末筹备立宪档案史料》，台北：文海出版社，1981年，第372—373页。

外百僚之办事无成效，并有弹劾之责；三为集议院。其认为国会难以骤开，集议院即为日后国会的"练习之区"，"凡各省外县所陈利病得失，皆上达政府，以备采择，而定从违，亦准建议条陈，兼通舆论情，而觇众见。至于财政之预算，亦必属之。"其建议议员由各省投票公举，"凡被举者，无论绅商、士子，不拘资格，惟在位之实官不得被举。其议事以多数决议之制行之，议长由议员中互选，有代表言事之权，无论平日有无职衔，既被举为议长，则应加以优异职衔，以示朝廷殊典，此集议院与国会组织之分别也。将来程度日高，可由国会立法，自可与以立法之权，另行组织。今为一时权宜之计，拟请改督察院为集议院。"①

另外，因为凡立宪君主之国，须保皇室之尊严，故而戴鸿慈建议在内廷设立宫内部，将原来供奉内廷之职司归并，掌管一切"内廷宫内之职"；对于原有之大学士及各部裁缺之大员，组成具有顾问性质的枢密院，"以备顾问，惟不入内阁，不受行政责成"。"今科举既停，礼部职权已裁其半，所存者惟典而以太常、光禄、鸿胪三寺并入焉"，设立典礼院；翰林院"素号清华之选"，但因科举既停，"已近于闲冗"，故而"议且加以汰裁"；同时，各国本有学士院，"将来专门名家亦必乘时辈出，且经筵进讲，时或需才，史馆编修，人皆举职"，故建议保留翰林院之名。此外，待司法独立之后，改大理寺为都裁判厅，为"一国最高之大审院"。②

第五，变通地方行政制度，以求内外贯注。戴鸿慈等人根据其所考察过的法国、普鲁士、英国、日本等国的官制，认为"中国行省与各国迥不相同，设使官制不良，则中央之运掉虽灵，外省之推行仍阻，于情势可谓之隔绝，于政俗可谓之悬殊，各自为谋，何能画一"。由此，与中央官制改革相配套，地方官制也应进行相应的改革。其总结了清政府各省官制的

---

① 佚名辑：《清末筹备立宪档案史料》，台北：文海出版社，1981年，第373—374页。
② 佚名辑：《清末筹备立宪档案史料》，台北：文海出版社，1981年，第375—376页。

三大弊端：

其一，官署之阶级太多。"考各国地方行政，大率分为三级，少乃二级"，法国为郡、县、乡市三级；普鲁士为州、县和郡与乡市；英国为州、区；日本为二级，即府县、郡及市町村。推行三级者，往往第一级为官治，第二级为官治、自治参半，第三级为自治。推行二级制者，第一级为官治、自治参半，第二级为自治，"上下相维，治具毕举"。而中国则与之不同。"中国地方之治，以汉时为最美"，而"周、隋间，苏绰废乡官之制，于是自治之精意沦亡，所余者惟存官制。宋、元以后，长吏日多，亲民之官日以卑下，今日州县之上有府及直辖州，府州以上有两司及守道，司道以上有督抚，凡经五级而政事始达于政府。试与各国互相比较，则英国伦敦不及中国四川之三分之一，义国约比云南一省，日本亦不过四川一省，所分州县区域与吾之州县正复相等。而彼则直接中央，而一无隔阂，我乃展转五级，而莫识从达。且彼之州郡府县，其下划区数十，置吏数百以分举各务。而我之州县，则以一人而治彼数百人之事，绝无佐理之人。无论才具各有长短，亦且日力必多不给"。故而，戴鸿慈等人建议朝廷变通地方行政制度，形成府（州、县）平级的两级制，二者都为省管辖，除盐、粮、关、河等诸道各有专责、不必议裁外，将守道及知府、直辖州两级悉行裁去，而以州县直隶直辖于督抚，采用普、法等国的三级制，即以省为第一级，州县为第二级，乡市为第三级，"庶几繁简得宜"。"惟是旧制州县，秩卑而望轻，今既使之次于督抚，似宜进其品秩，以示优崇"。其建议按照州县面积及人口的多少，划分为三等，大县进为府，中县进为州，小县为县。大县长官称知府，秩正四品；中县长官称知州，秩正五品；小县长官称知县，秩从五品。此三者不相统属，而同受监督于督抚，则"职位权既无隔阂，仕路也得疏通。如此则阶级太多之弊除矣"。

其二，辅佐之分职不备。"考各国内外衙署，莫不有辅佐官"，与中国汉时郡县制相似，后此制废除，导致"自督抚以至州县，署中只存胥吏，非士夫所屑为，辅助无人"。而一省督抚所辖范围，"足当欧洲一国而有余，故省中制置各司，宜略具中央政府之规范，并宜设一省议会，以拟国会。一切法律与国法不相违背者，可任其因地制宜，自行发布，然后能与地方利弊相应，而实收佐理之功。查今藩、臬两司，虽为独立官署，非等督抚署中之一职，然位为僚属"，辅佐官之缺乏必将严重影响地方行政效率。故而戴鸿慈建议每省设八司，一为民政司，二为执法司，三为财务司，四为提学司，五为巡警司，六为军政司，七为外交司，八为邮递司。执法司为司法官，军政司隶属中央，不入行政范围，其余六司皆为督抚之最高辅佐官。司以下分置各局，或以事分，或以地分，"局设一长以统其属，而受成于本司"。"为督抚者，总其大纲，如挈裘而振领，全省自无不举之事。"至于州县署中，则相应设立内务、警务、收税、监狱四部，部下设课，分曹治事，各有分职。

其三，地方之自治不修。戴鸿慈认为，各国之强，莫不源于地方自治。"夫设官本以为民，而有时官为代谋，转不若民之自谋为得者，是以必区官治、自治，相辅而行，然后治化日进"。而"中国乡官废于隋、唐之季，今之州县不独以一人举欧美数百吏之职，其受治之人民，亦复群焉依赖，未尝自结团体，自开智识，以谋一方之公益，则以未有规制，无可率徇，民德之衰，于斯为极"。对此，戴鸿慈、端方认为"地方自治之规制，固刻不容缓"。而地方自治，"其在乡者，必有乡会以司立法，有乡长以司行政，乡长大率一人，乡会则置议员数人、数十人不等，以户口之多寡为衡，皆由人民公举，官不过问。市则人口视乡为多，事务视乡为伙，亦有市会以司立法，有市参议会以司行政，市会选举与乡会同。"故而建议地方成立自治机构，分别成立县乡府议事会，"候各府州县议会成立后，再由县会议员中选出，大县二人，中小县一人，暂充为省会议员，使立法机关草创成立"，"使人民略悉宪法，讲明其故，此会既立，则讨论辩难皆为有益"。

第六，裁判与收税事务不宜与地方官合为一职。其曰："司法与行

政两权分峙独立，不容相混，此世界近百余年来之公理，而各国奉为准则者也。盖行政官与地方交接较多，迁就瞻徇，势所难免，且政教愈修明，法律愈繁密，条文隐晦，非专门学者不能深知其意。行政官既已瘁心民事，岂能专精律文，故两职之不能相兼，非惟理所宜然，抑亦势所当尔。中国州县向以听讼为重要之图，往往案牍劳形，不暇究心利病，而庶政之不举，固其宜矣。臣等谓宜采各国公例，将全国司法事务离而独立"。具体做法是将全国各县划为四区，每区设一裁判所，"其上则为一县之县裁判所，又其上则为一省之省裁判所，又其上则为全国之都裁判厅，级级相统，而并隶于法部。""区裁判所则以一裁判官主之，县裁判所以至省裁判所、都裁判厅，则以数人之裁判官主之，而置一长焉。各裁判所皆附设检视局，区置检视一人，县以上数人，以掌刑事之公诉。凡民间民事、刑事，小者各诉于其区，大者得诉于其县，其不甘服判决者，自区裁判所以至都裁判厅，均得层层递诉，而以都裁判厅为一国最高之裁判。"①

第七，内外衙署，皆以书记官代胥吏。清代官制，督抚衙门中不设属官，直省各级行政机构中属官编制数量很少，自州县到督抚的各级地方主管官吏通常自己延请一些才干或学识颇为出色的人帮助自己处理行政事务。这种做法使清代职官体系貌似精简，实则存在庞大的隐性队伍。对于清代官制的这种结构性缺陷，从晚清时的咸同年间到戊戌变法时期，曾不断有人指陈其缺点并呼吁清政府在此方面进行改革，如冯桂芬、薛福成、桂文灿、蔡镇藩等人。戴鸿慈也指出这方面的弊端，认为"胥吏舞文之弊，前人亦悉言之"，"从前旧例，久为胥吏窟穴之场，不免因熟于例文，借以自固。臣等游历所至，亲见各国衙署用人至伙，人治一事，事不止用一人，秩序昭然，靡不就理。考其所登进，或皆取之士类，或且兼用女生，从不闻有执法营私致偾国事者。"故而建议，"应将中外大小各衙

---

① 佚名辑：《清末筹备立宪档案史料》，台北：文海出版社，1981年，第378—380页。

门悉依新设各部成例，不复更设胥吏。惟聘用书记官及书记生代之，必用士大夫之能知自爱者，积有资劳，并准与本署各官吏同其升转，庶人皆争自濯磨，而永无蠹胥之害矣。"

第八，"更定任用、升转、惩戒、俸给、恩赏诸法及官吏体制，以除种种窒碍而收实事求是之效也"。其曰："夫制度无论若何美备，苟运用不得其法，则一切皆为具文。从前吏治窳坏，固由官制之未备，亦由立法之未周。"旧制，官吏出身，不外乎科第、捐纳等，捐纳流品繁杂，科第号称正途，而所学皆非所用。"今科举已废，捐纳将停"，然"举国茫然莫知所适"，"有志仕进者不知从何道以求进身之阶"，"应请嗣后新增官职，均用新法试验，以广登进，学既验其本末，人必争自濯磨，非惟吏治可以振兴，即学风亦于以丕变。"[1]选官通过考试，任人唯才，凭考试晋升，不必回避本籍，任官须有专长，不能任意迁移、调动，在地方任职应相对稳定，严格奖惩。

四、清政府政治改革的进展

戴鸿慈、端方等人根据考察所得的西方近代行政组织模式对清政府中央、地方行政机构的改革提出了自己的意见，旨在打破几千年封建君主专制体制下的法规，相对于中国传统的中央行政模式来说，无疑是一种进步。它的实行，必然意味着近代民主政治的诞生。之后，戴鸿慈、端方等人因"改定全国官制事体繁重"，奏请设立编制局，作为官制改革的总机关，请清中央政府"简派王公及内外重臣入局讨论，选择员司，将古今中外官制之利弊详加调查，分别部居，审定秩序，随时奏请钦定，然后颁示天下"。

官制改革，戴鸿慈极为活跃。时人评论："立宪事宜最初提倡者，京

---

[1]　佚名辑：《清末筹备立宪档案史料》，台北：文海出版社，1981年，第381页。

官则法部尚书戴鸿慈，外官则桂府林绍年，下诏立宪先从改定官制入手，大抵从二人之言为多"。[①]戴鸿慈等人的奏折受到了清朝最高统治者的高度重视，光绪三十二年七月初六日（8月25日），清政府派醇亲王载沣、军机大臣奕劻、荣庆、鹿传霖、铁良、徐世昌，政务处大臣张百熙、大学士孙家鼐、王文韶、世续、那桐和参预政务大臣袁世凯等人共同审阅出洋考察政治大臣们的条陈折件，七月初八、初九日（8月27、28日），诸臣连着开了两天会，传阅、讨论考察政治大臣载泽、戴鸿慈等所上各折，讨论是否实行立宪。

军机大臣奕劻认为：立宪有利无弊，符合民意，应从速宣布。但也有不同意见，有大臣提出中国情势与外国不同，实行立宪，必然导致执政者无权，而坏人得以栖息于其间，为祸非小；人民不知要求立宪，授之以权，不仅不以为幸，反而以分担义务为苦。实行自治，一旦坏人掌握地方命脉，则会危及国家政权。内学士兼礼部侍郎文海则历数五大臣有"六大错"，其批判戴鸿慈等人道："五大臣赴各国考察政治，并设考察政治馆，原以知己知彼，参酌得失，修我政治也。当时明降谕旨考察政治，并未专指立宪而言，乃该大臣回国复奏，竟以立宪为请。细绎立宪各节，并无裕国便民之计，似有削夺君主之权。""其言立宪也，率云取法日本，不知日本明治以前权在大将军，其主仅称首府，故其国不能治。自明治收回主权，力图专制，而国乃骤强。今议者欲去军机大臣，而设大总理以为立宪之地，是欲学从前之日本权在大将军也，败坏国家，莫此为甚。""中国内而部院各衙门，外而督抚以下各官，相为维系，各有职守，积久弊生，乃人不能举其职之故，非法之不善也。今不咎人不能举职，而但云法尽不善，欲逞私智以事纷更，更不知中国法度"。[②]该时期，阻挠立宪的声音不绝于耳，"顽固请臣，百端阻挠，设为疑似之词，作异

---

① 佚名：《申报》，光绪三十二年十二月廿三日（1907年2月5日）。
② 佚名辑：《清末筹备立宪档案史料》，台北：文海出版社，1981年，第139页。

同之论。或以立宪有妨君主大权为说，或以立宪利汉不利满为言，肆其簧鼓，淆乱群听。泽、戴、端诸大臣地处孤立，几有不能自克之势。"[1] "大臣阻挠，百僚抗议，立宪之局，几为所动。苟非考政大臣不惜以身府怨，排击俗论，则吾国之得由专制而进于立宪与否，未可知也"。[2]

　　一直等着朝廷实行立宪的立宪派官员们自然十分赞同戴鸿慈等人的意见，认为国民程度的高低，全在政府劝导，如果寄希望于其自然提高，则将永远不能立宪。故而只有先实行预备立宪，使国民程度慢慢提高，才能为立宪的实行打下基础。正是因为中外情势的不同，才定为预备立宪，而不是立即实行。袁世凯也赞同实行立宪，其表示"官可不做，法不可不改"，表明实行立宪的决心。然而，该方案无疑是对以慈禧太后为首的君权和满洲贵族特权的冲击，必然削弱朝廷权贵及地方督抚的权力，故而引起了相当一部分大臣和御史的阻挠和反对。激烈争论后，醇亲王载沣总结道："立宪之事，既如是繁重，而程度之能及与否，又在难必之数，则不能不多留时日，为预备之地矣"。于是，大家的意见渐趋一致。七月十日（8月29日），"面奏两宫，请行宪政"。面对国内立宪的呼声和官员们的立宪建议，慈禧太后终于同意，"谕以只要办妥，深宫初无成见"。[3]慈禧太后召见袁世凯，袁世凯奏请朝廷先组织内阁，从改革官制入手进行改革。

　　光绪三十二年七月十三日（1906年9月1日），清政府颁布《宣示预备立宪先行厘定官制谕》，宣布"仿行宪政"，谓：

---

① 戴鸿慈：《出使九国日记》，长沙：湖南人民出版社，1982年，第13页。

② 见《东方杂志》编辑部：《宪政初纲》（《东方杂志·临时增刊》），上海：商务印书馆，1907年。

③ 见《东方杂志》编辑部：《宪政初纲》（《东方杂志·临时增刊》），上海：商务印书馆，1907年。

我朝自开国以来，列圣相承，谟烈昭垂，无不因时损益，著为宪典。现在各国交通，政治法度，皆有彼此相因之势，而我国政令积久相仍，日处阽险，忧患迫切，非广求智识，更订法制，上无以承祖宗缔造之心，下无以慰臣庶治平之望，是以前派大臣分赴各国考察政治。现载泽等回国陈奏，皆以国势不振，实由于上下相暌，内外隔阂，官不知所以保民，民不知所以卫国。而各国之所以富强者，实由于实行宪法，取决公论，君民一体，呼吸相通，博采众长，明定权限，以及筹备财用，经画政务，无不公之于黎庶。又兼各国相师，变通尽利，政通民和有由来矣。

时处今日，惟有及时详晰甄核，仿行宪政，大权统于朝廷，庶政公诸舆论，以立国家万年有道之基。但目前规制未备，民智未开，若操切从事，涂饰空文，何以对国民而昭大信。故廓清积弊，明定责成，必从官制入手，亟应先将官制分别议定，次第更张，并将各项法律详慎厘订，而又广兴教育，清理财务，整饬武备，普设巡警，使绅民明悉国政，以预备立宪基础。著内外臣工，切实振兴，力求成效，俟数年后规模粗具，查看情形，参用各国成法，妥议立宪实行期限，再行宣布天下，视进步之迟速，定期限之远近。著各省将军、督抚晓谕士庶人等发愤为学，各明忠君爱国之义，合群进化之理，勿以私见害公益，勿以小忿败大谋，尊崇秩序，保守平和，以豫储立宪国民之资格，有厚望焉。①

此道"上谕"等于公开承认了中国传统封建君主专制制度不如资本主义优越，从而确立了改行宪政的基本国策，无疑是清末预备立宪的"总纲"。其规定，预备立宪的原则在于"大权统于朝廷，庶政公诸舆论"，这表明清政府开展预备立宪的目的在于维护清王朝的统治。改革官制是预

---

① 佚名辑：《清末筹备立宪档案史料》，台北：文海出版社，1981年，第43—44页。

备立宪的主要内容，也是立宪的基础。该上谕虽然没有明确指出何时真正实行立宪，但清政府此时确定了实行立宪的基本国策，清王朝由此也就进入了一个预备立宪时期。清政府宣布实行立宪，社会各界颇为关注，立宪派尤为高兴，他们奔走相告、额手相庆，将清政府的立宪视为国家振衰起弱的开始，报馆、学堂、书局等处都张灯结彩，召开庆祝会。

1906年9月2日，清政府颁布改革官制上谕，宣布改革官制，简派王公大臣及内外重臣入局讨论，选择司员，著派载泽、世续、那桐、荣庆、载振、奎俊、铁良、张百熙、戴鸿慈、葛宝华、徐世昌、陆润庠、寿耆、袁世凯等十四人为官制编纂大臣，共同编纂官制；令端方、张之洞、升允、锡良、周馥、岑春煊选派司道大员前往京城随同参议；派庆亲王奕劻、孙家鼐、瞿鸿禨总司核定。9月4日，编纂官制大臣在颐和园召开第一次会议，9月6日设立了编制馆作为办事机构，着手进行官制改革。

经过协商，编纂官制大臣根据戴鸿慈、端方奏折中的建议拟定了官制改革的五条基本原则：

第一，此次厘定官制为立宪预备，"应参仿君主立宪国官制厘定"，"以仰合大权统于朝廷之谕旨"；

第二，做到"官无尸位、事有专司，以期各符责成"，以消除"事无专责致生推诿，或人无专事致多废弛"的弊病；

第三，实行君主立宪制，三权分立，因议院遽难成立，故放置不议，先从行政、司法两方面改革，其余一切照旧；

第四，官吏职位设置上，钦差官、阁部院大臣、京卿以上各官为特简官，部院所属三四品人员为请简官，五品至七品人员为奏补官，八九品人员作为委用官；

第五，设集贤院、资政院以安置改革后的闲散官员，力图"妥筹位

置，分别量移，仍优予俸禄"。①

在此原则的指导下，清政府官制改革的方案相继出台。

编制局根据戴鸿慈等人的官制改革方案拟定了地方行政改革的意见，方案为："仿汉、唐县分数级之制，分地方为三等，甲等曰府，乙等曰州，丙等曰县。令现设知府解所属州县，专治附郭县事，仍称知府，从四品，其原设首县即行裁撤。直隶州知州、直隶厅抚民同知均不管属县，与散州、知州统称知州，正五品。厅抚民通判及知县统称知县，从五品"。可见，该方案与戴鸿慈等人的建议大体相同。但对于该方案，各省督抚却态度不一，赞同者有之，反对者也有。最后，综合各省意见，清政府颁布《各省官制通则》，在此问题上根据各省情形不一的情况进行了灵活的处理，各省所属的地方行政区域分为府、直隶州、直隶厅三种，由府管辖所属州县，直隶州辖县，直隶厅不辖县。但该问题的解决，一直到清政府垮台仍然没有最终完成。

官制改革，涉及权力的分配和几乎所有在职官员的切身利益，在各级官僚中引起了很大的震动，引起了清政府内部官员的纷争，遭到一些人的强烈反对。反对者主要是既得利益者，如军机大臣铁良、荣庆等。铁良谓："立宪非中央权不可，实行中央集权非剥夺督抚兵权、财权，收揽于中央政府则又不可"。翰林院撰文李传元、内阁学士麒德、御史涂国盛等认为改革不能波及范围过大，也不能操之过急，应从缓办理。御史张瑞荫、吏部主事胡思敬等人则认为内阁权重，将导致"用人偶失，必出权臣"，则君权岌岌可危，故而军机处万不可废。翰林院侍读周克宽则完全反对官制改革。不少官员反对清政府进行体制改革、反对立宪，认为立宪有多种弊端和坏处，会带来种种危机，内阁的设置，实质上就是夺朝廷之权。甚至连思想比较开明的张之洞也说："洞近年以来于各种新政新学提

---

① 佚名：《编制官制大臣奏厘定官制宗旨折》，《时报》，1906年9月24日。

倡甚力，创办颇多，岂不愿中华政治焕然一新，立刻转弱为强，慑服万国？第揆之民情，衡之物力，实不宜多纷更。官制各条，以洞愚见论之，似不尽与立宪关涉，窃谓亦就现有各衙门认真考核，从容整理，旧制暂勿多改。"①

朝廷内各种争论与分歧，慈禧太后也不堪其扰，其令主持官制改革的大臣们进行一定程度的妥协。于是，经官制编纂大臣及奕劻等"悉心详核，反复商榷"，中央官制改革方案和地方官制改革方案相继出台，"其所拟官制，大抵依据端制军等原奏，斟酌而成"。十一月六日，朝政府发布上谕，正式进行官制改革，考虑到反对的声音太大，改革步伐不宜太大，故而清政府决定，内阁、军机处、外务部、吏部、礼部照旧，各部尚书均充参预政务大臣，巡警部改为民政部，户部改为度支部，财政处并入度支部。太常寺、光禄寺、鸿胪寺三寺并入礼部。兵部改为陆军部，以练兵处、太仆寺并入。应行设立的海军部及军府，在未设以前，暂归陆军部管辖。刑部改为法部，专任司法。大理寺改为大理院，专掌审判。工部并入商部，改为农工商部。轮船、铁路、电线、邮政设立专司，名为邮船部。理藩院改为理藩部。外务部堂官照旧，其他各部堂官都设置尚书一名，侍郎两名。督察院设御史一名，副都御史两名。另有资政院、审计院内的设立。自此，戴鸿慈等人的官制改革方案基本得到了实施。随着官制改革各项措施的渐次推行，官制终于粗具形态。

1907年7月，清廷颁布《各省官制通则》。针对之前戴鸿慈等人所议及的传统官制内重外轻的问题，清政府将幕府改制成为职官，原来的幕僚成为秘书和参事，幕职成为辅佐官，并规定："总督巡抚衙门各设幕职佐理文，分科治事"，各督抚衙门设秘书员一人，"承督抚之命，掌理机密折

① 转引自潘崇：《清末五大臣出洋考察研究》，南开大学博士学位论文，2010年，第320页。同核张之洞：《致军机处厘定官制大臣》，《张之洞全集》，石家庄：河北人民出版社，1998年，第9563页。

电函牍，凡不属各科之事皆隶"，秘书之下设参事员，交涉、吏、礼、民政、度支、学、军政、法、农工商、邮传十科各设参事员一人，"承督抚之命，就主管事务，掌理各项文牍"。[①]

总体而言，戴鸿慈等人所构想的官制改革，是根据西方"三权分立"的政治原则所进行的改革，但清政府实际所推行的官制改革与其设想还是有很大区别的。譬如，责任内阁作为西方立宪制度下行政权行使的重要机构，该方案并未提及，这反映出清政府不甘于将手中的权力让渡出来，故而改革的过程中依然着眼于加强中央集权，其改革只限于皮毛。由此，戴鸿慈等考政大臣按照宪政国家三权分立的原则改革清政府中央行政机构的构想最终落空。正如杨度指出的——

　　五大臣归朝后，不费若何之气力，而使朝廷颁出一预备立宪之空文，至于官制改革之实事，则盈廷反对，卒无丝毫之效果，致使预备立宪之谕，亦几于虽有若无。

其认为改革力度局限于此，根本原因在于："盖政府宁肯与人民以一尺之空文，不肯与人民一寸之实事。"[②]

然而，虽然清王朝的官制改革并没有完全采用戴鸿慈的方案，但这次改革改变了中国传统以皇帝为中心的政治体制，使中国朝着近代化道路迈出了一大步。在清朝末年的这场涉及政治体制变更的改革中，戴鸿慈全力以赴，积极倡导，大胆发表看法，这些经由其独立思考得来的政治见解，反映出其为人处世的稳健风格和政治品德。他认识到西方政治制度比中国传统封建君主专制体制的高明之处，对西方民主制、议会制高度赞扬，但也坚持辩证地看待问题，能深入思考西方制度所处的历史文化背景，指出

① 佚名辑：《清末筹备立宪档案史料》，台北：文海出版社，1981年，第506—507页。
② 刘晴波主编：《杨度集·一》，长沙：湖南人民出版社，2008年，第401页。

欧洲各国的政治制度固然很好，却并非完美无缺，也存在弊端，而且有的地方也与中国的国情相差太远，故而中国的改革绝对不能照搬照抄西方，但应借鉴。如美国"以工商立国，纯任民权"，政治体制及社会环境等都与中国不相同，故而无法照搬其制度，但却有诸多值得效仿之处，如"其规制之周详，秩序之不紊，当日设施成迹，具在简编，要其驯至富强，实非无故，借资取镜，所益甚多"。

总之，戴鸿慈对待西方制度的态度是审慎的，其反对全盘西化，主张一定程度上汲取西方政治制度的内容，这种态度无疑是基于对国家民族发展方向的冷静思考。他属于清政府统治集团的一员，有着不可避免的时代和阶级的局限，其身份决定了他是以清政府的统治利益为原则，故而其改革主张不可能突破君宪论，不可能赞成共和革命。但同时他又关注国家民族的发展与进步，急于改变原有的阻碍社会发展的君主专制制度，主张仿效德、日等国的体制，在中国实行君主立宪。其立宪主张和策略，反映出略显保守的政治观念和立场，但不可否认，其政治观念中仍有不少进步之处，如他积极推动清政府进行政治改革，对于日本、英国、美国等西方国家的政治制度有客观公允的评价，希望中国经过改革也能如西方国家那样发展起来，实现国富民强，希望清政府重视人民权利，通过改革消除满汉民族之间的"畛域"，从而达到"上下相安""相维"，"君民一心"，而"收举国一致"、同"臻富强"等实效。这些希望和积极推动国家发展与进步的做法，无不反映出戴鸿慈满腔的爱国情怀和积极追随时代潮流的进步思想和开阔胸襟。

第二节　军事改革

中国近代军事发展史是一部用血和泪铸就的历史，写满着近代中华民族备受西方列强侵略的屈辱，也反映了中国人民寻求摆脱西方侵略而奋力

发展的心酸历程和不屈不挠的反抗精神，也凸显了中国在军事科技和管理上从传统向现代转型的过程。戴鸿慈在军事领域提出的改革主张与策略，反映出其试图改变中国积贫积弱局面的爱国之情。

一、晚清的军事改革历程

清朝政府，是满人贵族建立的封建政权，其从游牧民族发展而来，入主中原后，在军事上奉行"以骑射为根本"的原则，在军事人才的选拔上则沿袭了明朝的武举制度，主要关注军人骑马、射箭等技能，忽视理论教育。随着承平日久，管理腐败，吃空饷、抽大烟等现象日渐盛行，到了晚清时期，清政府八旗、绿营日渐废弛，战斗力低弱。随着列强历次侵华战争的进行和对华侵略的逐步加深，国防力量衰颓的问题完全暴露出来，成为清政府不得不关注的重要问题。

第一次鸦片战争后，西方列强用坚船利炮轰开了中国的国门。此时，八旗、绿营战斗力低、武器装备落后的状况已经十分明显。但这是中英之间甚至是中国与西方列强的首次交锋，虽然清政府以失败而告终，但其仍自诩为天朝上国，文武百官也认为胜败乃兵家之常事，不值得大惊小怪，故而这些人并没有觉察中西方之间的差距，林则徐、魏源开眼看世界的呼声并未引起国人的重视，林则徐在其辑录的《软尘私议》中描述：

> 和议之后，都门仍复恬嬉，大有雨过而忘雷之意。海疆之事，转喉触讳，绝口不提，即茶坊酒肆之中，亦大书"免谈时事"四字，俨有诗书偶语之禁。[1]

然而，第二次鸦片战争，清政府再次战败，再次签订不平等条约。两

---

[1] 中国史学会主编：《鸦片战争（五）》，上海：上海人民出版社，1957年，第529页。

次鸦片战争的创伤，从毫无知觉到创巨痛深的过程，无疑深度暴露了清王朝在军事上的羸弱、武器装备上的落后、人员素质的低下、军事组织的涣散、作战方式的落后等。

在与西方坚船利炮两次交锋之后，终于，清政府内一些有识之士开始认识到了中西方之间的巨大差距，以奕䜣、曾国藩、左宗棠、李鸿章等人为首的洋务派的官僚，为了维护和巩固清王朝的封建君主专制制度，出于镇压农民起义和抵御外敌入侵的双重目的，开启了洋务运动。但洋务派普遍认为中西方之间的差距主要在武器，李鸿章认为中国政教文明无与伦比，是西方不能比肩的，独火器不及西方。曾国藩也认为西方的优势在于武器先进，而武器先进在于工业发达。故而，学习西方，开办工厂，培养人才是关键。曾国藩说："欲求自强之道，总以修政事、求贤才为急务，以学做炸炮、学造轮舟等具为下手工夫。""况今和议既成，中外贸易，有无交通，购买洋器物，尤属名正言顺……继而试造，不过一二年，火轮船为中外官民通行之物，可以剿发捻，可以勤远略。"[1]因此，他们秉承"自强以练兵为要，练兵又以制器为先"的方针，首先兴办近代军事工业，仿造西式枪炮和战舰，开办机器制造局、船厂，后又在"练兵与制器相为表里"的思想指导下，着手整顿、编练军队，聘用德国教习操练军队、开办武备学堂等，中国的新式海军得以发展起来，北洋舰队、南洋舰队等迅速成军。

提升清政府的军事力量无疑是洋务运动的重点。洋务派通过引进西方先进武器，改良装备，采用西式方法训练士兵，开启了中国军事近代化的历程。但由于传统武科考试仍然延续，该时期清政府在军队编制、军事教育等方面进展仍十分缓慢。1875年，时任直隶总督兼北洋通商大臣的李鸿章选派了七名淮军军官前往德国学习军事，开启了中国近代军事留学事业之先河。1877年，又有三十名学生分别赴英、法等国留学，学习欧洲诸

---

① 曾国藩：《曾国藩全集·奏稿》，长沙：岳麓书社，1994年，第1603页。

国的舰船制造与舰船驾驶、海军指挥技能等。此后，共有百余人赴英、法留学，为清朝海军的建设积蓄了力量。1885年，李鸿章创办了近代中国第一所陆军学堂——天津武备学堂（又称北洋武备学堂）。然而，总体上说来，由于受洋务运动"中学为体，西学为用"宗旨的束缚，该时期军队的管理教育，仍以封建纲常伦理道德体系与宗法思想为基本内容，封建色彩十分浓厚，军事制度上并没有根本的变化，在作战的指导思想等方面也严重滞后于武器装备的发展。可以说，洋务运动只是开启了中国近代军事的半现代化。因此，几十年的洋务运动并没有使清王朝强大起来，中日甲午战争中清政府北洋水师的全军覆没标志着洋务运动的破产，也意味着洋务运动在军事方面所进行的变革并没有从根本上改变清王朝军事落后的状况。

甲午之战，泱泱大国被蕞尔小国日本所击败，中国人无疑受到很大的刺激，朝野震动，大臣们纷纷条陈时务，主张全面仿照西法创练新式陆军。清政府也认识到日本在侵华战争中"专用西法取胜"，故而得出"仿用西法创练新兵为今日当务之急"的结论，决定仿效西方编练新军。八国联军侵华，《辛丑条约》的签订，中国更是在半殖民地半封建社会的深渊里越陷越深。可以说，甲午战争的失败和八国联军侵华极大地震动了清政府，军事领域改革被视为清末新政的重要内容而迅速开展起来。

20世纪初年清政府开启的清末新政，涉及政治、经济、军事、教育等各方面，其中，军事改革被置于十分重要的位置。清政府确立了全面学习外国先进军制的方针，试图以日本的陆军编制为蓝本，普练新军。1901年，传统的武举考试被废止。1903年，清政府开始重视军事教育，并成立了练兵处，考察督练全国军队。如清中央政府制定了《陆军学堂办法》二十条，投入大量的人力、物力、财力，在全国广设学堂，设立四级三类军事教育体制，建立了由陆军小学堂、陆军中学堂、陆军大学堂和专门军事技术学校组成的较完整的军事教育体系。教育内容上，与洋务运动时期相比也有极大变动，不再仅仅是学习西方的技艺，教育的体制方面也有所调整。可以说，该时期，清代的军制正式步入了近代化的道路。

二、戴鸿慈的军事改革主张与策略

在近代中国屡受外来侵略的背景下，在清朝末年中国军事教育有所发展的基础上，出洋考察的大臣们十分关注军队战斗力和国家军事实力提高的途径，他们对西方军事教育的状况进行深入考察和梳理，并与各国大臣进行交流，试图借鉴西方军事教育发展的经验以加强清政府国防建设、提升军队的管理水平，使军队真正担负起保卫国家安全的职责，使中国彻底结束近代以来受西方列强侵略的悲惨历史。

德国是19世纪末年世界经济发展居于前列的国家，军事上更是"陆军强名，几震欧海"。该时期的德国，继承了普鲁士军国主义传统，政治与经济依然保留着大量的封建残余，皇帝有着非常大的权力，其既是帝国行政的最高首领，也是帝国军队的最高统帅，可以代表帝国宣战、结盟、缔结条约等。戴鸿慈对德国富国强兵的发展路径十分感兴趣，认为效法德国是刻不容缓之事。西游途中，戴鸿慈参观了德国的一所武备学堂。在这所小学堂里，学生在学习科学文化知识的同时，还要从幼年开始便进行军事训练，他们要学习跳高、绳渡、击技、泅水、骑马等技能，毕业后再进入中学、军营、大学学习。戴鸿慈颇为感慨，认为德国"强盛之有自来矣"。戴鸿慈曾与德国皇帝交谈，分析德国迅速发展的原因。德国皇帝曾论及"中国变法必以练兵为先，至于政治措施，正宜自审国势，求其各当事机，贵有独具之规模，不在徒摹夫之形式"，戴鸿慈深以为然，觉得德皇之言甚为恳切。[①]

考察日本时，戴鸿慈看到日本的维新事事取资于德国，行之三十年，遂至勃兴，"日本中学堂皆习武备，其卧室悉如军中之制，不许携箱箧杂

---

① 佚名辑：《清末筹备立宪档案史料》，台北：文海出版社，1981年，第9—10页。

物，盖即仿效德制者也。日本自政治、法律、风俗习惯，无一不描摹德派，非独学事为然，而学堂尤其显著者已。"戴鸿慈在考察过程中看到西方各国为培养合格的军人，提高军人的素质，在军事教育投资方面可谓不遗余力。比如，美国的水师学堂投入颇高，由户部拨给此校学生每人每年五百美金，学生可以用来支付食品、服饰、书籍、仪器等费用。戴鸿慈认为美国军事发展迅速，与政府的重视分不开，"乃知幼稚而进于老成者，非偶然也。"

考察丹麦、瑞典、挪威之时，戴鸿慈也觉这些国家虽小，特别是丹麦与挪威，土壤之狭，人民之少，不及中国一省。但也让人不能小觑。其处于德、俄两个大国之间，如挪威，与俄国接壤，其强邻环伺的情形与中国相似，"然揆其立国之本末，教育、工业均极讲求，大抵学堂林立，男女无不入校读书者，而商务则各占优胜。"其出口货物甚多，质量为其他国家所称赞。"海陆各军虽不能经营周备，然各有铁甲战舰数只、十数只不等，鱼雷快艇又十倍其铁甲之数，盖其自揣虽必无战胜攻取之功，而实不敢忘防守自全之兵。况丹挪之制造快枪，瑞典之操习马队，亦皆有以自见，非他国所能轻视者。"[1]戴鸿慈曾与挪威的兵部大臣商讨练兵之法，其建议，"练兵必先练将，有将即有兵，又必先能自造械而后可。"

在奥地利首都维也纳，戴鸿慈考察后感叹该国"考求武备，专用全国皆兵主义，与德国如出一途。论者谓其兵俭朴耐劳，实为此邦特色。而工厂中则枪炮、子弹、鱼雷、铁甲占数最多，规制亦甚详备，臣等所见如史高德炮厂、曼里夏子弹厂、怀铁特鱼雷厂，经营缔构，几几欲与德之克虏伯争衡。奥国海口极少，其缮造铁舰乃复不遗余力，现在自造头等铁舰三艘，皆重一万余吨，机器灵便，多出新式，欧洲各国咸称其所造之炮于海军最为相宜，订购几无虚口。即各厂所造子弹，亦大半兼应他国之

---

① 佚名辑：《清末筹备立宪档案史料》，台北：文海出版社，1981年，第13页。

求。臣等遇事咨询，乃知外人备戒不虞，各有不敢一日忘战之心，其能力正不可及"。①

鉴于当时清政府长期备受西方列强侵略的历史，在中外关系中动辄得咎、割地赔款的现状，戴鸿慈非常希望国家能加强军事建设来抵御外侮，摆脱被列强侵略的状况。在出洋考察的日子里，他对西方军事建设状况与做法做了颇为详细的调研，也深感清政府与西方各国在军事上的差距，也认识兵力与国力乃相辅相成的关系，强调请政府应加强军队建设，"兵力与国力互为轻重，兵力不足则国力必不可恃，国力愈大则兵力亦必须递增"。②其在回国后将自己的感想和建议形成文字，上奏清政府，希望朝廷能尽快改革，故而接连上了两封奏折。在《请以取法德国为主改革军政折》中，戴鸿慈谓：

> 今日举国关系，莫重于军，数十年来外患迭兴，国势日蹙，盖已岌岌不可终日，幸值国家闲暇，得以整饬军政，若训练不能有功，将一蹶必难复振，故无论朝野上下，皆当注力于此。而其切要方法，仍在不徒求形式而激励精神，不自恃完全而力求进步。有精神，有进步，则虽兵少饷单亦可谓之有效；无精神，无进步，则虽兵多饷足亦可觉其无功。且中国今日不重在有兵，而重在能战，此后事变之起，虽不必轻言用兵，而至外侮相逼之时，亦难置兵而不用，是预备虽在于平日，而收效实在于将来。③

戴鸿慈、端方在《军政重要请取法各国以图进步折》中奏请从十个方面师法德国改革军政：

---

① 佚名辑：《清末筹备立宪档案史料》，台北：文海出版社，1981年，第16页。
② 端方：《端忠敏公奏稿》，台北：文海出版社，1964年，第816页。
③ 佚名辑：《清末筹备立宪档案史料》，台北：文海出版社，1981年，第148—149页。

第一，"军事大政谨拟恭请皇上亲御戎服以振士气"。其认为军事改革不仅在于器械技术上的改进和提升，更在于士气之奋发，"士气不扬，军心必先自挫"。在提倡士气方面，各国的做法不同，但无论是君主国家还是民主国家，都是由国家元首着戎装军服、担任海陆军最高统帅，"诚以军政本君主之大权，非臣下所能干涉"。如德国，就是由德皇亲自督率军队进行演习，在沙俄，俄皇"躬冒风雨，校阅新军，其军士无不激励欢呼"。戴鸿慈认为由皇帝亲自督率军队是提升士兵士气的重要途径，故而中国的改革，也应仿效德、日德做法，由皇帝亲御戎服，亲自掌握军政大权，统率大军以振士气，宜参考古今中外戎服制度，"敬备御用军服"，振奋士气。[①]

第二，"军事行政宜重加厘定"。改兵部为陆军部，作为专门的军事行政机关，统筹一切军事事宜，以练兵处并入。同时调整练兵处，将军令司改设为参谋本部，设置总长，内分四小部，第一部负责本国战时各事，第二部负责外国军政，第三部负责相关设施及军事人员之修学养成等事宜，第四部负责军队操练及要塞诸事。

第三，"海陆军制度宜次第筹画规复"，筹划和发展海军。欧美各国都非常重视海军的发展，"视海权与国权等重"，于海军建设不遗余力，而中国的海军在甲午战争中损失惨重，"挫失无遗，人财并穷，规复难望"，加以胶州、旅顺军港被他国强行租借，是以"论者谓中国几于无海，可为寒心"。而当时的国际形势，列强时时觊觎，不能放松警惕，必须加快发展，"处列强竞争之世，不能闭关自守，一旦有事，赴敌应援，皆惟舰队是赖。海军之不立，不徒无军，是不有其海也。"故而应设置专款，仿效西方逐步恢复和发展海军，先以五年为期造就军官、兵舰、军港、衙署等，继而加紧培养人才、广立军港、扩充船厂，使国力增强而不

---

① 端方：《端忠敏公奏稿》，台北：文海出版社，1964年，第810—812页。

为列强所左右。①

第四，"征兵之法宜实行全国"，实行全民义务兵役制。中国素来没有严格的征兵制度，在中国传统观念里，当兵并不是好的出路，乃为"贱业"，清末新政期间练兵处开始"寓募于征"，较之前的募兵之法有所进步，但受之前的观念和做法的影响，仍有很多弊端，如"应征者多属单寒，不及富家贵族，则仍有鄙夷不屑之见，而全失各尽义务之心"。为改变此种状况，清政府应该仿效西方国家实行义务兵役制，当兵为国民义务，人人都必须服役，"虽富者不许雇代，贵者不得要邀除"，"逐年退伍，逐年征召，平时可以少数之费养战时多数之兵"，让士兵们知道为国服役是光荣的事情，"兵制铜章全仿德日成法，酌量厘定，庶几天下之士闻风向慕，不复以当兵为苦累矣"，从而增强其保家卫国的责任心。②

第五，"军事教育宜明示方针"。西方各国都十分重视对军人的精神教育，如德国训兵之旨"以保守其尺寸土地为先"，故而其教育士兵必须"尽忠义、正礼义、尚武勇"；而日本则要求士兵必须"尽忠节、正礼仪、尚武勇、崇信义、守质素"。相比于西方诸国，清政府的军队在对士兵精神教育方面尤其薄弱，"有练而无训"，导致"宗旨不一，精神不完"。因此，国家应明定军事教育的宗旨，加强对军人的教育，增强其尚武精神。③

第六，"高等兵学宜速成修习"，设立高等军事速成堂。戴鸿慈注意到西方诸国都有军事学堂，且根据学生的实际情况分不同专业来培养军事人才，如德国设有各级陆军学堂，陆军大学堂教以帅兵、参谋诸要务，武中学堂培养士官学生，士官学堂培养初级武员，专科学堂则分别培养

---

① 端方：《端忠敏公奏稿》，台北：文海出版社，1964年，第815—816页。
② 端方：《端忠敏公奏稿》，台北：文海出版社，1964年，第816—817页。
③ 端方：《端忠敏公奏稿》，台北：文海出版社，1964年，第817—818页。

步、马、炮、工各专科学生。而中国军事人才十分缺乏，"兵学久荒，人才因之缺少，近年改易军制，由学堂出身人员较多，然于帅兵、参谋诸学术大半诣力未底完全"，而各省新军中，"只士官粗有规制，余均未能举行"。故而建议在京师设立速成陆军大学堂，从各省军队中选拔人员前往学习，先培养出一批人才，待他们学成之后回队转相教授，在此基础上进一步培育。同时设置陆军学堂办法，兴办各级学堂，待士官学堂办有成效后再取消速成学堂，仿照德国之制，"专设大学堂以教士官学生，裨养成帅兵、参谋之资格"。①

第七，"贵胄子弟宜出洋入伍"，派贵胄子弟出洋学习军事。德国自皇子、亲王以至贵族子弟，无不入伍从军，形成尚武的风尚，"是以举国材智，无不争趋于军界"，国家因此强大。而中国自古崇文不尚武，必须改变这种观念才能推动国家强盛，故而需要政府在此方面大力提倡，可仿效德国、日本等国王公贵族学习军事后在军队中任职的做法，派中国的贵胄子弟前往德、日等国学习军事，选择马、步、炮、工等科，入伍肄业，学成回国后与陆军学生一体任用。②

第八，"军火器械宜建厂自办"，在国内建厂自制军火。端方、戴鸿慈在西方考察过程中十分关注其军工企业，参观了西方的武器制造工厂，发现各国军械基本都产自本国。如美国法律规定，"美国军备必以美国材物修之"，德国军队的衣食、器械等也由本国生产。即便兵备稍弱之国，如丹麦、瑞典等，也都有自己的枪械、船舰厂。军工企业的创办，十分重要，能"供战时之取求"，也"防利权之外溢"。对此，戴鸿慈感慨万分，谓中国仅有上海、汉阳两处军工企业，且十分落后，制造多不精良，遇有战事，各类军械皆从外国购买，以前还常有购自外国的武器落后且"买旧式朽钝之器以充数"的情况，耗费了巨资却没有买到先进的武器。

---

① 端方：《端忠敏公奏稿》，台北：文海出版社，1964年，第819—820页。
② 端方：《端忠敏公奏稿》，台北：文海出版社，1964年，第820—821页。

而且，长期依赖进口也非长久之计，军械被他国掌握，"得之则生，不得则死"，无异"以性命属诸他人"，故而建议全国统一预算武器装备弹药等，自己制造，专款负责，分设各厂，多造子药。①

第九，"战时计划宜预先筹备"。为防患于未然，西方各国军政都有动员计划，"其大要在举战时事宜皆一一预为准备，先行计划而已"，这其中涉及战时物资的准备、运输等各方面，"事无巨细缓急，皆须规划井井，一目了然，一旦有事，应付始可裕如"。戴鸿慈论及中国在此方面十分被动，从而导致晚清以来多次战争中总是仓促应战，因而屡战屡败，故应仿效各国做法预先筹划，时刻做好战争准备，避免仓促上阵的情况再次发生，"凡已练之军，皆当妥筹战备，逐年计划"，并有专员负责检查"其实在准备是否与其计划相符"，"如此行之数年后，新军规为必可大备。即使事起仓猝，亦可稍有把握，纸上谈兵之诮庶可免也"。②

第十，"军人位置宜优定章程"，制定章程优待军人，使奖恤有别。西方各国优待军人的举措让戴鸿慈、端方非常感慨，认为这是鼓励士气的重要方式，能激励国民担当起保国卫民、忠君亲上之责。尤其是在列强环伺的背景下，军人更因受到优待。故而练兵处应遵照各国的做法，制定章程，厘定优待军人之法，凡平时、战时著有功绩以及在发明新械、新学等方面有裨军政者，不论将领还是士兵，都要进行奖励，"稍寓特别从优之意"，以绝"往日不屑当兵之谬说"。③

总之，戴鸿慈、端方的奏折，涉及军事建设的各方面，内容十分详细，且具有操作性，对于清政府正在进行的军制改革以及新军建设无疑大有裨益。

除此之外，戴鸿慈还非常关注边疆的防务问题。宣统元年（1909），

---

① 端方：《端忠敏公奏稿》，台北：文海出版社，1964年，第822—824页。
② 端方：《端忠敏公奏稿》，台北：文海出版社，1964年，第824—825页。
③ 端方：《端忠敏公奏稿》，台北：文海出版社，1964年，第826—827页。

戴鸿慈报聘俄国专使大臣，远赴莫斯科，礼成回国，途经东三省，目击日俄在我国东北争夺经营，拓地殖民，其对东北人民的生活及国家民族的前途大为忧虑，其从中不仅看到了东北经济发展的困境，看到了普通民众生活的艰辛，还看到了振兴东北经济对加强边疆地区防务的重要作用。其奏言："此次奉使，道经东三省地方，目击日俄二国之经营，拓地殖民，实有狓焉思启之虑。非急筹抵制，无以固边围；非振兴实业，无以图富强。"经过审慎思考之后，戴鸿慈参照在国外考察中所获知的西方各国的发展经验，提出了发展中国东北的方案，其认为，东北财力竭蹶，工商业稀少，发展办法，"惟有因其已然之迹，而扩其自然之利"。具体办法是：

1. 垦殖。"查三省垦务，业已此地辟，由各省官荒推及蒙旗，均经先后开放"。但事实是顾垦务方面尚无起色，原因在于放荒者只计荒地之多寡，而不问垦殖之兴衰，揽荒者只知垄断以居奇，而不体恤领户的艰窘，从而导致垦务堕坏。故而戴鸿慈认为，应仿效西方实行小农地、大农地的方法加强垦务：

> 曷言小农地？就本地蒙户编列户籍，按口授地，贷其籽种，给其资粮，宽其赋税，免其徭役，无追乎之忧而有耕凿之安，变榛莽之区而为沃饶之壤，数年之间，成效可睹，此变通小农地之说也。曷言大农地？直省大资本家鸠集股本，组织移民开垦公司，划给大段生荒，徙民往垦。官任保护，明示十年之后，始议升科。其运载移民之轮船、火车特别面价或酌给半价，有能纠集大公司办有成效者，破格奏奖。如是则移民日众，垦地日多，较之曩时巨户揽荒，只图转售牟利，转售无人，终成荒旷，其利害得失相去悬绝，此变通大农地之说也。由前之说，足以裕蒙，由后之说，足以实边。边地多一人之移植，即多一人之捍御。将来垦务既盛，可仿屯田之法，寓兵于农。移民即以集兵，力田即以

供饷，是又操其券也。

2. 森林。戴鸿慈认为，森林之重要性，古人已对此有所认识，"山虞林衡，载在《周礼》，林麓之重，古昔所重"。而各国林业都设有专官在此方面加强管理，原因在于材木之用途十分重要，带来的利益十分丰厚：

> 臣此次赴俄，自入西伯利亚路线以后，森林绵亘，数千里弥望无际，其中以桦木、森柏为多。俄车伐薪以代煤，轨道两旁，积薪如堭，备沿途接济之用。此外，若垫路、若造车，及一切停车之驿场、侨民之庐舍，皆就地取材，用之不竭，而我满洲里以内之境，林木顿疏。以原隰之广、幅陨之长，而令濯濯童山繁植无望。凡有制造，转资洋木，利源外溢，所失尤多。

因此，国家应该重视林业的振兴，设置森林局，遴选贤员，认真督理。"其入手办法，应先周历履勘，察其地利，辨其土宜"。对于不宜种植谷麦的地方，即划为筹办森林区域，并绘图贴说，咨会各直省督抚，明定奖格，劝谕绅商兴办林业公司。凡一切保护之责、经营之方，皆严立规则，以资遵守。遵照此方法办理，则可为边境地区开辟一大利源，十年以后，材木不可胜用矣。戴鸿慈认为，如果从以上两方面着手进行规范，只要办理得宜，一定可以"立疆圉富强之本，即以杜邻邦窥伺之谋"。"国计边防，所关非细，将来财力稍裕，兴学以迪蒙智、开矿以辟利源，广铁路以利交通，筹兵屯以资捍卫。又当权其缓急后先之序，以为措施之准耳。"[1]奏折中，戴鸿慈将东北的垦荒与边疆的卫护结合起来，提出的振兴东三省实业的举措应该是非常切合实际且具有操作性的，也获得了清政府

---

① 佛山市图书馆整理：《（民国）佛山忠义乡志》，长沙：岳麓书社，2017年，第577—578页。

的赞许。清政府由此下旨东三省督抚，农工商部、邮传部等按照戴鸿慈奏折内容筹议施行。

第三节　教育改革

戴鸿慈曾任职地方学政，对教育问题颇有感悟，其在西方各国考察期间，戴鸿慈对西方诸国的教育体系和做法有了一定的了解，他将其与西方国家的强大结合起来，反思清朝政府备受西方列强侵略的原因，分析其教育落后的现状，提出了诸多改革教育的策略。

一、晚清教育改革的背景与戴鸿慈的思考

两次鸦片战争，击破了清政府天朝上国的迷梦，使之开启了学习西方的近代化举措。洋务运动时期，清政府学习西方的举措包括了教育领域的改革，如创立和发展洋务学堂、培养各类专门人才、派遣留学生出国留学等。但洋务运动终究是为了巩固清王朝的封建君主专制统治而开展的改革运动，这就决定了当时的教育理念是在不触动封建君主专制制度下的一种自我调整。

随着晚清时期西学东渐的进程，部分有识之士在一定程度上了解到西方教育状况，就号召国内学习西方的做法，提高国民的素质。如薛福成在《出使四国日记》中说："西洋各国教民之法，莫盛于今日。凡男女八岁以上不入学堂者，罪其父母……学校之盛有如今日，此西洋诸国所以勃兴之本原欤。"[1]无疑，薛福成已经了解到西方诸国对教育的重视以及教育对国家发展的重要作用，而后来的维新运动，更是在培养新式人才上发力，

---

[1]　薛福成：《出使四国日记》，长沙：湖南人民出版社，1981年，第72页。

即便戊戌政变发生，京师大学堂依然被保留下来。

　　清末新政期间，清政府也已经在教育方面开启了一些改革举措，如1903年，清政府令张百熙、张之洞等人以日本学制为蓝本，拟订了学堂章程，并于1904年1月（光绪二十九年十一月）颁布，即被后世称为"癸卯学制"的《奏定学堂章程》。这是一个完全不同于传统学制的新的教育制度。这一章程规定的学制主系列划分为三段七级。第一阶段为初等教育，包括蒙养院四年、初等小学堂五年和高等小学堂四年，中国幼儿教育制度正式开始建立；第二阶段为中等教育，中学堂五年；第三阶段为高等阶段，设高等学堂，学制除政法科及医学修业四年外，余均为三年。学制的主系列之外另设师范学堂和实业学堂。师范学堂分为初级师范学堂和优级师范学堂两级，为吸引贫寒家庭的子弟入学，该章程规定师范生无需交纳学费。实业学堂分为实业教员讲习所、农业学堂、工业学堂、商业学堂、商船学堂等五类。

　　1905年8月，清政府颁布《谕立停科举以广学校》，自隋唐以来历经一千多年的科举制度终于被废除，这无疑是中国教育史上的大事，为现代学堂的兴起和发展扫除了障碍，各地纷纷兴办新式学堂，中国的新式教育在此时期得到空前发展。然而，"癸卯学制"基本是借鉴日本教育体制而来，课程设置上尤其注重读经，具有浓厚的封建性，而且其受传统思想的影响，忽视女子教育，不设女子学堂。该学制1903年颁布，一直施行到1911年清政府覆灭。总之，清朝末年，教育尚处于起步阶段，民智未开，对此，不少朝廷大员早有认识，如端方就曾提及："今日民智犹湮，一乡之中愚者百，不愚者一。四民之内学者一，不学者三。"其认为这种状况拖累了国家的发展，不利于改革的进行，"倘一任其自安晦盲，则将何以明立宪法"。[1]

---

① 端方：《端忠敏公奏稿》，台北：文海出版社，1964年，第829页。

鉴于中国的教育现代化刚刚起步，戴鸿慈自然十分关注西方教育的做法，其特别强调自己在此方面十分上心，"臣等奉命考察政治，知本原所在，教育为先，故于学务一端，颇为殚心研究"。其对清末新政时期学部设立后，政府没有很好引导的状况颇感痛心，感觉中国的改革必须加强发展教育，奋起直追。故而，考察团参观了西方诸国的许多大、中、小学堂，包括普通教育、高等教育和专门教育等，如其考察闻名世界的斯坦福大学、加利福尼亚大学伯克利分校、哥伦比亚大学、康奈尔大学、哈佛大学、耶鲁大学等，对各国各级各类学校的基本情况、学科设置、教学设备、教学环境、在校学生人数、教员人数、学校的经费情况、学生年龄、是否有女学生及女生所习科目等方面进行了深入而悉心的考察，也向多个国家的政府官员或专家请教教育改革的方法，了解各国的教育制度以及发展的基本情况及在提高全体国民文化水平和整体素养方面的重视程度。戴鸿慈结合其海外考察期间的所见所闻，用一个全新的视野、全新的思路总结出了教育的意义。其谓，教育的目的：

> 并非专为储才，乃以开通民智为主，使人人获有普及之教育，且有教育之知能，上知效忠于国，下得自谋其才。其才高者，固足以佐治理，次者亦不失为合格之国民，兵农工商，各完其义务而分任其事业。[1]

戴鸿慈认为西方国家的强大与教育有着重要的关联，深切感悟到教育至关重要，"强富始基归于学术"，认识到西方各国实行义务教育是国家强盛的根本原因，但同时，其对各国教育的特点也有较深的认识。如美国实行联邦制，各州地方自治，由地方自己管理教育。戴鸿慈与端方先后

---

[1] 舒新城编：《中国近代教育史资料》，北京：人民教育出版社，1981年，第63页。

参观了哥伦比亚大学、哈佛大学、耶鲁大学、威尔斯利女子学院、康奈尔大学等十间大学及多所中小学，戴鸿慈认为美国的教育，"民间自有成法，不烦政府之引绳"。而俄国与意大利等国在高等教育方面关注较多，故而培养了诸多出众的人才，但这些国家没有全民普及教育，故而影响到人民谋生的方式，普通民众谋生手段有限。奥地利、丹麦、瑞典、挪威、荷兰等国，"于义务之年"，基本都实行强迫教育，取得了较好的成效。"奥匈两处教育，均以强迫为先，办法章程亦与德国大致相合。匈牙利幼稚园分寻常、特别及夏期三种，办法制度尤为完善。盖外人之驯致富强，初无他术，仍不外教育之普及，制造之精良，要皆不耻相师，期于尽善而已。"[1]各国的初级教育，教学内容十分丰富，不仅有文化知识，还注重提升学生的谋生技能，如某些技术类课程，重在培养学生基本的谋生手段。瑞典根据本国环海的实际情况，培养男生的织网技术，女生的制衣技巧，上课的时候，往往由教员演示，学生也有自己亲自操作的机会，意图在"大家要取各长一能，且为贫民子弟教以谋生之术。故小学必设手工课，意诚善也"。

最让戴鸿慈印象深刻的是德国的教育，其在对德国各类学校进行考察之后，看到德国实行普及教育，而且专门教育程度也很高，其十分感叹而日本的学制，就是效仿德国而来，故而培养了众多人才。日本以教育兴国，"其富强之效，虽得力于改良法律，精练海军，奖励农工商各业，而其根本则尤在教育普及"，戴鸿慈认为，大力发展教育事业，是日本能够在短短几十年的时间中"名誉隆于全球，位次于头等"的根本原因。故而戴鸿慈认为清政府的改革："务在采他国之优长，资实行之方法，不因浮慕高远，徒立虚名，不以惮于更张，苟安习惯。"[2]

端方、戴鸿慈对西方国家的女子教育印象深刻。西方近代女子教育发

① 佚名辑：《清末筹备立宪档案史料》，台北：文海出版社，1981年，第16页。
② 佚名辑：《清末筹备立宪档案史料》，台北：文海出版社，1981年，第961—962页。

展很快，男女同校学习的现象非常常见，戴鸿慈记录了美国斯坦福大学有男女学生数千人；加利福尼亚大学伯克利分校有男生两千五百人，而女生也有千余人；哥伦比亚大学男女学生共有四千人。他们还特地考察了一些专门的女子学校，如美国加利福尼亚女学院、威尔士利女学校等，参观学校的大讲堂、藏书楼、阅览室、餐厅、会客室等，并将国外考察情况及时汇报于国内。慈禧太后对此也颇感兴趣，同意兴办女子教育。《申报》对此有所报道，谓："考察政治端、戴两大臣日前有电到京，闻系陈明美国女学校之章程及一切内容最为完善，中国女学函宜仿行等情。两宫览奏，颇为欣悦。现已发内帑十万两，派肃王之姊葆淑舫夫人先行组织师范女学一所。"①

二、戴鸿慈的教育改革方案

考察回国后，戴鸿慈综合各国情况及对比本国现状，向朝廷陈述了各国教育的基本情况，并提出了有关中国教育改革的一些具体方针和策略。戴鸿慈与端方一道上呈《考察各国学务择要上陈折》，阐发了自己对教育的看法，认为教育为国家富强之基础，而——

> 我国以二三学家，创谈学务已十余年，考览未周，遽为兴办，而学部设立独后，一切听民间自为。虽欲不滋歧误，又安可得？急起直追，改良图进，其在今兹，犹未晚也。
>
> 臣等查美国施行教育，民间自有成法，不烦政府之引绳。至于俄、义二国，致力高等教育，不少绝特出众之才，而于普及之方，未能周备，故谋生道隘，而乞丐尚多。奥、丹、瑞、挪，荷兰诸邦，皆于义务之年，加之强迫，入其国境，民俗整饬可观。

---

① 佚名：《两宫发内帑兴办女学》，《申报》，1906年5月4日。

德国则教育行政，灿乎大备，专门之程度既高，普及之教思尤广，故在欧洲即有学界广领之称。而日本学制，专仿德国，至今学士、博士，游历调查，络绎相望，多有著述，以资改良，炳然同风，遂为强国。夫皮传外国之法，以办中国之事，其势固有所不能，顾导师具在，犹复冥行挞途，分歧百出，欲事之治，乌可得乎？

故而戴鸿慈倡言教育改革，在此奏折中提出了设立教育行政机关、明订教育宗旨、建立模范学堂以及核定学堂所需经费以实行普及教育等六条建议，主张清政府设立教育行政机构，在中央设立学部掌管全国教育，下设各司，而在各省设立提学司，管理和加强地方教育，从增强国民文化素质入手培养人才，达到国富民强的目的。具体内容如下：

第一，厘定教育行政之机关，以资行政。中央设学部大臣主管全国教育，各省设立提学司，各省提学司直接隶属于学部，不由督抚节制。戴鸿慈等人先是总结西方各国教育机构的设置，列举了西方各国的教育制度，谓一般都是内设学务大臣一人，主管全国教育，一次官辅佐之。下有各司，司有一长，司长之下，设参事若干人分理之。一国之内分若干省，省设视学长官一员，一省析若干郡县，一郡县析若干区，均各设有视学官，各区设有学会，会有员绅，隶属于区视学。"论其秩序，则自省视学以至区学会员绅，层累而下，而以省视学为主持之人。论其事权，则省视学直达于学部，区视学直达于省视学，而以区视学为执行之地。此其在外之机关也。位其下者，司实行之权，位其上者，司监督之责，有统辖之形，而实无钳制之苦，是以教无不行，人无不学。"他们对西方教育部门的设置颇为羡慕，"而实无钳制之苦"，这句话可谓道尽清政府传统体制的弊端，戴鸿慈等人在办事中无疑也深有感触，故而他们建议清政府仿效西方进行教育机构的改革，于中央设立学部，于各省设立提学司，"规制可期渐备，惟部中各司应办之端，千头万绪，日不暇给"，故而尤为重要的事

情是精选天下实学通才及确有经验之人，责其专务一端，分门别类进行研究，"俾于学务办理之得失，言论之当否，皆能实有见地，抉择精研。"戴鸿慈推崇实干，认为教育部门也应如此，"盖各国于学部分司之义，设置精详，实为全国学界系统攸关，恃以决定群疑，裨益实事。若徒采纳虚声，荟萃群彦，出入风谈，不求实行，责全部之设，将成虚车，根本未培，安望其发荣滋长。此学部及各司宜力崇切实者也。"他们指出当时清政府教育界的乱象，即各省之教育部门仍由督抚节制，而各府厅州县之学务，也仍由府厅州县官节制，而各督抚官员因"地方政治，办理纷繁，万不能潜心学务"，很多时候无法对教育部门进行实际的管控，导致"提学司苟非其人，则其倡率乖方，亦为督抚所不能尽悉，视学员苟非其人，则其旨趣不正，亦非府厅州县所能深知"。各省督抚管理学务，"既非所长，又非专务，使之为此，业已不胜，而用人行政之间，多一事外干涉之人，则多一曲徇通融之弊"，甚至影响还不止于此，将影响到学风。①

故而，戴鸿慈、端方等人在奏折中建议将教育部门从原有的督抚管控中抽离出来予以独立，制定相关章程，设立专门的教育官员，不再受督抚管束，"至于各省学制，现正棼如乱丝，亟须整理。提学司之设，拟之外国犹一省之视学长官，谊当直接学部，使得有一省学务之全权。"如此，则专人专事，"政体既立，观听随之"，"如是而有学界专一之志虑，乃有学界专一之人才"。②

第二，定学堂为模范办法，以端始基。戴鸿慈所说的模范，即为可以遵照实行的相关模板、规制，分为"秩序模范"和"制度模范"两种，前者所涵盖的内容为各类教育以次递行的秩序，后者则涉及教育研究、教育立法等内容。其认为教育的发展只有建立于相关规范上才能收到实效，否则只能是"办七八分模糊影响之事，而全局皆非"。

---

① 佚名辑：《清末筹备立宪档案史料》，台北：文海出版社，1981年，第962—963页。
② 佚名辑：《清末筹备立宪档案史料》，台北：文海出版社，1981年，第963页。

关于西方各类教育以次递行的秩序，戴鸿慈对此印象深刻，认为其"重师范以裕各科教师之材，急女学以立家庭教育之本，然后有幼稚园、两等小学、中学、高等预备科、专科、大学、大学研究科，以次递行，此秩序上之模范也"。故而端方、戴鸿慈提出在京师设立从初级直到优级的完全模范师范。

对于西方教育的管理制度和规范，戴鸿慈也感触颇深，认为西方学校教育学科设置精细、管理制度精良，"若何研究，若何设备，立法以何者为楷程，用人以何者为资格，此制度上之模范也。"与之相对，清政府在这些方面则有明显缺陷，"我国自兴学以来，机关不立，法令未行，各省大吏贤者提倡虚声，否者熟视无睹。及其兴办之处，大学、高等、师范、实业、速成永久，为时无几，而纷然并陈，各府州县中小各学，官立民立，一时备举，秩序既已失当矣。兴校既多，需材弥众，监督、教习、管理诸事，悬席待人。校员之贤否，督抚既不能周知，而所谓学务处者，自总办之司道以迄员绅，大抵皆不谙学务。校员中即有略知时务，亦或剿袭书报浮诞之说，自命开通，官长既倍为学界之人才，而新奇偏激之谈，又往往为无识之生徒所怖服"。戴鸿慈还揭露当时清政府学务官员并不懂管理，也不懂教育，以未受教育之人行教育之事，导致"支离蔓衍，谬种流传，其弊殆不能悉数"。"论者谓教育之功，必基师范，其言诚是。虽然，各省办理师范学堂，其校员、执事，取材所在，又不出以上之人，弊与无师范同，抑不如无师范。何以言之？因其不良之教科，不善之管理，不完全之知识，不规法之论议，托于师范之名，以济其流布之术者，借官力助其波澜，益无畔岸，不至为风俗之大忧不止也。"

基于此，戴鸿慈建议清政府统一教员的资格和教科书的编写，由学部统一管理和监督，"请敕下学部，速于京师设立完全之师范学堂，先从初级以至优级，凡不胜任之教员，概屏勿用。惟中国文、中国舆地历史，则姑取通才明识者任之，其余各科，悉聘日本高等师范教员，以主其席。命译人辅助高材生徒，就所讲授编辑完备教科书，宽其毕业之时期，务使

所编之书极其精详，适于实用而后止。一面由学部通行各省，一律仿办，将来学生功课之深浅，程度之高下，与夫编辑之书精粗浮切，均由学部考试审定，即以优劣为各提学司黜陟之考成。"他认为，经过这样的改革举措，立定了根基，三五年后再谈论扩充的问题，十年之后，或许可谈普及，"否则浮慕西人已成之效，而不先定中国创始之方，谬误纷歧，是兴天下最大之政，而贻天下最大之患"。戴鸿慈在此再次提到实干的重要性，要求做切实可行之事，"盖与其办七八分模糊影响之事，而全皆非，诚不如办一二分真实切当之事，而本源易正。"

他对于清政府兴办教育多年却没有实效的现状颇为遗憾，认为根源在于不注重师范教育，"若使当时注力师范、蒙小以迄于今，校员当有取材，高等亦已具阶级。惟其杂糅纷营，遂至嚣张凌乱，及今不图，而慕普及之空明，听群流之妄作，更历十年，天下皆似是而非之学堂，遂使天下成似是而非之人格，教育之途效力绝大，可为长虑。"他强调教育的重要性，对于应等师范学堂设立培养出人才有了教员后再兴办其他学堂的说辞进行了驳斥，强调速成学堂、补习学堂等方式应该与师范学堂同时并举，至关重要的是"审定各门科学，辑有定本成书，初班毕业，再予推行，万不宜任其参差，自为风气"。其他学科，如女学、手工、实业等学堂，也需一并跟进，加强建设，"皆宜立定模范，再令展转滋生，固非谓一切搁置，以待师范之告成，然决不能一时偏设，致使宗旨之殊异。譬之绝大机厂，制造之品甚多，然各有模型，均归一律。"[①]可见，端方、戴鸿慈提出发展模范教育和编写教科书等举措，实质上涉及的是教育发展要有法可依、有章可凭和服从其发展的内在规律等问题。

第三，明定教育趋向，以维万法之本原。戴鸿慈认为，教育的目的应该是造成行法、守法之人，而不仅仅是求强求富，因为若无守法之人，国

---

① 佚名辑：《清末筹备立宪档案史料》，台北：文海出版社，1981年，第964—965页。

家富强乃一句空话。其认为东西方各国举办新政能收富强之实效者，而清政府却只有变革之空名，无行法之人。"无行法之人，则名存而实亡，饰貌效響，而神乃不似；无守法之人，则少数人倡举之，而多数人破坏之，如是者虽百废俱兴，亦百兴而百废。臣等所至各国，见其国之政治，往往与其人民风俗之程度，互相比附。"因此，国家的发展，必须培养行法与守法之人，此尤其重要。

他接着列举在西方各国的见闻，"见其国之政治，往往与其人民俗之程度，互相比附。及交其贤士大夫与之议论，益深知其政策之行，不能各国统一，而微有所异同参差者"。他对这种现象进行思考，总结其原因，谓："非不欲尽趋于至美至善之一域也，实以人民之程度不均，措施因之而微异。而政法家探原竟委之说，则无不以人民为政治之原质，而归本于教育之一途。盖政治者，造成治法之所也，而教育者，即造成其行法之人，与守法人之所也。"他对比西方各国民众的特质，"综观英、美之民活泼而富于独立，法之民奋起而勇于有为，德之民精严而善于自治"，分析其缘由，认为教育在其中起着重要作用，"凡所以致此者，又因其立国之本原，与其地位种种之历史，而教育大家，因而善用之，以练成其特有性质，非可强致，而亦不能强同"。而各国能"上下一体，戮力同心，以共趋富强，而保乂国本者"，原因在于各国道德与法律的约束。"道德、法律者，国家以之而保治安，人民以之而成人格者也。"他总结"我国古昔圣贤儒先，其所以为人生道德之范者，经训昭垂，炳如日月"的原因，认为与西方相同，都是道德与法律在其中起作用，故而主张教育应当着力培养人民的道德与法律精神。

他继而分析古代中国以来教育发展上存在的弊端，指出中国自秦汉后学校制度已废，士子研求经学，以科举为目的，陷入空谈而上下欺罔的境地，使教化式微，"中国自秦、汉以后，学校之制既废，有国家者，但求政治而不及教育。唐、宋、元、明，大儒辈出，书院学社，稍昌正学，而士人提倡之功，不如国家效力之大。厥后士子研经，以科举为目的，而

圣贤克己复礼、天下归仁之道，几疑空谈，上下交习于欺罔，教化式微矣。"其认为原来的教育体制使整个社会"教理不明"，国民亦皆"图私利、破公益，恣其人心之欲"。新政立足于如此的国民基础，虽"造端宏大"，但奉行者大多"瞻询用人、涂饰耳目、诈伪相习、放弃自由"，"语以道德则固茫昧无知，绳诸法律并不能斤斤自守"，成效自然可想而知。他认为教育的目的不能仅为"求富图强"，如此并没有切中教育发展的根本意义，是急功近利的做法，培养人民的道德和法律精神才是教育的根本之所在。

他对比中国传统的理欲观与西方的人生来自私的性恶论，得出结论，"非有教育不能成公众立国家也"，"两说参观，谋教育者可以知先务之急矣。""德国学家之说，其造就国民之道，以尽义务守秩序为统综。无道德心则偷惰巧诈，孰肯尽义务者。无法律心则放僻邪侈，孰肯守秩序者。"戴鸿慈对于"晚近教理不明，国中人民皆自率其原人之性质，图私利破公益，恣其人心之欲，荡然无复范围"的现状颇为不满，谓数十年来的新政，效果并不好，甚至转而生出诸多流弊，归根结底，在于整个社会的问题。

他认为当时办学务之人，以自强为目的，是没有抓到事务的根本，"本之不务，犹冀其枝叶之发荣"，无异于缘木求鱼，不可能达成目的。他例举办新式学堂各省的学务上的种种问题，可谓是腐败丛生，"其校员、执事，或以情面之干求，滥竽而窃吹，或以薪脩之肥瘠，暮楚而朝秦，或以自便私图，而通融及于定则，或因一人枉法，而曲徇及于众人。于是有多历年所而腐败相沿，不知其咎之安属者。其修业也，既以为虚名之可市，其卒业也，亦复为届期之例行，盖道德、法律之不讲，所谓学界者，亦必同归于败坏。"

他接着列举西方新学传入后出现的种种问题，如"于圣贤律己治人之道，懵无所知，嚣嚣然吐弃一切，创为新道德之说，恫然不靖，蔑长上，斁彝伦，破律败度，而悍无顾忌，无识之子，靡然向风，学术未兴，而人心先坏矣。"而国外学校情况与之完全不同，"自其童稚而尊君爱国之理深入脑筋，若迷信然，而其专精学业，恪守准绳，绝少风潮冲突之事，心窃讶之"。究其原因，在于西方的教育将道德与法律结合起来，使学生有道德心及法律心，即自爱、爱国且能力学守法。如果不注重道德与法制的教育，即便有名师，日日授以高深之科学，学生"心志之放而不收，嚣而不靖，必无输入学术之资格也"。而中国的学务就是如此，不谈道德及法律，只言富言强，"比之施雕琢于朽株，饰丹腠于粪壤，必无幸矣"。其指出欧洲诸国教授儿童之时，于德育一端，再三措意，教育学生待人接物行之道，十分详细扎实，使学生知有律例之遵循。"美国于小学中，即讲求社会进化之理，故其人最重于治身，而以妨害公益为不齿之事"。"日本变法之初，民志稍近浮动，自教育家力主改良，趋重德育，大明其伦理、心理诸学科，而于高等小学，近乃特增法学通论一门，期以养成严毅自治之性质"。故而，"凡此方针，真足以为我国学界之药石，而起全国民之沉疴"。因此，其认为发展教育应正本清源，从道德、法律二端开始，使"国家以之而保治安，人民以之而成人格者也"。

因此，戴鸿慈等人建议清政府，敕下学部大臣，迅速延请中外正士通才，"依教育浅深之秩序，纂辑伦理道德之教科，以我国圣经贤传为纲，而以中外儒先名言纬之"，并结合中国社会的具体情况，"应以深切著明之意，为哀痛警告之词，使种种腐败之原因，缕析条分，如暮鼓晨钟，发人深省，而教师生徒，皆自知其恶陋之习惯，实为败坏社会之一分子，猛然有革故从新、出死入生之趣向。益以近年日本通用之法学通论，比附我国情形，为详备之请义，责成各省提学使，分饬官立民立学堂，一律通用，定为学堂第一注重之科学，或者迷信未远，返道有期，全国人格之增进，庶可俟乎。"[1]

---

[1] 佚名辑：《清末筹备立宪档案史料》，台北：文海出版社，1981年，第966—968页。

第四，核定学堂经费，预为普及之基础。在该奏折中，戴鸿慈、端方提倡清政府全面发展各级各类教育，如发展师范教育培养各科各类教师，发展女子教育以为家庭教育奠定基础，发展各级教育以培养专门人才等等，"重师范以裕各科教师之材，急女学以立家庭教育之本，然后有幼稚园、两等小学、中学、高等预备科、大学、专科、大学研究科，以次递行。"同时，他们认为"兴学之根基首在小学"，故而主张普及小学教育。

经历欧美考察，戴鸿慈深知西方国家的强盛与普及教育息息相关，"无不由于普及教育之功"，而兴办学校，大都是先从师范学校开始，接着是小学。"夫两等小学者，即各国所谓义务教育，全国之民，无人不出于其中，政府以强迫之法干涉之，其所注意在国民之资格，与其谋生之技能，西人称之为庶民教育。"戴鸿慈强调从国民生计的角度阐释教育发展的必要性，认为庶民有接受教育的权利，而清政府学部的章程"所称小学毕业即为生员"，混淆了庶民教育与精英教育的界限，而清政府在初等教育中实行的是"生徒自费"，而中等及以上教育则"尽以官款公款办之"的做法明显违背了各国义务教育的准则，颠倒了义务教育与非义务教育在国家教育体系中的地位，故而他主张将"庶民教育"纳入国家财政支持的范围，无疑是传统"民本思想"的体现。

戴鸿慈将普通教育分为普及性的初等教育即"庶民教育"和培养各类专门人才的"人才教育"。他认为小学教育，是学习做人的教育，与中学、师范教育学完之后为官、为师、为专门人才者截然不同。因此各国学堂的学生在小学毕业后往往从事兵、农、工、商等行业，而升入中学甚至跻身于大学者，仅十之一二，与我国科举制度讲究等级、利禄等完全不同。"然则学徒之区分，以两等小学为一类，所谓庶民教育者是，以中学以上为一类，所谓人才教育者是。"由此，小学教育为最溥最公之事，师范既立，必当实行强迫，使人人都能接受小学教育，"始足以备人格"。他认为之前大学堂所奏定之章程，按照之前科举制度的体系来，称小学毕业即为生员，出发点有误。特是庶民教育，应是强制教育，人人都能享

236

受。"以一州县计，大者或十余万人，小亦几十万人，其年限则德国通例以八年为期，日本以增设高等预备科，减节年限亦至七年"。在这些国家，幼童于应学习的年龄，如父兄不令其就学，或在未卒业之年，而父兄纵之退学者，都要进行惩罚，缴纳罚金，"无金者至以拘禁代之"。学生在完成学业时若课程不及格，则"须经视学官考察理由，方准退学"。各国所实行的义务教育，"强迫之章程，其森严也如此"，需为中国所学习。"西人于庶民教育，特加以义务之名。臣等在德国时所闻教育家之讲演，不惟以不收学费为至当不易之办法，且谓贫家子弟，笔墨书籍不能自备，经校长、视学官查实，应为酌量筹给。故德国全国小学经费，均由地方公款承办，力有不足，犹以国家官款助之，即有富家乐输，亦均为间接之收纳，在学堂则律无二，以昭均平，盖于义务二字，公认公信，一力担任，不稍逡也。"

考察了西方各国义务教育办学情况后，戴鸿慈结合清政府的财政困境和国民贫困的状况，认为如果让民众自筹经费，那义务教育将成为一句空话，因为当时"中人之产十不二三，贫民子弟按期纳费，势必以费艰而阻学，民生因贫而失学，因失学而愈益民生之贫，任义务者谓之何矣"。为推进义务教育的进行，戴鸿慈认为，政府可效仿欧美，减少中学以上经费中的官款、公款，增加小学经费中的官款、公款，改变当时清政府在高等学堂、高等实业学堂、高等工商业学堂、中学堂、游学预备科以及派往各国的游学生等基本均由公款负担的状况，以收教育普及之功效。当时清政府办中、高等学堂耗资颇大，"苏、鄂、粤各省岁糜官款十万至百万，小省十数万至数十万"，"试移此款以办轻而易举之小学，其拜嘉惠而蒙实德者，不知几千万人矣。夫小学之与中学以上各堂，其为事孰急而孰缓，其获益孰重而孰轻，其受教育孰广而孰隘，其程功孰近而孰远。"他认为清政府在高等学堂、中学堂等处浪费了很多资金，"顾于彼则巨款虚掷，而竭蹶以图，于此则望泽孔殷，而吝惜不予办理，洵为失当。"故而，其建议清政府尽快派专员前往各省，"将所有官款、公款办理之中学以上各

学堂常支、活支，详晰查明呈报到部。即责成各省提学使，向各该学生收纳学费，及膳舌各项费，逐渐加增，按所收入将原有之官款、公款逐次提存，专为义务小学之用。如此则中学以上之官款、公款年间一年，而小学之官款、公款年增一年，然后统筹预算，量收地方损项以充其费，庶几强迫之法可行，普及之效可企。且使中学以上生徒，渐次以出费求学，稍知爱重学堂而徐革其骄蹇汰侈之习惯，事固有一转移间而两得平均，可以兴利，可以杜弊者，此类是也"。[①]

第五，订定学堂冠服以壹民志。戴鸿慈认为服装的统一非常重要，能展现学生的精神面貌，同时也能根据服装判断其身份，便于辨别。"夫冠服者表面之观瞻，民志者内容之情伪，似划然两事，不相附丽者也。虽然，内情之与外饰，实有关系之理，而在我国今日，则其关系尤若有重焉者"。西方各国学生俱有制服，有徽章，"等级分明不容或紊"。"自其浅义而言之，则曰此以立标识，便别认而已。自其深义而言之，则冠服定而后观听一，观听一而后地位明，地位明而后心志专，心志专而后术业定。"

他进而指出，自近代西学东渐以来，国人受西方服饰影响的状况已非常明显：

> 海内廓然从风，起居服御，颇乃改易旧观，更从新制。揣其所由：一起于新奇之俗尚，二出于便利之人情，一倡而百和，若有莫之为而为者。
>
> 其衣服冠履一端，则西国人士之论说：一以为军国之时代，非西制无以振精神；二以为交通之时代，非西制无以便交际；三以为机制广布之时代，非西制无以免危险；四以为生理发明之时代，非西制无以合卫生；五以为人事繁赜脑力触发之时代，非西制无以捷应赴而适机宜。

---

① 佚名辑：《清末筹备立宪档案史料》，台北：文海出版社，1981年，第968—970页。

于是有谓人民强弱、智愚、文野、勤惰之界从此攸分者。

他继而又举例说明东亚守旧之国固守原有服饰，"其服饰之繁重博大，足以阻进步而遏新机，其言深辨"。"然窃谓民生精神之间，未能振兴改革，独取其形式之近似，而汲汲更张，取貌易神，诚为目论。且文学之士，与兵工不同，似不妨暂事因仍，以守中华之文物。顾臣等尝再三审度，知其理甚正，而势则有所不行，何也？人心之好尚，既不外于喜新厌故之常情，而学人之识力未高，决不能舍皮毛而求精粹"。很显然，他们认为服饰之改，即便为改革的皮毛，但也是不能舍弃的。

戴鸿慈等人认为，国家改革的方式，有先精神而后形式的，也有先形式而后精神的，做何种选择，应根据国民的程度来决定，国民之程度高，则民生注意之事多在精神而不在形式。如欧美诸国，同样富强，"币制及租税之法，不必相师，同一精强，而操练及机械之形，何尝相掣，如是者则变精神不变形式"。而国民之程度尚浅，则群流趋向多在形式而不在精神。"如彼得堡民暴动之要求，只在议院之规制，明治初国民之艳羡，乃在立宪之虚名，如是者则欲变精神不能不先变形式。"他指出，"方今我国学制既甫萌芽，学界知识又皆幼稚，一学堂制服之问题，仍旧与更新，会无当于宏旨"。而且，传统服装有其弊端，"广袖长裾，律以学堂体操、图画诸端，实有不便，其出于参差不齐也，亦势之所必然，划一整齐，殆难言矣。"服饰的改变，关乎学生的精气神，体现的是积极向上的精神面貌。戴鸿慈等人借军队服饰改革的例子强调学校服饰改革也应是应有之义，"夫服色者，国家所有之权，近年朝廷锐意练兵，军界服饰业已一律改变，厘然焕然，足以新万众之耳目，而振一国之精神，中外交推，咸加欣慕，足知形式一事，效力未必全无。今以学界竞争之心、鼓舞之力，初不灭于军事，而顾听其自为制度，参差不齐，则如何特颁明诏，咸与维新，使天下晓然于我皇太后、皇上所以为全国振作新机者，无一固执

239

成见之意"。[1]可见，戴鸿慈试图通过统一制服的方式展示清政府学习西方进行改革的决心。

第六，严定游学章程以培真才。戴鸿慈认为20世纪初年广泛兴起的留学运动，虽然培养了不少技术人才，但很多留学生的质量并不高，他比较中西方留学情况，为规范中国的留学教育提出了建议。他首先指出欧美各国留学的情况，阐明其大致情况为某国专长某学科，学生在本国卒业之后再进行留学，"以广见闻而益参稽而已。其有吸取他国之学术，以为本国之教科，因而进步大增，臻于强盛者，则首推日本"。他继而对日本与中国的留学情况及效果进行了对比，"考日本变法兴学之年，游学于欧美各邦者，其人数不及我国今日之什一，乃彼以少数之人，远涉重洋，风俗特异，声气不通，不数年间而成效卓著。我以多数之人，近揽同洲，种族相近，文字直接，多历年所，而输入甚难，其故何也？"

戴鸿慈继而分析日本留学卓有成效的原因，认为主要在于选派与管理上的举措得当，而清政府在此方面则存在较大的弊病。如日本在选派留学生上十分慎重，首先是严格留学的目的，分门别类进行人才的培养。"或取其脑力密致，或取其体气强实，或取其学识优长，皆视其所学何门，而取材务与之相副。"由于按各人的特长进行选拔，标准严格，又结合"国家所亟欲举之政治，亟欲兴之工艺学校，按班派遣"，并分析其所学科目，待留学生学成回国之后即按照其专业和国内所兴办事业的人才缺口来分配工作，故而达到"业无不修，事无不举，绝无浪掷巨资为汗漫之游者"的效果。[2]接着便是管理上十分严格。"各班学生选派之时，文部特颁命令，饬将教科之书，口授之说，参考之图籍，实验之情形，个人译述成篇，记载翔实，每一星期邮寄本国文部，复加校阅，按其详略得失，第其严最，即予审定颁行。故一班甫经毕业，而教科讲义已风行于全国之中，

<hr />

① 佚名辑：《清末筹备立宪档案史料》，台北：文海出版社，1981年，第970—972页。
② 佚名辑：《清末筹备立宪档案史料》，台北：文海出版社，1981年，第972—973页。

递为推演，成就多数之人才。其有译录惰废，于学术无所发明，无所输入者，即分别撤销，追缴其学费，故其规则严。"有诸如此类严格的执行标准，日本留学事业成效卓然也就在情理之中了。

戴鸿慈指出，相比之下，清政府的留学，弊端丛生，"普通之未解，国文之未谙，外国语言之未习，官费者既以请托得资，自费者遑复检查合格，既无矜慎选材之意矣。游而不学，辍业而嬉者，姑勿具论。其或心艳虚名，身循故事，喜民校之规则纵弛，阅数月而辄得证书，借以标帜高名，侈谈学务，陋者不察，辄相引重，又或去来飘忽，作辍靡常，毕业者仅计年期，后至者又循故辙。其最高者稍涉语文，躐跻大学。选科虽复无定，而得证仍自有期。夫以卒业得证之要事，而仅凭外交手段之抑扬，监督既拥空明，而不能实施其干涉，学部未定规则，而无由实验其课程。进其人而试之，既无当其所学，循旧例而用之，亦不见其所长，将以兴实学得真才，必无幸矣。宜其流弊日滋，不得其益，徒得其害也。始基已误，犹望补牢，即今不图，将与终古"。

基于清政府留学事业中的种种弊端及危害，戴鸿慈建议清政府饬令学部严格设置留学章程，以后各省选派学生，必需为国文完美、兼通外国语文者，不得滥派，以杜情面请求之事，其自费者也需一律考验合格，"方予给咨，其无咨者，虽毕业不得有录用任事之权利"。选派班次，除师范与法政专业酌予多派外，"自余理、化、工、农、医学、文科，每派一班，均按科目平均分配，如铁道一班，则机械、建筑、营业不容偏废，铁务一班，则探矿、开采、工程、冶炼必须兼资，不得随意重轻，致多阙漏。其旧有学生亦为之厘订科目，酌量增补，不胜学业者，即予撤回，认定学科者，不得中改，不得中辍。至于肄业各生，应按所肄科目，译辑讲义，按月呈送提学使，首尾蝉联，不准间断。提学使详加审订，计其分数，呈报学部，或优或劣，即为该生之成绩，分别劝惩，不得仅凭外国学校毕业证书为据。其毕业回国之学生，高等以下各生，由提学使按其学科，详细分门考试，呈送学部复试，给予出身。大学专科、研究各生，由

学部按照学科，详细分门考试，奏请廷试，给予出身。夫督察于平日者严，则养之也预，考验于临时者确，则得之也真，如是而实学不兴，真才不出者，无是理也。"戴鸿慈认为，经过学部和各省提学使的实力推进，扫除之前留学中种种积弊，则学务之兴，指日可待。①

同时，戴鸿慈主张加强对学生进行思想教育。在清朝末年，随着资产阶级革命派对革命活动的宣传和鼓动，该时期，知识分子中也有不少人产生反叛情绪，威胁着清王朝的统治，这让清政府十分头疼，"目无君父者，十居四五焉，倡言革命者十居三四焉，其余轻躁浮动，泛驾跌蹄，非圣侮贤，反道败德者不可胜数。"②戴鸿慈对此也有认识，他认为需要通过教育改革的方式加强学生的思想和道德教育。其谓："今观各省学堂之设，久者或十余年，近亦二三年，其校员、执事，或以情面之干求，滥竽而窃吹，或以薪脩之肥瘠，暮楚而朝秦，或以自便私图，而通融及于定则，或因一人枉法，而曲徇及于众人。于是有多历年所，而腐败相沿，不知其咎之安属者。其修业也，既以为虚名之可市，其卒业也，亦复为届期之例行。"而究其原因，在于中国的教育不讲道德和法律，长此以往，则学界必同归于败坏。戴鸿慈针对这种现象，强调讲道德、讲法律对国家统治的重要性，主张编辑伦理道德教科书和法学讲义，令各学堂一律通用，改进学生的道德教育，增进学生的人格素质。故而其建议清政府通令各学部大臣，迅速延请中外正士通才，依教育浅深之秩序，编纂伦理道德教科书，"以我国圣经贤传为纲，而以中外儒先名言纬之。其尤宜注意者，则于社会现形，应以深切著明之意，为哀痛警告之词，使种种腐败之原因，缕析条分，如暮鼓晨钟，发人深省，而教师生徒，皆自知其恶陋之习惯，实为败坏社会之一分子，猛然有革故从新、出死入生之趣向。益以近年日本通用之法学通论，比附我国情形，为详备之讲义，责成各省提学使，分

---

① 佚名辑：《清末筹备立宪档案史料》，台北：文海出版社，1981年，第972—974页。
② 佚名辑：《清末筹备立宪档案史料》，台北：文海出版社，1981年，第996页。

饬官立民立学堂，一律通用，定为学堂第一注重之科学，或者迷途未远，返道有期，全国人格之增进，庶可俟乎。"①

另外，戴鸿慈认为提高官员的素质及鉴别能力同样也十分重要，这关系到如何用人的问题。其在《请改定官制以为立宪预备折》中提到必须提高官吏用人识人的能力。其谓，"从前吏治窳坏，固由官制之未备，亦由立法之未周。""旧制官吏出身，不外科第、捐纳、荫袭、保举诸途，而科第、捐纳为最广，捐纳流品之杂，姑不具言。即科举号称正途，而所学皆非所用。至于荫袭、保举，叨滥尤多，是以铨叙虽宽，而人才难得。"但如今不一样，科举已废，捐纳将停，但现实情况却不容乐观，"易之者不得其途，举国茫然莫知所适，有志仕进者不知从何道以求进身之价，数年之后，必多歧念，此不可不急为设法者也。"制度变化、环境改变，人才的晋升之梯也跟以往不同，故而识人用人的方式也需改变，"考日本官吏登庸，皆由试验，分高等、普通两种。高等试验科目则宪法、民法、刑法、行政法、经济学、国际法，六者必须遍试，而财政学、商法、民事诉讼法、刑事诉讼法四者则任择其一焉。普通试验，一依中学校科目。至于外交官、裁判官等，又各用其专门科目。盖凡所试者，不出其所学之途，而所用者即因其所执之业，是以学成入仕，无不各有治事之能。中国学校渐已成立，一国人才将由此出，且游学之士日益增多，若不觇其学之浅深，何以别其人之用舍。应请嗣后新增官职，均用新法试验，以广登进，学既验其本末，人必争自濯磨，非惟吏治可以振兴，即学风亦于以丕变。"②

总之，戴鸿慈的改革举措是审慎的，其特别地劝诫朝廷，"务在采他国之优长，资实行之方法"，但改革的步子不宜太大，更不能全盘照抄西方的举措：

---

① 佚名辑：《清末筹备立宪档案史料》，台北：文海出版社，1981年，第967—968页。
② 佚名辑：《清末筹备立宪档案史料》，台北：文海出版社，1981年，第380—381页。

中国兴学伊始，一切尚无定章，杂糅参差，大为可虑，群言固易博采，而别择须定于一尊，敝法固须改良，而纷更则适滋杂乱，安危之机适宜慎重。凡高远空虚之理想，不宜尝试于一行，即群疑众难之交攻，亦当折衷于至当，盖外国行之有效者，或不宜于我邦，将来可以徐图者，或难施于今日，尤冀朝廷责成学部堂官，遇事躬亲考究，毅力主持。①

戴鸿慈、端方等人的建议无疑受到了清政府的重视。有报道称，其改革教育的奏折"颇蒙两宫嘉纳"，"此次更动部务，荣相若调出学部，则该部尚书一缺戴氏大有可望"。②可见戴鸿慈受到清政府的赏识。光绪三十二年（1906），清政府接受戴鸿慈等人的建议，改学政为提学使，规定提学使司设置提学使一人，专门掌教育行政工作，稽核学校规程，征考艺文师范。该署设六科，如专门、普通、实业、图书等，另设有学务公所，内有议长、议绅等。从这时候开始，清政府开始设置专门的省级教育行政管理官员。该时期，清政府还专门设置八旗学务处，管理满族学校教育，或由旗务处兼管满族学校教育。

对于戴鸿慈等人开展强迫教育的建议，鉴于当时各省小学尚未普遍设立，在这种条件下要在全国范围内开展普及教育显然不现实，故而学部试图通过各部门协助调查京畿学龄儿童和公立、民立小学堂数目，以之作为推进普及教育的参考数据。1907年3月，在全国各级教育行政机构基本成型的背景下，学部将普及教育提上日程，要求各省查明学龄儿童的数目，推进省级官立和私立小学。并且规定，"凡贫寒子弟皆径入官立学堂肄业，不收学费，如幼童年至九岁不入学堂，罪其父兄，以示惩戒。"③这无疑表

---

① 佚名辑：《清末筹备立宪档案史料》，台北：文海出版社，1981年，第974页。
② 佚名：《要闻》，《大公报》，1906年九月二十五日（11月11日）。
③ 见《盛京时报·京师要闻》，1907年3月9日。

明学部推进普及教育的决心。然而，后来并不见下文，学部此举无异于一纸空文。

　　光绪三十三年（1907）十一月，清政府颁发上谕，强调人才的品德，强化人才培养的目标，使人才为清政府所用，忠于清朝廷，以达到巩固其统治秩序的目的："以圣教为宗，以艺能为辅，以礼法为范围，以明伦爱国为实效，若其始敢为离经畔道之论，其究必终为犯上作乱之人。盖艺能不优，可以补习，智识不广，可以观摩，惟此根本一差，则无从挽救，故不率教必予屏除，以免败群之累，违法律必加惩儆，以防履霜之渐。并著学部随时选派视学官，分往各处认真考察，如有废弃读经讲学功课荒弃国文不习而教员不问者，品行不端不安本分而管理员不加惩革者，不惟学生立即屏斥惩罚，其教员、管理员一并重处，决不姑宽。"因此，清政府命各学堂"敦品励学、化行俗美，贤才众多，以副朝廷造士安民之至意"。①

　　戴鸿慈强调法政教育的意见也得到了清政府的重视，在一定程度上促成了各地兴办法政学堂以及中国学子赴日本法政科留学。清政府指出，"朝廷广怀宪政期盼至殷，近已降旨先设资政院，以立议院基础。顾议院言论之得失全视议员程度之高下，非教育普及则民智何由启发？非地方自治则人才无从历练。至教育宗旨必以忠君爱国、屏除邪说为归"②，试图通过教育以"期使通国人民开通政治之智识，发达国家之思想"，故而下旨"命学部通筹普及教育之善法，编辑精要课本，以便通行"③。后来，改革在中央与地方同时推进。

　　宪政编查馆甚至将教育方面的人才培养任务分配到中央各个部门中的八部门，具体如下：

---

① 佚名辑：《清末筹备立宪档案史料》，台北：文海出版社，1981年，第1001页。

② 刘锦藻：《清朝续文献通考》，杭州：浙江古籍出版社，1988年，第106页。

③ 中国人民大学清史研究所：《清史编年》，北京：中国人民大学出版社，2000年，第466页。

外务部：预储交涉人才，调查各国情势。

吏部：厘订京外官制、文官考试任用官俸各章程。

民政部：发令之权虽属该部，而能否实行，则仍视地方官吏预备人才筹储经费之何若，惟在该部严定考成，随时督催各直省该管专员依限办理，庶收坐言起行之效。

礼部：查礼教盛衰，有关风化，则修明秩序，赖有官吏之转移，尤赖教育之默化，诚如原奏所谓乃积渐熏陶之功，而非旦夕强迫之事。至创设礼学馆，斟酌时宜，援今证古，本通礼为权衡，垂不刊之令典，既据奏报编辑以三年为期，自应责成该管堂官，会同礼学管总理，督率纂、协修各员，分门纂辑，计日程功，俾得依限成书，再由臣馆核定，请旨办理，以正彝伦而昭天秩。

学部：查世界文野，以读书多少为比例，况中国为文明之祖，人类之多，环球未有，预备宪政，非从多数识字及增进普通教育入手，难收实效。考核该部所奏历年筹备事宜，由粗以及精，穷源而竟委，诚属窥见要领，条绪井然，于灌输科学之中，仍寓保存国粹之意，尤为能见其大。惟在该部随时督率各省提学使，奉令承教，切实施行，勿令良法美意徒托空言而鲜实效。

法部：（大理院）所奏建筑法庭、练习人才两端，切属切要之图。

农工商部：至中国实业所以腐败，率由才智之士以兹事为卑贱，而厕身农工商者，又多智识薄弱之人，以至日言保护，日言提倡，率难见功。为今之计，惟有选派多数学生，留学欧美，分肄实业各科，俾技能精进，思想发达，回国将其所见诸实行，方收实效。

邮传部：商船学校之预储人才，皆应所应筹备者。

除此之外，宪政编查馆还在地方上制定了比较详尽的教育发展目标。①

总之，戴鸿慈意识到教育对于推动国民素质发展和改革进行的重要性，"知本原所在，教育为先"，认为只有通过发展教育提升国民素养才能为政府的改革做铺垫。戴鸿慈等人的改革方案虽然随着光绪和慈禧相继离世以及不久后清王朝的覆亡而沉寂，但毕竟他们对西方诸国的考察不仅开拓了自己的视野，也为国人了解世界打开了一扇窗，他们在清朝末年的改革为后来中国的改革也奠定了基础。正是由于清朝末年在教育现代化领域改革举措的推进，到1909年，全国已有学校五万三千〇三十三所，其中高等学校一百二十七所，中学堂四百六十所，小学堂五万一千六百七十八所，各种实业学堂二百五十四所，师范学堂五百一十四所，学生人数达一百五十六万〇二百七十人。这些成绩中不能说没有凝聚着他们的功劳。②

另外，虽然戴鸿慈和端方在该奏折中没有专门提及女子教育方面的改革，但其在考察过程中十分关注西方的女子教育，在日记中也多次提及西方女子教育发展的情况，表明其对女子教育的重视。后来端方在面奏时特地提及女子教育，可以反映出与戴鸿慈认识的一致性，"端午帅于前日面奏两宫，请饬学部速定女学堂章程规则，兴办女学，以开风气。闻已奉旨饬学部妥拟一切。"③在戴鸿慈、端方等人的推动下，1907年正月二十四日（3月8日），学部颁布《女子师范章程》《女子小学堂章程》，标志着清政府官方关注女子教育并决心推动女子教育的发展，女子教育由此在中国的学制上开始占有一席之地。这无疑是与戴鸿慈、端方等人的推动分不开的。

---

① 摘自佚名：《宪政编查馆会奏核复各衙门九年筹备未尽事宜缮单呈览折（并单）》，《政治官报》，1909年第692期。

② 易红英：《试探清末"五大臣"出洋对教育的考察》，《广州广播电视大学学报》，2003年12月。

③ 佚名：《奏兴女学确闻》，《大公报》，1906年8月21日。

在考察美国教育机构的过程中，戴鸿慈在《出使九国日记》中称赞威尔斯利女子学院"程度颇高，甚有名誉"，与之进行了非常友好的交流，端方、戴鸿慈"与各校长情谊极为款洽，遂和美国学校积极协商向美国派遣留学生事宜，最终争取到美国大学的学额及资金资助，成就了中外教育交流史上的一段佳话。耶鲁大学、康奈尔大学、威尔斯利女子学院表示愿意赠给学额，但学生必须程度合宜，方可免收学费。其中，耶鲁大学赠给学额十一名，免收学费；康乃尔大学每年赠给学额六名；哈佛大学每年送美金两万元，连送三年。尤其值得称道的是，考察团还争取到了女子留学学额，威尔士利女学答应赠给中国学额三名，并且膳费、宿费、学费概免"。①后来，宋耀如的三个女儿考入威斯里安女子学院。宋庆龄原本可以考进威尔斯利女子学院就读，但她为了能与姐姐宋蔼龄、妹妹宋美龄在一起，方便互相照顾，才进了威斯里安女子学院。不过宋庆龄依然享有官费待遇，在官方登记表上，她仍是威尔斯利女子学院的留学生。

第四节　公共建设

对西方各国公共文化事业的考察，是戴鸿慈考察团的重要内容。20世纪初年西方公共文化事业的发展，对于来自古老封建帝国来的戴鸿慈一行人来说，一切都是那么的新鲜。戴鸿慈每到一处都要外出游历参观，尽可能多地了解当地风土人情与社会发展情况，寻找中国可以效仿的途径。他对西方的博物馆、图书馆、动物园、公园等，兴趣浓厚，为此也耗费了不少时间考察。这不仅开拓了他们的视野，也使其意识到这些正是开启民

---

① 潘崇：《清末五大臣出洋考察研究》，南开大学博士学位论文，2010年，第152页。

智、提高国民素质的举措。他们对此赞誉有加，认为此类"良法美意，为中国所宜行"，从而在回国后大力推动清政府进行效仿。

一、晚清公共事业的发展

中国人一贯有着藏书、赏游、猎奇的传统，不过在漫长的封建社会中，这些都是富家大族或知识阶层读书、休闲、娱乐的场域，没能成为普及知识、教化大众的教育设施。在国门被打开以后的晚清几十年间，西方列强侵略中国，在中国设立租界和势力范围。该时期，上海、天津等通商口岸及其腹地，渐次出现图书馆、博物馆、公园等，这是国内出现较早的文化设施，但主要出自在华外国人之手，基本都不是由政府提倡和兴办。至清朝末年，情况则发生了显著的变化，一批进步知识分子和开明士绅从启蒙社会的角度出发，积极提倡和创建文化机构，推动政府在公共文化事业的发展上着力。

如晚清时期最早注意到以图书馆、博物院、动物园等作为推广科学、开启民智的重要设施的，当属上海格致书院博物房。上海格致书院是集博物馆与科技学校于一体的特殊机构。"立博物房，内安置各种机器与器具，与造成之货物，便于华人观览"，就是当初设格致书院的一个主要目的。在筹办格致书院的过程中，董事会曾发函至英国，向各界呼吁捐献科学仪器及其他物资。其函中写道，"设立格致书院，其意欲令中国便于考究西国格致之学、工艺之法、制造之理。"至1875年底，英国方面捐得各种仪器、机械价值银二十万两左右。英国以外其他国家亦有捐赠。与此同时，上海开办格致书院之议亦得到中国官绅士商的支持，纷纷以官员和绅商的名义捐献资金。博物房建成后，其展示的各种西洋物事大致可分为十类："一、生长之物；二、食品之生料；三、手工制造物及服饰等物；四、造屋之物料器具；五、艺工所用机器及汽机、水机、热机；六、水陆两路各种运重之器及开矿、挖泥、起水通电、建桥、筑桥、筑圹之器；七、象真人物及绘刻各种图画之器；八、各种枪炮弹药水雷及一切战守之

具；九、绘图造像，天文地理，山川胜绩诸图；十、不能归类之零星物料及需用诸器。"由于格致书院博物房任人观赏，所以一经开设便引来众多人士参观。又加之格致书院教习常利用闲暇时间当众演示科学实验，这些新奇的事务大大吸引了当时的上海民众，《申报》《万国公报》等报刊都以较大篇幅的文字记述当时的盛况。中外人士游上海常常必游格致书院，一般人遇到科技上的难题亦到书院询问：

> 四方好事者造请无虚日，算术、格致、矿路、制造之属，随事指陈，各满其意而去，以故通达者众，风气为之大开。[①]

但上海格致书院博物房毕竟是西方人主办的，基于财力与观念，19世纪末年中国人在此方面着力很少。在戴鸿慈考察团出国之前，中国人自己创办的博物馆仅张謇的南通博物苑一家。南通博物苑，附属于通州师范学校，由张謇于1905年筹划建立，这是国人自己建立的第一个面向社会的博物馆。而在此之前，虽然有不少出洋人士曾对西方的公共文化设施有所介绍，但他们鲜少有渠道向清政府奏请兴设。可以说，在五大臣出洋考察之时，中国近代博物馆的建设才刚刚起步。

图书馆的建设步伐也十分类似。我国古代也有图书馆，但与现代意义的图书馆不同，名称也不一样，当时称为"府""阁""观""台""院""堂""斋""楼"等，基本为私人藏书之所，并不对公众开放。鸦片战争后，林则徐、魏源开始睁眼看世界，他们开始向国人介绍西方的先进技术和文化，在林则徐的《四洲志》和魏源的《海国图志》中，他们都对欧美诸国的图书馆进行了介绍。后来，清政府的一些驻外使节和知识分子，在游历欧美、日本后，向国内介绍西方各国的先进文化时，也涉及了西方的图书馆，认识到了西方图书馆与国内藏书楼之间的差异。欧美等

---

① 林群、陶双彬：《亚文化与教育演进》，沈阳：辽宁教育出版社，2002年，第245—246页。

国除图书馆数量众多、收藏宏富外，图书馆设置的目的主要是以民众教育为本、注重文化的普及。王韬考察英法图书馆后说："都中藏书之库林立，咸许人人而览观"，"都中人士，无论贫富，入而披览诵读者，日有数百人"。他认为欧洲学问发达的原因，与"各国藏书之库如林"密切相关。1876年李圭在世界博览会期间考察了大英博物院，看到"国中士子及他国游学之士，领有凭证者，得进内观览"。在西方诸国的游历，使我国这些开风气之先的知识分子产生了具有近代意识的图书馆观念。

在民族危亡的社会背景下，许多人把在国内建立西式图书馆的设想，视为救亡图存的途径。但由于当时国内洋务运动的思路主要是培养精英分子，掌握先进的军事技术和制造技术，以抵御外强，所以知识界虽然认识到西式图书馆的社会性，但对于国内图书馆的设想还是定位在面向广大读书人以培养精英人才，而并未顾及普通民众。1883年王韬撰文明确提出了学习西方图书馆、摒弃旧式藏书楼的思想，主张藏书应向社会开放，力主建立为"群好学者输资购书，藏庋公库，俾远方异族皆得入搜讨"的公共藏书楼。郑观应在1892年写的《盛世危言》中指出，"泰西各国均有藏书院"，而我国"幅员广大，人民众多，而藏书仅此数处，何以遍惠士林"，故而主张政府应尽快在各地分设书院，"购中外有用之书藏贮其中，派员专管。无论寒儒博士，领凭入院，即可遍读群书"，倘能如此广建公共藏书楼，则"数十年后，贤哲挺出。兼文武之资，备将相之略；或钩元摘秘，著古今未有之奇书，或达化穷神，造中外所无之利器，以范围天地，笼罩华夷，开一统之宏观，复三王之旧制"，"日就月将，我国四万万之华民，必有复出于九州万国之上者"。虽然此时还未出现"图书馆"这个名词，但郑观应已经是在以国外图书馆的观念来构画他所说的"藏书楼"了。尤其值得注意的是，郑观应提出了广建藏书楼、购藏中外有用之书的新式图书馆的建议，并强调了图书馆事业在整个国民教育中的重要作用。

维新运动时期，康有为呼吁政府要向西方各国学习，创办供广大民

众"以广见闻"的藏书楼，以启迪民智，而不要为了培养几个精英而只面向读书人。1896年梁启超在其主持的《清议报》上发表了《变法通义》一文，一再强调创建图书馆、普及文化的重要性。1899年梁启超主办的《清议报》就译载了一篇有关图书馆可开化社会的长文——《论图书馆为开进文化一大机关》，该文罗列了图书馆的八大功用，认为图书馆事业应"与学校教育并立而不悖"，明确把图书馆视为一种教育设施。康、梁等人成立的强学会中还设立了一个新型的图书机构"强学书藏"，以普及新学、启迪民智为己任，开放对象不再局限于官吏士子，而是推及一般民众。为了实现其旨，强学会的成员甚至四处推销其图书馆，求人来看书，以使广大民众能开眼界，了解世界。在强学会的影响下，当时国内各地成立的学会也纷纷设立书楼，广集古今中外有用之书，以担负起启迪民众之责任。把图书馆定位于开启民智的教育机构，这正体现了当时社会教育思潮的主要内容及其所努力导的方向。①在新思潮的推动下，维新变法时期国内出现的各种学会组织中，不少附设有藏书楼，搜罗图书，供人阅览，并出现了阅报总会之类的公共报刊阅览机构。

在近代图书馆观念的变化和社会各界的呼吁下，至20世纪初，捐资兴办藏书楼、公共图书馆、报刊阅览室等文化机构成为一种社会风潮。一批不同于传统藏书楼，即面向公众开放的新型图书馆纷纷在大中城市出现，报刊阅览室等直接面向大众、设施相对简单的阅读场所更呈现出普及的势头。如1903年开办的江苏常州图书馆是国内最早的新式图书馆。1903年4月7日和8日的《苏报》所刊载的《常州图书馆简章》介绍了该馆的情况。1904年4月湖广总督端方奏称其在湖南"创立图书馆一所，专庋古今中外有图书籍图画之属，以备学者浏览"。这也是中国最早的省级新式图书馆。从1905年4月到1907年10月，北京出现了各种名称的阅报社四十五处，居全

---

① 范玉红：《中国近代社会教育思潮与图书馆观念的迁变》，《图书情报》，2005年第3期。

国之首。受其影响，天津和直隶各地也出现了一批公共阅报机构，它们成为市民开展文化活动的重要场所。①

"公园"一词是近代在华西方人在上海租界开辟的"公家花园"（概由英文public park直译而来）。公园的产生，与社会的现代化和城市化息息相关。近代，西方国家因工商业发展步入现代化，脱离了农业节律的都市人，居住在狭小城市空间内，需要有足够公共空间和适当身体活动方式。18世纪60年代，为改善快速工业化和城市化导致的城市环境恶化的状况，英国最先开始修建公园，将其"作为公共散步和锻炼之所，以提高居民的身体健康与生活舒适"。1843年，利物浦建成伯肯海德公园（Birkinhead Park），是世界第一个城市公园。1859年，英国通过《娱乐地法》，允许当局为建设公园而征收地方税，开始了公共造园运动。后来，这股公园热潮在欧美流行，并于20世纪席卷全球。自19世纪30年代始，公园与公众健康及运动锻炼的联系逐步加强，并转向满足市民体育活动的需要。各种体育设施成为公园建设的重要部分，这时的公园也被称为"公共体操房"。晚清时期，伴随西方列强的入侵，西方公园建设的形式也开始经由在华西方人传入我国。1868年建成并开放的上海外滩花园（今上海黄浦公园）是中国第一个城市公园。19世纪60年代后，各通商口岸租界纷纷开始修建公园。如广州租界有女皇公园；天津租界有法国公园、维多利亚公园等；上海租界先后修建的公园更是多达二十余座。公园成为租界内重要公共空间。然而，当时，公园的修建范围仅限于各开埠通商城市的租界。多数租界公园不对华人开放，成为了中华民族永远的耻辱，激起了国人建造属于自己公园的热潮。19世纪末，在租界公园的刺激下，国人也开始修建属于自己的公园。首先，沿海城市的商人为营利开始将私家园林开放为公园或集资建造公园。以上海为例，1883年，兼具公园、游乐、餐饮等功能的申

---

① 许欢：《中国阅读通史·民国卷》，合肥：安徽教育出版社，2017年，第41页。

园建成开放，不久便门庭若市、获利颇丰，于是人们竞相效仿。张园、愚园、徐园等私家园林相继开放。这些公园因人人皆可入内而引得市民争相前往。进入20世纪，造园之风逐渐蔓延到内陆城市。①

总之，到了清朝末年，图书团、博物馆、公园等公共文化场所的设置已经开启，但尚处于起步阶段。

二、戴鸿慈倡导发展公共事业

20世纪初年，西方国家在公共文化建设上已经较为发达，随着经济的发展与政府财政能力的提升，西方各国政府在满足公民文化需求的公共文化设施及相关服务方面倾注的精力持续增加，政府在社会管理上的职能也迅速扩展。出国考察前，戴鸿慈对于博物馆、图书馆等公共文化设施并无深刻的认识，经过考察，他在此方面的意识可谓急遽提升。为此，戴鸿慈对西方公共文化设施进行了细致的考察，写进了其日记中，并于回国后积极倡导。

自鸦片战争以来，中国陆续有人出国考察参观西方博物馆，并撰文介绍，但直到戴鸿慈考察西方博物馆之前，中国人对博物馆的认识还是不够的，他们大多只是将博物馆当作国外风土人情或西方特有之新鲜事物来介绍，目的仅仅是让国人开开眼界。相比之下，戴鸿慈对西方博物馆考察之全面深入在中国历史上是空前的。他在考察期间十分详细地记录了西方各博物馆的收藏品和参观情况，并写下了参观时的感想与收获，详细地记录于《出使九国日记》之中，这些材料的史料价值极高，对于后世了解和研究20世纪初年西方近代博物馆发展状况及当时中国人对博物馆的认识水平，以及今天我们研究西方近代博物馆发展史、中国近代博物馆发展史，均具有很高的参考价值。

---

① 冯培明：《清末民初的城市公园与现代体育的发展》，《体育学刊》，2016年9月。

戴鸿慈《出使九国日记》可以说是近代介绍西方博物馆最为客观、详尽的一本书，如在巴黎，戴鸿慈对博物馆展品之多颇为惊叹，多到"闻游此者非一月有能尽"的程度；如考察团参观波士顿的美术院和博物馆，他了解到这些博物馆虽然都是私人创建，馆中之物也由私人捐赠，甚至包括一些极为贵重的收藏品，但普通民众都可以进入场馆中观看。这些开启民智的善举，让戴鸿慈眼界大开。在英国伦敦的大英博物馆，考察团见识到了馆内收藏品十分丰富，"收罗甚众，贵重难得"，其感叹：

> 观博物院。各国博物院，大都以搜罗古物为最多，故凡历史上有关系之器物、文字，与夫野蛮时代饮食日用之具，皆宝贵庋藏之，所以觇人民进化之程度，与夫美术、工艺之沿革也。故藏古碑最多，大抵希腊、埃及、腊丁文字。
>
> 观藏书楼。观古铜、古窑、古衣冠、瓷器、玉器及一切琐物毕备，又有古棺、古尸甚夥。陈设者率以国分室。中国室内，则有内廷玉玺两方存焉。吾国宫内宝物流传外间者不少，此其一矣。若叩所从来，固亦凡国民所铭心刻骨、永不能忘之一纪念物也。①

西方各国国内普通民众，甚至是外国人都可以免费参观这些博物馆。英美等国文化事业的宏博，让戴鸿慈赞叹不已，这些国家为开启民众智识而进行的公共事业建设也让戴鸿慈、端方等人深受启发，深觉有仿效之必要。戴鸿慈等对西方博物馆的考察，无疑是中国早期博物馆事业发展史上一件大事，考察回国后的戴鸿慈积极倡导和推动在中国创办博物馆，成为中国博物馆事业的早期倡导者和推动者之一，其对早期中国博物馆事业的

---

① 戴鸿慈：《出使九国日记》，长沙：湖南人民出版社，1982年，第110页。

发展所作出的贡献，是早期中国博物馆发展史上一位值得注意和研究的历史人物。①

西方各国的图书馆、动物园和公园等，也都使戴鸿慈大开眼界。如在美国华盛顿国会图书馆考察时，戴鸿慈记录了西方图书馆的种种新奇之处，建筑高大而堂皇庄严，"华石为墙，雕甍为瓦"，室内宽敞明亮、干净整齐，里面藏书十分丰富，读者众多，学习氛围很浓。一般是读者找出书目的编号之后进行借阅，读者可在图书馆中随意阅读或摘抄，极其方便、快捷。而各大学的图书馆也是藏书众多，如柏林大学藏书楼的藏书多达一百二十万部。书目整理的程序非常利于检阅，"其书籍之面，皆由本楼重新钉装，故苟有门类、号数、细目注明，一望了然，检查甚便。"读者检索和查找所需之书，只需"自注姓名及著述人姓名、所生地、著述年月于其上，乃投筒中，即可按书检出"②。另外还有社会上的各种图书馆，如德国有专供贫寒工人阅读的藏书楼。因为这些工人白天需要工作只能夜间前往图书馆读书，故图书馆白天不开门，开放时间为每天下午六时至九时。

端方、戴鸿慈在出洋考察归国后向清政府全面介绍了西方各国的公共文化设施，对其赞赏有加，强烈建议清政府加以仿效，将其视为开民智、化民俗的重要手段。1906年10月13日，端方、戴鸿慈等人在出洋考察回来后递交的《奏陈各国导民善法请次第举办折》③中，将图书馆、博物院、万牲园（即动物园）、公园等视为导民和开启民智的善法，恳请清政府仿效西方办理。该奏折被刊登在《盛京时报》《大公报》《东方杂志》等媒体上，影响颇广。

---

① 广东省佛山市南海区政协文史和学习委员会编：《南海文史资料·第三十六辑（纪念戴鸿慈诞辰一百五十周年特辑）》，2003年9月，第163页。

② 戴鸿慈：《出使九国日记》，长沙：湖南人民出版社，1982年，第128页。

③ 端方、戴鸿慈：《考察政治大臣端方、戴鸿慈奏陈各国导民善法请次第举办折》，《大公报》，1906年12月8日。

其在奏折中首先列举了西方各国"导民善法"，如其称赞西方各国图书馆，建议重视图书馆的建设，满足不同社会阶层的求知需求，同时也能充分发挥图书馆的社会教育功能，促进国民文化素质的提高：

> 世界日进文明，典籍乃益臻繁富，收藏庋置，非国家有此全力，不能求其赅备无遗。臣等所见，以美京华盛顿为海外第一巨观。其建筑之费，凡七百万元，常年经费，在四十万左右。每日求阅书者以二千人为率……若夫藏书楼之设，则欧洲各国都市城镇无不有之……下至邮船旅舍，亦复相率藏购，备客检查。盖教育已行，不识字之人必少，求取既便，应研考之学方多，此其足以导民者一也。①

端方和戴鸿慈在该奏折中首先提及的就是图书馆的建设问题，可见其重视程度。正如端方后来在《创建图书馆折》中所指出的，"窃维强国利民莫先于教育，而图书实为教育之母。近百年来欧美大邦兴学称盛，凡名都巨埠皆有官建图书馆，闳博辉丽，观书者日千百人。所以开益神智，增进文明，意至善也。臣奉使所至，叹为巨观，回华后敬陈各国导民善法四端，奏恳次第举办，而以建筑图书馆为善法之首。"②

奏折中，戴鸿慈、端方称赞西方各国的博物院之设，如英国、法国、丹麦、瑞典、德国、匈牙利等国都设有博物院。其列举西方博物馆展陈的分类，谓："博物院之制约有数种，而其用亦各有区分，有依国分列者，如英、法诸国分五洲群岛，以一国为一区，所以验风俗之各殊也；有以时为次者，如丹、瑞、那诸国，分用石、用铜、用铁时代，率一时为一类，

---

① 端方、戴鸿慈：《考察政治大臣端方、戴鸿慈奏陈各国导民善法请次第举办折》，《大公报》，1906年12月8日。

② 端方：《端忠敏公奏稿》，台北：文海出版社，1964年，第1507—1508页。

所以验人民之进化也；有因事而设者，如德国之军器、农物、动物、古器、人类，匈牙利之工厂，皆一事为一名，所以验专门之科学也。推之美术院、油画院，则具技艺陈列，以为效法观感之资。王宫博物院则就服御搜罗以为瞻视尊崇之地，其大意不外保全古物，其裨益则在考见源流。"戴鸿慈认为博物馆是对民众进行社会历史和爱国主义教育的重要公共文化设施，能帮助人们了解社会文化与历史沿革，从而在开启民智、提高国民素质的同时，增进对人民的爱国主义教育。

西方各国动物园颇多，也是对民众进行教育的场所，"各国又有名动物院、水族院者，多畜鸟兽鱼鳖之属，奇形诡状，并有兼收，乃狮虎之伦，鲸鳄之族，亦复在圃在沼，共见共闻，不徒多识其名，且能徐驯其性。德国则置诸城市，兼为娱乐之区，奥国则阑入禁中，一听刍荛之往，此其足以导民者三也。"

西方各国大都重视公园建设，"每至都会繁盛之区，必有优游休息之地，稍得闲暇，即往游观，辄忘车马之劳，足益见闻之陋。""城市村镇亦皆无不有之，大抵悉就原埠空旷之区，讲求森林种植之学，与植物园为一类，而广大过之。如法、德、奥诸国，布置尤为井井，林木翡翠，卉叶荣敷，径路萦回，车马辐辏，都人士女，晨夜往游。其空气既可以养生，其树艺亦可资研究，此其足以导民者四也"。

戴鸿慈在介绍了西方公共文化设施及其功能后感叹万分，论及："初犹以为欧美风俗所趋，未必有关政俗，继乃知其专为导民而设，无不具有深心。且其国家竭力经营，绵历岁月，特设专司之职守，备呈美善之大观，而觇国者，即可于入境之时，考其国之程度。良法美意，为中国所宜行。"故而建议清政府"次弟举办曰图书馆，曰博物馆，曰万牲园，曰公园"。其谓："中国以数千年文明旧域，迄今乃不若人，臣等心实羞之。"他们进而指出，中国自古就有收集、保藏典籍的传统，因此，"图书馆之成，尚不难于速就"。而中国历代文物的丰富精美，"实为全球各国所不逮"，但大多散入私家，急宜建立博物院以保存之。至于万牲园、公园之设，更非难办之事。为此，他们恳请清廷：

> 敕下学部、警部，先就京师首善之区，次第筹办，为天下倡。妥定规画之方、管理之法。饬各省督抚量为兴办，亦先就省会繁盛处所，广开风气，则庶几民智日开，民生日遂，共优游于文圃艺林之下，而得化民成俗之方，其无形之治功，实非浅鲜。

清政府对戴鸿慈、端方的建议十分重视，光绪皇帝当天就批示同意。于是，清政府开始在各城市兴建这类文化设施。[①]图书馆事务由学部统筹规划，博物院、万牲园、公园等事务则由巡警部统筹规划。戴鸿慈的奏折也被刊登在了报刊上，为各地所熟知。原本此次出洋考察团就备受全国瞩目，戴鸿慈的建议更是让人们倍感兴趣，被人们口耳相传，当成新鲜事物竞相传播。各地相继掀起建设图书馆、动物园、公园等设施的风潮，并将此事视为文明开化之举。在他们的倡导和清政府的引导下，各地公共文化设施的建设因此提上了日程，官方和私人都在这方面有所推进，北京率先设立了图书馆、博物院、万牲园、公园等，中国的博物馆、公园、图书馆等建设进入了一个新的发展时期。[②]如1909年，学部将在京师创办古物保存会和博物馆列为1909年应办之事。端方也于回国不久在北京琉璃厂海王村创办了一座私人博物馆——陶斋博物馆。

在戴鸿慈、端方奏设图书馆后，清政府谕令学部负责。学部继而出台了相关文件敦促各省筹办图书馆以借教育广开民智，省级图书馆成为"预备立宪"中的一项具体措施。学部在《分年筹备事宜宣单》中，要求年各省一律开办图书馆。同时，该宣单将颁布图书馆章程、在京师开办图书馆

---

① 端方、戴鸿慈：《考察政治大臣端方、戴鸿慈奏陈各国导民善法请次第举办折》，《大公报》，1906年12月8日。
② 广东省佛山市南海区政协文史和学习委员会编：《南海文史资料·第三十六辑（纪念戴鸿慈诞辰一百五十周年特辑）》，2003年9月，第163页。

列为年应办之事。之后的几年内，各地的省级图书馆相继出现。1909，学部奏请设立京师图书馆作为国家图书馆，并于1910年制定了《京师及各省图书馆通行章程》，规定："图书馆之设，所以保存国粹，造就通才，以备硕学专家研究学艺，学生士人检阅考证之用。以广征博采，供人浏览为宗旨。"该章程要求："京师及各直省省治，应先设图书馆一所。各府、厅、州、县治，应各依筹备年限以次设立。"并规定："京师所设图书馆定名为京师图书馆。各省治所设者，名曰某省图书馆。各府、厅、州、县治所设者，名曰某府、厅、州、县图书馆。"①

在端方、戴鸿慈等奏请设立图书馆、博物院、万牲园、公园等公共文化设施后，作为北方最大的通商口岸，天津也闻风而动。1906年，天津建成河北公园；次年，又修建了天津公园。为此，天津《大公报》以欣喜之情报道说：

> 津门为九江之汇，本系水陆通衢。开埠后，士商云集，繁盛几颉颃沪上。所缺憾者，独少名园胜地，为人士游目骋怀之所。大吏忧之，于是有建设公家花园之举，甚盛事也。园在锦衣卫桥之北，地基开朗，嚣尘远绝。近方垒石为山，凿池引河。园之四周，围以杂树。以北洋之物力，益以当事者与民乐利之热心，度一二年后必能缀锦结册，远驾海上之张、愚园而上。②

同年秋，天津又在新开河一带开辟一座植物园，供游人游览。受天津的影响，直隶省城保定将旧日名胜莲花池改建为公园，于1907年7月24日对外开放。1909年，又在园内设图书馆，供游人阅览书籍，增长知识。除直隶外，各地兴建公园的还有奉天，1908年11月开放；吉林，1908年由省

---

① 林群、陶双彬：《亚文化与教育演进》，沈阳：辽宁教育出版社，2002年，第250页。
② 佚名：《祝天津公园之成立》，《大公报》，1907年4月26日。

咨议局提出议案；江苏常州，1908年春由当地绅士提议，将普育寺之旧园改建为公园，经江苏布政使允准立案；四川雅安，1909年议于城南小山建一公园；南京，1909年新军第九镇统制徐绍桢出面集资，拟于后湖一带修筑。[①]1910年，成都将军玉昆因"谋公共娱乐，借作旗民生计"而辟设少城公园。

端方、戴鸿慈所汇报的西方动物园的情况，引起了慈禧太后的兴趣。其随即发布口谕说也要办一个"万牲园"，于是，北京的动物园建设提上了日程。

1906年7月，出洋考察五大臣回国时，便从德国买回了一批动物，包括一头大象、两头狮子、三只老虎、四只熊等，总共装了五十九个笼子。当时《大公报》对此进行了特别报道，谓："前出使各国考察政治大臣端午帅曾在外洋养兽园选购各种禽兽，刻已运至塘沽，闻于二十五日换装火车直赴北京新设养兽园内豢养，共计五十九笼。"[②]

五大臣回国一个多月后，清政府正式开始进入预备立宪阶段，而该时期动物园的建设自然成为预备立宪后社会呈现的新气象之一。

清政府在农工商部下属的农事试验场内（即今天的北京西直门外）建起了动物园。试验场内还建有实验室、农器室、蚕室、植物园、车厂、咖啡馆、照相馆等。

随着动物园的建立，这里日益热闹起来。1907年，清政府又派人从国外购买了一百三十多只禽兽到达北京，包括象、虎、豹、熊、狮、鹿、野牛、斑马、袋鼠、猿猴、鸵鸟等，共计耗银二万九千多两，另外还购买有白鹤、鱼划、山鸡、凤头鸭、鸳鸯等数十种鸟类，同时高薪聘请了两名德国饲养工人，北京动物园的建设已经初步成型。1907年7月19日，京师万牲园建成后正式开门迎客。

---

① 林群、陶双彬：《亚文化与教育演进》，沈阳：辽宁教育出版社，2002年，第251页。
② 佚名：《选购禽兽装运入京》，《大公报》，1907年四月二十五日（6月5日）。

这是中国仿照西方兴建的第一座动物园，也是中国第一个现代意义上的动物园。如今北京动物园的西洋式大门建筑风格，凸显其修建之时乃受清末五大臣出洋考察的影响。京师动物园建成后，各学堂学生在教师带领下入园参观可免票。当年，从国外购买的大猩猩、白猿、白头墨猿及定星猴等也相继入园。

同时，各省也纷纷按照农工商部的要求，将当地特有的动物运至京师动物园，动物园的规模因此不断扩大，动物种类不断增多，从而成为京城的一大景观，吸引无数游客前往观看。1908年，农事试验场全部建成开放，人们可以在里面参观动物，欣赏植物园内花花草草，还可以游览亭台楼阁，泛舟湖内，好不惬意。

图书馆、博物馆、动物园、公园这四大公共设施无疑能开拓人们视野、丰富人们的休闲娱乐生活。博物院、动物园聚集的各种方外奇物供人观赏，以博见闻，图书馆供公众借阅有各类书籍，公园融日常消闲与广博识见于一体，如此等等，不一而足。[①]

值得注意的是，戴鸿慈、端方等出洋考察大臣在奏折中建议清政府在公共文化设施上的推进，基本都是出于导民向善、加强管理的角度出发的，是出自拯救清王朝于危局、欲借以延长其寿命的动机，而非基于城市化的发展逻辑。如西方公园的发展，是基于市民社会的需要，是文明社会之进步成果：

> 人类愈文明，则性质愈高尚。即就娱乐一事言之，亦日有进步。先为个人娱乐，次则移而为公共娱乐。先为室内娱乐，次则扩而为社交娱乐。文明各国，竞设公园。[②]

---

① 林群、陶双彬：《亚文化与教育演进》，沈阳：辽宁教育出版社，2002年，第252页。
② 佚名：《各国公园》，《教育世界》，1907年第150期。

公园修建的目的，是为了改善人类自身的生理机能和精神面貌，丰富娱乐生活，陶冶情操、提高情志。

但戴鸿慈、端方为提高最高统治者在此方面的兴趣，其奏折中更多的是政治上的考量，强调公园建设的目的，一方面是基于统治者治理的视角，而非民众的需求；另一方面公园也被理解为道德教化的工具和场所，因而是"化民成俗"的"导民善法"。

对深陷统治危机的清朝统治者而言，公园所具备的社会功能，首先不是娱乐消闲，而是移风易俗和缓解社会矛盾。在他们眼中，社会危机的克服既需要政治体制层面的改革，同时也要辅以社会生活的更新，而城市公共空间的营造就顺理成章地纳入社会改革方案之中。

故而，原本日常化的生活场景被过多地涂上了意识形态的色彩，在西方属于市民社会领域的公园，在中国却于无形中被拔高为政治治理和社会控制的手段，这一定调无疑与百年前激荡的政治格局有关。[①]

但基于财政拮据与当时的统治危机，清政府在推动公共文化服务上步子仍然很小。

面对此种情状，美国传教士、北京万国改良会会长丁义华（Edwarci Waite Thwing）曾在1910年做过一系列关于公园的长篇演讲，呼吁清政府加快公园建设。

在演讲中其详细介绍了西方公园的设施、功能和风格。他认为中国政府出资建造公园是迫在眉睫的事务，原因在于公园是城市化的必然产物。他说："兄弟周游西方各国，凡是人民众多的城市地方，没有不立公共花园……按说中国现在正是改良的时候，北京又是一国的都城，原应当在一切维新变法的事情上，立个榜样，做个领袖，好倡着叫各行省也效法改良，现今像这样的京师帝王之家，竟没有一个公共花园，不能为各行省立

---

① 复旦大学旅游学系编：《旅游发展与社会转型》，上海：复旦大学出版社，2015年，第444页。

个规模，岂不是一件恨事？"除此之外，他还将公园的益处归纳为三种：
"有益于卫生""有益于民智""有益于民德"。[①]

但此时的清政府犹如病入膏肓的衰叟，统治危机深重，社会矛盾千疮
百孔，清政府内部自上而下，自内而外，遍布着各种污秽与腐败，这些举
措无疑无力回天，没办法挽救其统治的重重危机。

---

① 复旦大学旅游学系编：《旅游发展与社会转型》，上海：复旦大学出版社，2015年，第
444页。

五大臣的欧美之行，拉开了近代中国法制变革的先声，也拉开了中国法律制度近代化的序幕。在清朝末年的这场改革中，戴鸿慈被任命为清政府第一任法部尚书，他肩负起清末法制改革的重任，首次将西方司法立宪的理念引入中国，提出改革法制"首在申明权责为入手"，申明法部权限，厘定职掌，他围绕司法体系建设，开展了大量工作：如清理旧案、制定新法规，推动各地裁判所的设立和模范监狱的开办，还提出了改革法官、警察、监狱等各项制度，重订刑法等各项法律。因此，无论是在清末宪政史上，还是在中国法制现代化史上，戴鸿慈无疑都占有一席之地。

第一节　法制改革

清末新政时期清政府开启的司法改革可以分为两个阶段：第一阶段是清末新政初启之时清政府延续之前中体西用思想进行的"恤刑狱"改革，主要以改革传统司法体制弊端作为主要任务，着眼于旧体制修补式的改良；第二个阶段的改革是在五大臣出洋考察回国后的改革，移植了西方大陆法系国家的司法制度，使传统司法机关的权力与职责范围发生了很大改变。

一、戴鸿慈推动法制改革

中国传统中央集权的君主专制制度始于秦代，延续至清政府垮台。在两千多年的时间里，皇帝集诸多权力于一身，一言九鼎，金口玉言，他的话便相当于法律，其往往根据自己的好恶来判定案件；而作为百姓父母官的地方官员在处理地方各种案件时往往也有类似的情况。并且，在中国传统政治体制之下，行政、司法的权限不分，在中央，刑部、大理寺、都察院虽然号称"三法司"，但三者均兼有司法行政权与审判权，在审判复核程序上也相互牵制，职掌范围常常混淆交叉。另外，内阁、部院、詹事、科道等部门也有一定司法职能，地方各级行政官员还担负有司法审判的职能，司法机关可谓繁杂混乱。

近代，西方列强入侵，通过不平等条约逼迫清政府割地赔款，还获得了领事裁判权，即"治外法权"，严重损害了中国的司法主权。"外国人来华者，往往亲入州县之监狱，旁观州县之问案，疾首蹙额，讥为贱视人类，驱民入教，职此之由。"① "夫国家者主权所在也。法权所在，即主权所在。故外国人之入他国者，应受他国法堂之审判，是谓法权。中国通商以来，即许各国领事自行审判，始不过以彼法治其民，继渐以彼法治华民，而吾之法权日削。近且德设高等审判司于胶州，英设高等审判司于上海，日本因之大开法院于辽东。其所援为口实者，则以中国审判尚未合东西各国文明之制，故遂越俎而代谋。"② 为争取列强放弃"治外法权"，清末新政时期清政府开始了传统司法制度的改革。

立法、行政、司法三权分立，是西方立宪政体的基本特征。戴鸿慈与端方在《请定国是以安大计折》中强调了三权分立的好处，他们称赞西方的司法独立的重要意义："司法之裁判所据一定之法律，以裁判刑事民事之诉讼，乃以此保护人民之生命财产，而其所重要者，则司法权独立于行政之外，不受行政官吏之干涉。"在《请改定官制以为预备立宪折》中，他们也指出"司法与行政两权分峙对立，不容相混，此世界百余年来之公理而各国奉为准则者也"。身处刑曹多年的沈家本在为刑部候补郎中董康

---

① 刘坤一、张之洞：《遵旨筹议变法谨拟整顿中法十二条折（节录）》，《宪制道路与中国命运：中国近代宪法文献先编（1840—1949）》，北京：中央编绎出版社，2017年，第254页。

② 佚名辑：《清末筹备立宪档案史料》，台北：文海出版社，1981年，第821—824页。

等人考察日本监狱和裁判所后所写的《裁判所访问录》序言中痛陈清政府司法不独立的弊病，"西国司法独立，无论何人皆不能干涉裁判之事，虽以君主之命、总统之权，但有赦免而无改正。而中国则由州县而道府，而司，而督抚，而部，层层辖制，不能自由。"根据出洋考察大臣们的意见，奕劻等人在《庆亲王奕劻等奏厘定中央各衙门官制缮单进呈折》中也分析了中国传统封建体制下三权不分的弊害，其谓："以行政官而兼有立法权，则必有借行政之名义，创为不平之法律，而未协舆情；以行政官而兼有司法权，则必有循平时之爱憎，变更一定之法律，以意为出入；以司法官而兼有立法权，则必有谋听断之便利，制为严峻之法律，以肆行武健，举人民之生命权利，遂妨害于无穷。"①据此，奕劻等人提出了"分权以定限"的改革方案，"立法、行政、司法三者，除立法当属议院，今日尚难实行，拟暂设资政院以为预备外，行政之事则专属之内阁各部大臣。""司法之权则专属之法部，以大理院任审判，而法部监督之，均与行政官相对峙，而不为所节制。"

按照考察大臣所建议的三权分立原则，清政府如欲改革司法体制，就必须有专门负责司法事务的部门。戴鸿慈认为，清政府的中央机关大理寺就其职掌而言类似于各国大审院，待司法独立后，可以将大理寺改为都裁判厅，作为国家的最高法院，从而实现议会、内阁、法院的三权分立。即如戴鸿慈、端方在《请改定官制以为预备立宪折》中所言："刑部掌司法行政，亦旧制所固有，然司法实兼民事、刑事二者，其职在保人民之权利、正国家之纪纲，不以肃杀为功、而以宽仁为用，徒命曰刑，于义尚多偏激。臣等以为宜改名曰法部，一国司法行政皆统焉。司法之权，各国本皆独立，中国急应取法，所由各省执法司，各级裁判所及监狱之监督，皆为本部分支，必须层层独立，然后始为实行。""大理

---

① 佚名辑：《清末筹备立宪档案史料》，台北：文海出版社，1981年，第821页。

寺之职颇似各国大审院，中国今日实行变法，则行政与司法两权亟应分立，而一国最高之大审院必不可无。俟司法独立之后，改大理寺为都裁判厅，以当其职。"

二、部院之争

戴鸿慈提倡司法与行政相分离，推动了清政府法部与大理院的建立。光绪三十二年（1906）九月二十日，清政府谕令，"刑部著改为法部，专任司法；大理寺著改为大理院，专掌审判。"清政府此项改革对于传统司法体制来说是一个极大的变化，原由中央三法司分享的司法权改为了由法部与大理院承担。但该规定对于法部与大理院之间的权责并无更细致的说法。在奕劻的"司法之权则专属之法部，以大理院任审判，而法部监督之，均与行政官相对峙，而不为所节制"[1]说法中，大理院更像是法部下属的一个负责审判事务的机构，并非最高审判机关。二者权责不清的这种状况不可避免地造成司法体制的混乱，为日后的"部院之争"埋下了隐患。次日，任戴鸿慈被任命为法部尚书。

法制改革，是清政府宪政制度的重要内容，被视为"立宪始基"。奕劻作为宪政编查馆大臣就曾上奏折强调统一法制的重要性，其谓："立宪各国，无不以法制为主义。而欲达法制之域，非先统一法制不可。各项法制规模大具，然后宪法始有成立之期。故各国政府大都附设法制局，以备考复各处法案，而统一法案复定以后，始付议院议决。"[2]

统一法制，建立现代司法制度，实现司法和审判分离，这是一项全新的改革，对于主持改革的官员来说也是前所未有的挑战。如何将司法与审判权分离，清政府各部门的官员们都十分茫然，清政府所给出的官制改革方案也仅仅提供了一个大致的方向，强调如有未尽合宜之处，仍著各部门

---

① 佚名辑：《清末筹备立宪档案史料》，台北：文海出版社，1981年，第464页。
② 佚名辑：《清末筹备立宪档案史料》，台北：文海出版社，1981年，第48页。

根据情况随时修改，循序渐进，以臻完善。因此，作为法部尚书，戴鸿慈的首要任务是理顺法部与大理院之间的关系，分清二者的权限范围。他于是指派下属负责拟定法部职掌，强调"本部一切制度旧而且繁，诸公与议此事，务求新而能简，以期合时宜而便遵守"①。光绪三十二年（1906）十二月十八日，戴鸿慈等人上奏了《法部奏核议法部官制并陈明办法折》，提及法部的官制有十三条内容，兹摘录其中五条如下：

一、法部掌管全国民事、刑事、监狱及一切司法行政事务，监督大理院、直省执法司、高等审判厅、地方审判厅、城乡谳局，及各厅局附设之司直局调查检察事务。

二、法部设承政厅、参议厅二厅；设审录司、制勘司、编置司、宥恤司、举叙司、典狱司、会计司、都事司；设收发所。

三、承政厅设左右丞各一员，负责稽察各司重要事务，总办秋、朝审实缓进呈册本，兼核思赦减等事宜，掌本部所辖之京外各职员进退，并区画各审判厅局管辖地，调度司直及司法警察事项。设参事二员，襄理厅务，选派各司熟悉例案司员会同办理，不作缺额。

四、参议厅设左右参议各一员，审定各司重要事务，纂修律例，条定新章，详核各司驳议稿件，调查中外法制、内地风俗，编纂通行条例，统计书表，撰拟章奏文移，及秘密函电暨律师注册事项。设参事二员，襄理厅务，选派各司熟悉例案司员会同办理，不作缺额。

五、审录司设郎中三员，员外主事各四员，分掌朝审录囚，复核大理院、各裁判厅局，暨直隶、察哈尔左翼、两广、云贵刑

---

① 佚名：《戴尚书之政见》，《大公报》（天津），1906年12月4日。

事民事各项案件。[1]

但由于清政府最先设定的法部与大理院的职掌范围界限并不清晰，法部职掌范围的设定便牵扯了大理院，问题极其复杂，从而引发了清末有名的"部院之争"，即法部与大理院之间的权限之争。时任大理院正卿沈家本，与戴鸿慈往复论辩，戴鸿慈的改革也受到朝廷内外顽固派大臣的诸多责难。

光绪三十三年（1907）二月三十日，戴鸿慈冒着被朝廷责难的风险，致函仍是朝廷通缉犯而寓居于日本的梁启超，谈起这场斗争的来龙去脉，请其解释法部与大理院权限并向其请教开办地方审判的办法。

在《梁启超年谱长编》中，收录了一封戴鸿慈为法部与大理院权限事致梁启超函，并梁启超致徐佛苏"望即照草一文来为盼"的信件，内容如下：

> 客腊杪手发一函，敬问起居，并道谢感德，想邀察鉴。本日托汇丰银行转致一电，请教司法省行政事宜，与大理院审判之权限，诚恐电文简略，两署所以纠葛不清之故，执事未洞悉内容，故谨为足下详陈之。
>
> 自去年七月宣布预备立宪之旨，其后组织内阁，以各部为行政大臣，拟以察院改为立法部，以刑部改为司法省，嗣因察院御史不肯听裁，遂罢议立法一部，而刑部遂为司法衙署。惟枢密诸员，未明新学，故颁谕之始，即已含混不分疆界，（谕云，以刑部改为法部专任司法，大理寺改为大理院专任裁判）致令部院诸员，纷纷争议，互起冲突，山阴尚书力主和平，甘居退让，而沈堂乃以阴柔手段，攘窃法权，一切用人行政区划审判区域事

---

[1] 佚名：《法部核议官制并陈明办法折》，《东方杂志》，1907年第3期。

宜，不关白法部，亦并未会衔，径直上奏，惟留秋、朝现审诸例案，推诸法部，自余修律大臣法律学馆，皆归一人之手，法部不过问焉。夫修律者，立法部之义务也；司法调度司法警察者，司法省之义务也；秋、朝现审者，大审院之义务也。今以一人之责任，兼三权而有之，（秋审等大理院仍旧办事，不过令法部复核耳）其不丛弊者几何？且以修律一事，即令公诸司法省，尚未符今日立宪国体制，何况立法者此人，执法者此人，委任检察局员各级审判局员者亦此人。窃恐宣布之后，译诸报章，为环球立宪国所指笑，是以不揣固陋，提议翻案，走蒙各堂采择，将调度警察两事（修律尚未敢言）实行入告，奉旨依议，是两署皆已有得旨遵办明文（院奏在前），会议数次，莫衷一是，而员司已各怀意见，城府甚深，不能复议。目下所援引为依据者，仅《日本现行法典》一部（内附裁判所构成法），其余欧西各国如何划分权限，尚未明晰。素仰我公热心为国，又复惠教谆谆，不以鄙人顽钝，用敢擅发函电，冒渎神明，伏乞将两署权限详细解释，援引欧西（日本已有）各国现行法律为典据，其留学生之擅法律学及裁判专门者，乞将衔名住址籍贯开单列示，俾呈堂察阅，以充他日各级裁判之选。再地方审判，拟由直隶、奉天、江苏三省先行试办，应如何区划地段，能否代为画策？方今考验人员无及格者，开局费用如何筹拟？日本改良之始，经济困难必视我国为尤甚，其开办从何处着手？足下薄海闻人，必有以开其鄙塞，伏惟勿吝赐教。①

在梁启超帮助下，戴鸿慈获得西方各国法制资料，乃悉心规划，试

---

① 戴鸿慈：《致任公先生书》（1907年4月12日），转引自李贵连：《沈家本传（修订本）》，桂林：广西师范大学出版社，2017年，第294—295页。略有修订。

图通过单独上奏折的方式来处理法部与大理院之间的纷争。1907年5月14日，他上呈了《奏酌拟司法权限缮单呈览折》，提出"司法者与审判分立，而大理院特为审判中最高之一级。盖审判权必级级独立，而后能保执法之不阿；而司法权则层层监督，而后能防专断之流弊。考之东西各国，莫不皆然，此之谓司法行政权"。[①]其建议大理院及地方各级审判厅所审理的重大案件，都须经过法部核实判定后再向皇帝上奏。其认为，法部的司法行政权，包括司法和行政两个方面。具体地说，司法权包括如下："大辟之案，由大理院或执法司详之法部，以及秋、朝审大典，均听法部复核；此外，恩赦、特典，则由法部具奏。"而行政权则包括之前王公大臣所奏《法部官制清单》中提及的，"法部管理民事刑事牢狱，并一切司法上之行政事务，监督大理院、直省执法司、高等审判厅、地方审判厅、乡谳局及各厅局附设之司直局，调度检察事务"等，"复析之曰区划权、曰调度权、曰执行权、曰任免权。即臣等核议官制奏称，司法官吏之进退，刑杀判决之执行，厅局辖地之划分，司直警察之调度，皆系法部专政之事"[②]。戴鸿慈据此规划了法部与大理院的权限：

一、大理院自定死刑之案咨送法部核定，将人犯送法部收监，仍由大理院主稿会同具奏；其秋后人犯，于完案后移送法部监禁；朝审册本由法部核议实缓，再由法部及钦派大臣复核，黄册专由法部进呈。

二、外省秋审事宜，仍照向章办理。

三、大理院自定遣、军、流、徒之件，由大理院定稿后咨送法部，查照例章办（理）。

四、大理院自定专案，军、流以下之件，由大理院自行具

①　佚名辑：《清末筹备立宪档案史料》，台北：文海出版社，1981年，第824—825页。
②　佚名辑：《清末筹备立宪档案史料》，台北：文海出版社，1981年，第825页。

奏，咨报法部备案。

五、高等审判厅、地方审判厅成立后，其死罪案件，分详部院，由大理院复核后，咨法部核定，由法部主稿，会同大理院具奏。其遣、军、流、徒以下案件，均详法部办理。

六、速议之件，外省奏请奉旨后，专由法部核议。如情罪不符者，咨交大理院，俟供勘到后，援律驳正，仍由法部具奏。

七、汇案死罪之件，外省具奏奉旨交法部议奏者，应令各省将供勘分达部院，由大理院复核，限十日咨送法部核定，即由法部具折复奏，如有情罪未协者，仍咨大理院驳正。

八、外省寻常军、流以下咨案，应由法部复核，笞、杖等罪，造册报部。

九、大理院官制，因检察总厅隶于法部，及请简请补员缺，皆须会商，即应会同法部具奏。其推丞及总检察，由法部会同大理院请简，推事及检察，由法部会同大理院奏补。

十、各级审判厅官制员缺，及分辖区域设立处所，由法部主稿会同大理院具奏。

十一、法部监督各级审判厅、检察厅，由法部议定处分。

十二、死刑由法部宣告，令该管检察官监视行刑。其检察厅未成立以前，暂由法部派员会同原审官监视行刑。①

戴鸿慈所列的这十二条权限中，法部基本包揽了大理院的大部分审判权和人事权，法部的权力范围得以延伸与拓展，而大理院就如同法部的下属机构，能自主行事者很少，显然对于法部与大理院的权限尚未厘清。但清政府很快谕准了戴鸿慈该奏折中的建议，将戴鸿慈的奏折和清单发至大理院。

① 佚名辑：《清末筹备立宪档案史料》，台北：文海出版社，1981年，第826—827页。

然而，戴鸿慈此折引起了沈家本的不满。5月20日，沈家本向清中央上呈《奏酌定司法权限并将法部原拟清单加具案语折》，对戴鸿慈之前的建议进行了驳斥，其针锋相对地对法部所列权限逐条地进行反驳，认为"宪法精理以裁判独立为第一要义，此东西各国之所同也"，而大理院审判的案件须经法部审核，则与西方立宪国家的通例不符，也将影响到列强所允诺的"治外法权"的放弃。"司法独立，为异日宪政之始基，非谓从前刑部现审办理不善故事更张也。"①"以大理院为全国最高之法院者，即为全国审判官于一切行政官对峙分立之基础"，"中国行政、司法二权，向合为一。今者仰承明诏，以臣院专司审判，与法部截然分离，自应将裁判权限等级区划分明，次第建设，方合各国宪政之制度，至各直省审判衙门，应嗣官制厘定，由法部咨商各督抚次第筹设等因。"这是首次在制度建设上提出了审判独立的命题。他接着指出，法部和大理院同属"司法之机关"，法部职权范围在于"司法中之行政"，大理院则负责"司法中审判"，二者原本界限分明，但戴鸿慈奏折中所定办法却在很多方面侵犯了大理院的权限，如"死罪必经法部复核，秋、朝审必须法部核定"，这明显与大理院"专掌审判之本意"不符。同时，在行政用人权领域，西方诸国因法律教育发达，司法人才众多，而中国"法学甫有萌芽"，能胜任审判的人才并不多，大理院如不"亲加试验"，将很难选出合格的审判人员。故而其反对将这些权限全交由法部掌管。他提及之前与法部就两者权限问题进行了协商，但在尚未及达成一致意见的情况下，法部却先行上奏，"乃商未就绪，而法部已自行具奏"。沈家本针对戴鸿慈的奏折，"查阅清单所开十二条，有与臣等已经商定者，有与臣等商而未定者，其中尚无窒碍各条，臣等自当钦遵办理。惟第一条臣院自定死刑之案及朝审册事宜，尚需稍加厘正。第五、第六条，尚须添入臣院会同具奏。第九

---

① 佚名辑：《清末筹备立宪档案史料》，台北：文海出版社，1981年，第827页。

条，臣院官制业经奉懿旨，仍着各该堂自行何议，似未便再会法部。"①其反驳的内容如下：

针对戴鸿慈奏折的第一条，沈家本指出："各国裁判制度，皆以大审（理）院为全国最高裁判之地，定拟各案，惟死罪送交司法大臣执行，如情罪或有可原，则由司法大臣奏清减免，并无驳审之权。即厘定官制王大臣奏陈法部节略所称，法部只能监督裁判处理，其司法上之行政事务，不能干涉其裁判权是也"。故而其认为戴鸿慈奏折中规定大理院自定死刑案件，还须送法部核定，不但与各国办法不合，恐贻笑于外人，导致"治外法权之收回，迄无效果"，而且有违原定官制王大臣所定办法。因此，他试图提出折衷的办法："凡臣院审定死刑之案，抄录红供奏底连折稿送由法部复核，会画以后，系立决人犯，即送交法部收监，以便执行处决；系秋后人犯，俟会奏后移送法部监禁。至朝审册，本系臣院自审及京师地方审判厅以上审理之案，查外省秋审人犯，必须各省自拟实缓，先行奏闻，则京师各审判衙门定拟秋后人犯，亦应由臣院审拟实缓，咨由法部核办，黄册则由法部进呈"。②

针对戴鸿慈奏折的第六条，沈家本认为："外省重大案件，如奉朱批法部速议具奏者，自应由法部核议，若情罪不符，既咨交臣院驳正，则具奏之日，亦应会同臣院，以备圣明垂问"。③

针对戴鸿慈奏折第七条，沈家本认为，检查例案时间为十日，时间太短，应改为以二十日为限。

戴鸿慈奏折第九条，沈家本认为，该条与清政府之前改革官制谕旨的尊旨相违背，原旨为"各部院等衙门职掌事宜及员司名缺"，由各部院堂官"自行核议，会同军机大臣奏明办理"。他提出，"检察总厅职掌，实

---

① 佚名辑：《清末筹备立宪档案史料》，台北：文海出版社，1981年，第828—829页。
② 佚名辑：《清末筹备立宪档案史料》，台北：文海出版社，1981年，第829页。
③ 佚名辑：《清末筹备立宪档案史料》，台北：文海出版社，1981年，第830页。

与审判相关，盖各国之有检事官，借以调查罪证，搜索案据，其宗旨在于护庇原告权利，与律师之为被告辩护者相对立，而监督裁判持其一端。该检事官厅，大都附设于裁判衙门，故大理院官制清单，列入监察各官，职是故也。"①

法部与大理院争论不休，清政府对此十分恼火，并未支持沈家本奏议的观点，而是谕令大理院与法部妥善商议，不准再各执己见。同时清政府将原大理院正卿沈家本调往法部任右侍郎，将法部原右侍郎张仁黼调任大理院正卿，通过政治手腕暂时平息了这场争论，并将该事交由宪政编查馆核议。宪政编查馆认为："现值行政、司法分权伊始，该部院固不可无互相维系之方，亦不应有互相侵越之举"，"若徒斤斤于部院权限之间，而置总检察厅于不顾，殊失定制之本旨"。其在部院之间凸现了"检察"之意义，拟请"京外各高等地方审判各厅所定死罪案件判决确定后，在京由各该检察长逐起将全案供勘缮册呈报法部，在外由各该检察长或监督检察官逐起将全案供勘缮呈提法司申报法部，例应专奏者，改为专申，例应汇奏者，改为汇申。其申报到部后，系监候人犯，在京由该部汇案办理，在外由该省提法司照例分别实缓汇案申报法部，照例核办；系立决人犯应请旨行刑者，由该部具奏，折内只叙原判所定罪名，分别应斩应绞，毋庸备录供勘，奉旨后札行各该检察厅，遵依奉行"。"如此分别办理，既符死囚奏报之旧制，亦合审判独立之精神，洵足便执行而杜纷扰"。②由此，部院之争终于告一段落，法部与大理院的职权范围基本达成了一致意见：

一、大理院自定死刑之案，先行抄录红供奏底，咨送法部复核。有无签商，于三日内片复大理院，再由院备稿，送稿会画，

---

① 佚名辑：《清末筹备立宪档案史料》，台北：文海出版社，1981年，第830页。

② 孙家红：《清代的死刑监候》，北京：社会科学文献出版社，2007年，第145页。

定期具奏。系立决人犯，即送交法部收监，以便执行处决。系秋后人犯，于定案后移送法部监禁。朝审册本由法部校议实缓后，并照旧章奏请，钦派大臣复核，黄册专由法部进呈。

一、速议之件，外省奏请奉旨后，专由法部核议，如情罪不符者，咨交大理院，俟供勘到后，援律驳正，仍由法部缮折，会同大理院具奏。

一、汇案死罪之件，外省具奏奉旨交法部议奏者，应令各省将供勘分达部院，由大理院复核，限二十日咨法部核定，即由法部具折复奏，如有情罪未协者，仍咨大理院驳正后，再行咨部缮折，会同大理院具奏。

一、大理院官制，拟会同法部具奏后，所有附设之总检察厅丞及检察官，由法部会同大理院分别开单请简请补；其刑科、民科推丞，应由部院公同妥商，将大理院审判得力人员开列清单，由部会院请简，推事以下各官，即由院会部奏补，以收得人之效。

一、外省奉到部文后，应即遵照新章，将死罪案件供勘，分别咨达部院，听候大理院复判，法部核定；如未经奉到部文之先，业已交部核议者，仍由法部照常办理，以免参差。[1]

在法部和大理院权限清晰之后，戴鸿慈又专就法部的下属机构做了改动。原先刑部下设十七司，戴鸿慈将其改并为八司，分别为审录、制勘、编置、宥恤、举叙、典狱、都事、会计。在八司以上设承政、参议两厅，每厅设参事各两人。地方的各级审判机构依此办理。

在1910年清政府颁布《法院编制法》的奏折中，规定："凡从前法部、大理院权限未清之处，自此次《法院编制法》颁行之后，即应各专责成，拟请嗣后属于全国司法行政事务，如任用法官、划分区域，以及一切

---

① 李贵连：《沈家本评传（增补版）》，北京：中国民主法制出版社，2016年，第85页。

行政上调查执行各项，暨应钦遵筹备事宜清单筹办者，统由法部总理主持，毋庸会同大理院办理；其属于最高审判暨统一解释法令事务，即由大理院钦遵国家法律办理，所有该院现审死罪案件，毋庸咨送法部复核，以重审判独立之权。"自此，法部与大理院之间的权限终于分明，法部专门管辖司法行政权，负责管理监狱、执行刑罚及监督各级审判机构和检察厅，而案件的最高审判权和解释法律的权力则专属大理院，死刑案件也无须再经法部复核。[①]

与此同时，在厘定法部权限的过程中，戴鸿慈对审判制度也进行了改革，其提出将全国裁判所分为四等，京师设立大理院，每个省设高等审判厅，每个县设地方审判厅，县里另外设立乡谳局。戴鸿慈督促各省尽快开设，提出"全国审判若不划一，将来讼狱必滋弊端"，故而要求各省督抚，"于该省内速行开办初级审判厅，俟完备后再立地方审判厅，其规模皆需按照部章，以昭一律"。[②]

另外，作为法部尚书，戴鸿慈积极推动清末法律的修订。其曾上奏《拟修订法律办法折》，强调编纂法典的重要性，关系到立宪能否进行。"国家机关之组织作用及国民公私之权，非依法律规定之，不能得应用之依据，及保民主之实效；而法律之规定，因世界之进步而日增，苟非编纂成文，不能洪纤毕举。此则编纂法典，乃预备立宪最要之阶级也。"因此，"必有主事之政策，行事之机关，议事之方式，又必有先事之预备，临事之秩序，已事之设施，而后持之以毅力，运之以精心，广之以众长。夫如是期之十年或二十年，朝野上下，一志同心，民度日高，国事以定。迨夫法典告成，宪政卓立，国家万年有道之长，实基于此。"故而，戴鸿慈建议开设修订法律馆，"以示全国法律之所从出，将来无论何种法律，

---

① 佚名：《宪政编查馆奏核订〈法院编制法〉并另拟各项暂行章程折（并单）》，《政治官报》，1910年2月18日。

② 见《申报》，1909年3月8日。

皆须由法律馆编纂及提议改正，以期法律之统一。其组织之法，原奏请以法部、大理院专司其职，自系为便于管理起见。臣等职掌攸关，何敢自宽其责，特事当创始，不厌求详，所以修订法律，除由臣等详慎办理外，应请钦派王大臣为总裁，其各部院堂官，应如原奏请旨特派会订法律大臣；至各督抚、将军，有推行法律之责，亦应一律请旨特派参订法律大臣，此下编纂员等，应请设提调，一二三等纂修、总校、分校、内外调查、缮译、书记、会计各员，容臣等择尤开单请派，仍以原官选充，酌津贴，以资鼓励。此外，延聘东西法律名家，比照各学堂外国教习之待遇，按私法契约之类，以一私人资格订立合同，使之缮译各国法律条文及有名之判决例，解释法律正当理由，比较各国法律异同优劣，著之于书，以备采用，不得干预立法之事。此臣所谓行事之机关也。"①戴鸿慈开设修订法律馆的建议得到了宪政编查馆大臣奕劻的赞同，之后，清政府发布上谕，"著派沈家本、俞康三、英瑞充修订法律大臣，参考各国成法，体察中国礼教民情，会同参酌，妥善修订，奏明办理。"②虽然戴鸿慈没有直接负责法律修订事宜，但其一直十分关注事情的进展，"法部戴尚书对于新订各律异常注意，昨特派司员萧熙等四员，将新订各律详细研究，其有未尽适宜之处，分别签注呈堂，以便与修律大臣会商办理"。③

第二节　改良狱政

监狱制度是一个国家政治制度、经济制度、社会制度、文化制度等各个方面的发展状况的综合反映，从某些方面象征着一个国家的文明，近代

---

① 佚名辑：《清末筹备立宪档案史料》，台北：文海出版社，1981年，第839—842页。
② 朱寿朋：《光绪朝东华录》，北京：中华书局，1958年，总第5747页。
③ 佚名：《法部派员研究新律》，《大公报》（天津），1909年3月21日。

西方各国都把监狱的良莠作为判断一国政治是否文明的一个标准。戴鸿慈在考察西方监狱后，积极推动狱政制度的改革，并筹办模范监狱，在狱政的近代化上占有重要地位。

一、近代监狱制度改革的背景

在封建制国家，刑罚观念及刑罚执行主要以威吓为目的，监狱制度和监狱管理十分残酷、黑暗。在传统的观点看来，监狱就是羁禁罪犯的场所，将犯人监禁其中，通过约束其自由、折磨其身体等方式使其滋生悔罪迁善之心，从而达到监禁刑的目的。故而，监狱的阴森恐怖可想而知，也让人望而生畏，能达到威吓民众的目的，告诫其遵纪守法。近代著名思想家郑观应曾在《盛世危言》中记录了当时清政府监狱的状况：

> 贫困无聊，流入匪类；致罹法网，横被官刑；土室棘垣，暗无天日；赭衣黑索，惨受拘挛。禁卒毒若虎狼，秽气积成疠疫。自军流以下诸罪人，本无死法，而久系瘐毙者，往往有之，其冤惨可胜言哉？[①]

在这种监狱中，犯人一般只能得到少而劣质的食品，需佩戴铁镣或木枷等刑具，从事繁重的劳动，动辄被管理者鞭笞，牢房内空间狭窄，人犯杂居，拥挤不堪，牢头、狱霸常欺压犯人，抢夺犯人财务，而酷吏则常常以权谋私、威挟索贿，中饱私囊。监狱管理环境如此恶劣，犯人的处境自然非常糟糕。被关押入狱的犯人因病而死者众多，因被狱卒虐待而死者也不少见。这种状况，令作为清政府高官的张之洞颇为感慨，强调必须改变此种状况，其谓：

---

① 郑观应：《盛世危言》，北京：华夏出版社，2002年，第219页。

敲扑呼号，血肉横飞，最为伤和害理，有悖民牧之义，地方官相沿已久，漠不动心。夫民虽犯法，当存哀矜，供情未定，有罪与否，尚不可知，理宜详慎。况轻罪一笞，当时如法惩徵，日后仍望其勉为良民，更宜存其廉耻……州县监狱之外，又有羁所，又有交差押带等名目。狭隘污秽，凌虐多端，暑疫传染，多致瘐毙。仁人不忍睹闻，等之于地狱；外人尤为痛诋，比之以番蛮。夫监狱不能无，而酷虐不可有。宜令各省设法筹款，将臬司府厅州县各衙门内监外监大加改修，地面务须宽敞，屋宇务须整洁，优给口食及冬夏调理各费，禁卒凌虐，随时严惩。①

故而很多人都呼吁清政府"外观世变，内察国情，若狱制不善，终不能与各国跻于大同"②。

当清政府还停留在中世纪之时，西方国家在这些方面已经有了很大的发展。19世纪20年代，随着刑罚理论的发展，西方资本主义国家的监狱管理逐渐转变为以矫正和教育为目的，改革肉刑、废除死刑、对罪犯实行感化教育等刑罚思想随之而兴起。到19世纪60—70年代，流行于中世纪的一些做法，如对罪犯实行刺颈、驱逐的惩治举措在西方监狱已被取消。教育刑主要是对罪犯实施教化，目的在于使罪犯悔过自新，使之成为良善的能够参与社会建设的公民，至少是对社会无害的人，最终顺利回归社会，最终达到减少犯罪，维护社会稳定的目的。西方监狱依据这一刑罚理念，普遍通过习艺劳动、宗教教诲、文化教育等方式对罪犯进行教育改造。西方国家基本都将监狱视为国家文明和进步的标志。1846年召开的第一次国际监狱会议，设立了万国监狱协会，对各国改良

---

① 朱寿朋：《光绪朝东华录》，北京：中华书局，1958年，总第4743—4745页。
② 佚名：《法部奏派赴美外国监狱改良会徐谦等回京报告折》，薛梅卿等编：《清末民初改良监狱专辑》，内部资料，1997年，第52页。

监狱的做法进行交流和讨论，旨在推动监狱管理制度的改良和发展。19世纪六七十年代，日本明治维新后，也效仿西方对其监狱管理制度进行了改革。

近代开始，西方列强入侵，强迫清政府签订了一系列不平等条约，并且借口清政府实施法律时十分专断和极为腐败，怀疑清政府执法的公平公正，认为清政府对犯人的监管十分残酷和不合理，中国的法律体系与欧洲公平或正义的观念不相容，因而不愿意接受中国法律的管辖，要求在中国享有领事裁判权和治外法权，严重侵害了中国司法主权的独立性。但清政府腐败无能，没办法扭转这一局势。从而，鸦片战争后，西方列强纷纷凭借在华攫取的司法特权，在租界内设立西式监狱，颁布监狱管理章程，以西方的方式关押和看管犯人。虽然近代的中国人争取司法独立，为收回治外法权而与西方列强的斗争从无间断，但西方各国给清政府施加的压力，也使清政府开始关注监狱制度的改良。

1890年，第四届"国际监狱会议"在俄国首都圣彼得堡召开，清政府也曾派官员出席，这是清政府第一次参加"国际监狱会议"。此后的历届会议，清政府都曾派遣驻在国公使就近参会。对西方监狱管理制度的逐渐了解，使清政府也试图在此方面有所改革，以向世界展示中国的文明形象，为以后裁撤列强在中国的领事裁判权和取消租界监狱等做准备。

1897年，黄遵宪任湖南按察使时就曾协助时任湖南巡抚陈宝箴推行新政，其中就包括有监狱改良方面的实践。他针对监狱环境脏乱差、犯人坐卧无所、饮食不饱、疾病流行、病死者众多的现状，在湖南开设迁善所。迁善所的管理相对较为人性化，犯人衣食、住宿等方面的条件也明显优于其他监狱，还设有浴室和医馆，保证犯人洗浴和就医的需要。为规范迁善所的管理，其制定了《湖南迁善所章程》，规定犯人在迁善所内需从事各种不同的工作，工作所得的五成用来弥补犯人饭食所需，五成给该犯，作为罪犯出迁善所后的谋生资本。迁善所的设置，明显强调对犯人进行劳动改造，与传统的主要为惩戒的管理理念不同，体现了近代教育型的理

念，相较当时中国其他监狱是较为进步的。①戴鸿慈的考察正是在此背景下展开的。

二、戴鸿慈对监狱改革的推进

出洋考察期间，戴鸿慈对西方监狱进行了非常细致的考察，他走访了五个监狱，重点参观了柏林的重罪监狱和美国的爱尔卖拉（Elmira）改良所。在参观监狱的过程中，他对监狱的建筑样式、基础设施、管理制度、罪犯的日常生活、教育改造、建设费用、监管人员等多个方面内容十分关注。戴鸿慈注意到，西方国家对罪犯实施的是分类监禁制度，将已决犯、未决犯、男犯、女犯等分别设监，实行分类监禁，"每室容两人"或"每囚一室"，将罪犯分隔开来，防止不同类型罪犯之间的恶习濡染。

戴鸿慈对柏林监狱的监室兼备住宿与劳动教化的功能颇有感触，其看到各监室中每个囚徒居住一室，室中有工桌，各囚皆于室中作工，无杂居者。其床有机括，日间则为桌子，及至夜间，则引其机成一床。故监室虽小却不觉其狭窄。其参观完美国旧金山监牢中的女牢后，赞叹那里的净洁程度，几与客店无异。西方监室的环境与中国传统监狱可谓大相径庭。相对于清政府牢房狭窄阴森、黑暗潮湿、人犯杂居、环境拥挤恶劣而言，西方监狱大多宽敞整洁，每个监室只住一人，或二人，最多也不过三五人，且都有窗户通风透气。为对犯人进行改造，西方各国监狱还设有教室，作为对犯人进行文化知识或者技能教育的场所，戴鸿慈对此也颇为赞赏。

西方监狱对犯人的管理上，常用减刑制度，戴鸿慈对此也有记载，其在参观美国爱尔卖拉改良所时就对此有所描述。其记录，如果罪犯在监狱表现积极上进且有悔改表现，可以适当减少服刑期限，提早释放。这里关押着十六岁至三十岁犯轻小之罪不至监禁的男子，所中规模宏敞，有教

---

① 孟竹：《清末出洋人员对西方监狱的考察》，河北大学硕士学位论文，2012年，第42页。

室、有操场、有房舍，共有一千一百多间。所内设有教室，所教授的内容，有工艺、商业等，目的在于其出所后能倚之为谋生之道，能自食其力，复为良善。戴鸿慈对该所的教育感化性质颇为感兴趣，称其为"顽童学堂"。他在参观美国旧金山的监牢后，认为"监牢非以苦痛犯人也，束缚其自由而仍使之作工，故西人有改过所之称"。监狱中设有工作所，监狱组织犯人进行劳动，在犯人入狱之时，便根据其艺能来分居室，"其居室亦以作工之能事而定，不以罪名也。"

柏林重罪监狱中也设有教室，"所授学科为德文、宗教、唱歌、实业及格致等，每日三小时或四小时不等。"该监狱规定，犯人平常作工所得的工资，由司狱官代为保管，待罪犯刑满释放之时，始许给还，以满足其回归社会的需要，这与中国封建社会为了惩罚犯人而无偿压榨和剥削犯人的方式大相径庭。戴鸿慈认识到西方监禁刑的目的最终是为了使犯人能回归社会，这与中国传统监狱的做法不一致，观念也不同，故而其对于西方的教育刑行刑理念有了一些认识，从而提出中国应在此方面效仿西方的主张，谓西方监狱的种种做法，"皆可为吾国模范，何幸如也！"

西方的考察，使其根据清政府的情况进行了反思，并思考中国改革的方向，其回国后在吁请清廷转变狱政思想、改革监狱管理制度等方面着墨颇多。如考察回国后，戴鸿慈任职清政府首任法部尚书（1906—1909）。当时法部主要职责之一为掌监狱，包括牢狱建造的图案、牢狱之增裁、监狱的典狱官、罪犯的名册、习艺等。戴鸿慈在推动法部改革与监狱制度的改良等方面起到了至关重要的作用。遗憾的是，目前学界的相关论著在谈及清末监狱改良的启动时，都重点肯定了沈家本的功绩，对戴鸿慈的贡献涉及较少。殊不知，沈家本的监狱改革，需得到法部尚书戴鸿慈的支持才行。

首先，戴鸿慈上奏力陈改良监狱对于修订法律、实行新政的关系，建议改良狱政，论述"今日万国监狱之协议，我国长此不变，势必贻人口

实。"戴鸿慈主张清政府的政治改革必须要实行新刑律，而"监狱一端，实与新律有隐相维系之故，狱制一日不改，则新律万不适用，而修订法律为无效"。其认为，监狱改良的宗旨为"惩戒与感化并重"[①]。接着，其逐条批示了沈家本的监狱改良方面的奏折。光绪三十三年四月十一日沈家本上呈《实行改良监狱宜注意四项折》，提及改建新式监狱、养成监狱官吏、颁布监狱规制、编辑监狱统计四方面意见，戴鸿慈对此表示赞同，并在《议复实行改良监狱折》分别从这四个方面提出了自己的意见和补充。

对于改建新式监狱，其认为采用"分房制、阶级制为最善"。繁盛大都市或通商巨镇，可以以高标准要求，"一切规模自宜参酌东西洋办法"，为以后裁撤领事裁判权及抵制租界监狱做准备。腹地省份，财力稍逊，则分年修改；对于养成监狱官吏，他建议在京师法律学堂以及京外法政学堂中设置监狱学一科，学生毕业后颁发文凭；各省大监狱，设正副典狱官各一名；关于颁布监狱规制，其认为能收狱制统一之效；而关于编辑监狱统计，其认为十分重要。

中国监狱，向无统计可征，凡囚人之情状，狱中之事宜，处处无凭查核，是以狱务窳坏因循至今。前年臣部咨行各省，令各道府派员稽查监狱，按半年申报督抚一次，年终汇报臣部。但未颁布格式，不过稽查有无淹禁滥押凌虐等弊，而于各省犯罪之起源、各监犯人之名数、牢狱面积之广狭、官吏管理之方法，与种种计划，一切均未周知。应如该大臣所奏，由臣部编定成式，须发各省，通饬所属按式分年报告，仍由臣部汇订成册，恭呈御览，以备汇年比较，则监狱之进步，当有日新月异之观。[②]

由此，狱政方面的各项改革渐次推进。戴鸿慈建议采英美改良监狱

① 佚名：《法部奏复实行改良监狱折》，《东方杂志》，1907年第12期。
② 佚名：《法部奏复实行改良监狱折》，《东方杂志》，1907年第12期。

之制，在京师筹办模范监狱，此即为法部监狱，在模范监狱的选址及筹款等问题上亲历亲为，多方协调，于宣统年间正式开始建设。该监狱规模较大，设施齐全，东西长九十丈（一丈约等于三米三），南北一百丈，围墙分内外两层，前、中、后三区。内设有看守教诲所、病监、医诊药术室、浴室、工场、食堂、运动场、阅览室等。同时，戴鸿慈还督促各省尽快建立模范监狱，其排除司员至各省调查监狱情况，要求各省在省会先行设立模范监狱一所。宣统元年（1909）九月十九日，法部通饬各省于宣统三年以前建成模范监狱。可以说，他为清末监狱的近代化改革作出了重要的贡献。[①] 1907年，清政府开始以日本为师创设模范监狱。据统计，到1908年，湖北和奉天建成了模范监狱。之后，直隶、广西、江苏等地的模范监狱也先后建成，对于后世的监狱制度产生了很大影响。

另外，法制改革的推进，亟须法律人才。戴鸿慈在法部着力对原刑部司员进行甄别和考试，以抽调相关法律人才为己所用。从光绪三十二年（1906）十月开始，戴鸿慈便开始对司员进行考核，"每日分两班谒见堂宪当面考试，其考试试题系现行律例，以援行之当否，为试验之优劣，并无论实缺候补，及有他衙门差使之员，皆一律考试"。[②]在此基础上，戴鸿慈对部务进行整顿，将那些不堪用的司员在给予相关薪俸补贴的基础上进行裁撤，对可造之才送往律学馆学习后试用三月，"如才不称职，或始勤终怠，届期当立予开除"[③]。

同时，他还专门在法部开设了律学馆，培养法律人才。律学馆于光绪三十二年十二月（1907年1月）开馆，戴鸿慈在开馆仪式上发表了演说，谈及修明法律，亟须人才，希望各位学子"虚心考证，教学相资，于乐群敬

---

① 孟竹：《清末出洋人员对西方监狱的考察》，河北大学硕士学位论文，2012年，第43页。

② 见《大公报》（天津），1907年1月3日。

③ 见《申报》，1907年6月19日。

业之中，得切磋琢磨之益；或积疑而生悟，庶鞠精而极微"。[①]光绪三十四年十二月（1909年1月），该馆第一届学员毕业，戴鸿慈对这些学员进行面试，合格者发予毕业证书，并择优派往各审判厅当差。

---

① 戴鸿慈：《律学馆开办演说》，中国第一历史档案馆藏档案，法部（37）32074号。

第九章

桑梓情怀：家乡与宗族

文
化
史　历史

作为清末重臣，戴鸿慈自考取进士，步入仕途，大部分时间都生活在北京。像大部分传统中国人一样，戴鸿慈有着浓厚的桑梓情怀，他自二十三岁离开家乡，在北京生活了三十四年，尽管公务繁忙，远离家乡，但其心系家乡福祉，对家乡父老、家族宗亲，故知友人等都关怀备至，对家乡的发展和动态时刻关注，对家乡的民生疾苦颇为关心，力图为家乡多办实事，革除弊政，积极推动地方治安、文化事业及民风的发展，改善家乡父老的生活。

第一节　关注民生，关心家乡发展

戴鸿慈十分关心家乡百姓的基本生活，甚至在海外考察之时，也非常关注旅居海外的广东人的生活，体现出浓浓的忧国忧民之情的同时，也展现出对于家乡父老的关注。如其在海外考察，看到华侨中大部分是广东人，这些华人拓荒者备受歧视，他不禁黯然神伤，感慨万分，"曩昔荒旷无人时，辟莱任地，开矿修路，掷无数汗血心力以有今日者，伊谁之力欤？固吾中国人，又吾广东人也！自千八百九十八年归美版图，而防疫事起，禁约继之，向所为筚路蓝缕、胼手胝足之主人翁，今仅图一夕安寝而已幸矣。夫条顿种以百十人开辟殖民地而有余，我同胞以数万众寄人篱下而尚逐客之惧。记及此，不知悲之从来矣！"[1]。

对于家乡民生疾苦状况，戴鸿慈同样忧虑重重，而且试图通过自己的努力改变此种状况。受家族乐善好施风尚的影响，戴鸿慈也积极参与家

---

① 戴鸿慈：《出使九国日记》，长沙：湖南人民出版社，1982年，第63页。

乡的公益事业。戴鸿慈的先祖——江浦戴氏第十二世迪功（字思勋，号渭叟），清康熙至乾隆年间人，其日常在家教子，闭门不出，然遇有求于己者，则十分慷慨大方，"穷乏者有所求，必量力以周之"，对于地方公益事业也乐意倾囊相助。其常对其子弟说："积才以遗子孙，子孙未必能守；积书以遗子孙，子孙未必能读；不如积善以遗子孙，子孙世世享之无穷"。[①]其后代秉承其训。戴鸿慈祖父戴联珠，因善于经营，使家境逐渐丰盈。富裕后的戴联珠依然勤俭，持家简朴，但遇到乡人贫困需要资助时却毫不吝啬，"以善行著"[②]，经常携带钱财散发给"道中饿者"，"有族人失业，假以资，使复之"，对别人慷慨，自己却衣着十分俭朴，在家中"一丝一粟必爱惜捡拾"。[③]因其"积德行善"，故而人缘甚好，在当地颇受好评。戴联珠的慷慨与义举，不仅惠及乡里，同时也给子孙后代树立了乐善好施的好家风。根据在南海西樵大同挖掘出的石碑记载，戴鸿宪、戴鸿慈、戴鸿惠三兄弟于光绪年间，曾将自己的俸禄捐献给大同兴修水利。任职云南学政期间，戴鸿慈还曾代其父捐很一千两充普济堂经费。他在致云贵总督的信笺中谈及父亲乐善好施的品质，实际上也是于潜移默化重对其产生了影响："故父五品封职光禄寺署正衔戴其芬，仁厚宅忠，乐善不倦，生前常以力行善事，训勉诸子。今查云南省城有普济堂一所，收养穷苦老民，每患人多费少，睹斯梵独，情实堪怜。散尊父遗命，愿捐足银一千两，仰作堂内经费"。[④]

戴鸿慈十分关注家乡税收杂重的现状，倡导家乡减轻赋税，为禁止赌博、纯正民风做出努力。鸦片战争后，西方列强用坚船利炮打开了清政

---

① 佛山市图书馆整理：《（民国）佛山忠义乡志》，长沙：岳麓书社，2017年，第709页。

② 佛山市图书馆整理：《（民国）佛山忠义乡志》，长沙：岳麓书社，2017年，第565页。

③ 佛山市图书馆整理：《（民国）佛山忠义乡志》，长沙：岳麓书社，2017年，第700页。

④ 岑毓英：《戴鸿慈捐普济堂经费片》，《岑毓英奏稿》，南宁：广西人民出版社，1989年，第881页。

府闭关锁国的大门，腐朽的清政府在列强不断发动的侵略战争中，屡战屡败，巨额的战争赔款、庞大的军费开支等最后都被通过各种方式转嫁到民众身上。庚子事变后，清政府为应付巨额的赔款，更是通过各种方式征收苛捐杂税，民众的负担更加沉重。因广东相比内地，较为富庶，清政府在进行征税和分摊赔款等事项时往往将广东作为重点。如在粤汉铁路"拒约运动"中，1905年8月，清政府与美国合兴公司签署《收回粤汉铁路美国合兴公司售让合同》，双方达成协议，清政府以六百七十五万美元的"补偿费"赎回粤汉铁路权。张之洞酌定，由湖北、湖南、广东三省承担赎路费，三省分筹，因广东经济较其他两省发达，承担的比重会较大，广东三百万，两湖各两百万。诸如此类的事情，使广东民众所受的盘剥尤为严重。清末广东地方政府为应付上缴的款项，通过各种巧立名目的方式征税，如海防捐、沙田捐、台炮捐、房屋捐、店铺捐、祠堂捐、鱼塘捐、咸鱼捐、烟刨捐等，不一而足，这些名目繁多的捐税也成为各级贪官污吏假公济私、榨取民脂民膏的借口，给广东地方经济带来了极为严重的破坏作用，导致广东物价飞涨，百姓苦不堪言，佛山还发生过多名办捐人员因为激起公愤而被击毙的事件。

为增加税收，清末广东地方政府甚至通过征收"赌饷"的方式敛财，变相使赌博合法化。曾任两广总督的张之洞，率先批准"闱姓""番摊""白鸽票"等，政府的收入虽有所增加，但地方的赌博问题却日益严重。当时广东赌场大开，赌博成风，赌场的税收成为官府财政收入的主要来源之一，遂致广东纲纪松弛，官场腐败，地方一片乌烟瘴气。1895年，谭钟麟任职两广总督。鉴于广东赌博成风，民众无心生产，谭钟麟力排众议，在广东实施禁赌缉盗的举措，使一时之内风气大正。但当时清政府腐败，财政入不敷出、捉襟见肘，财政和军费严重依赖赌饷，收取赌捐早已成为清政府饮鸩止渴却欲罢不能的敛财方式，故而对谭钟麟的禁赌举措并不全力支持。独木难支的谭钟麟，很快便偃旗息鼓，广东赌风不熄反浓，谭钟麟也无可奈何。清朝末年，广东很多民众沉迷于赌博，不务正业，导致田地荒废，不少人因之倾家荡产。赌徒为了筹集赌资往往铤而走险，导致广东盗贼日多，盗风日隆，民众的生存境况雪上加霜。

当时广东捐例众多，赌风日浓，盗风严重，有识之士都要求清政府减捐禁赌。戴鸿慈了解到家乡民众所受各种苛捐杂税之盘剥，十分忧心，认为"重重盘剥，竭泽而渔，民不堪命"，而且，广东赌禁大开，赌风肆虐，使社会风气浮躁，不少人为此倾家荡产，盗窃之风也由此猖獗，引起社会秩序混乱，普通民众的生计也受到很大影响，老百姓苦不堪言。戴鸿慈为此十分心焦，由此，其于1894年上奏朝廷谓："广东盗贼滋多，隐患已伏，请饬实力整顿"。他建议朝廷通过"简牧令""选营弁""任宿将""严考课""定经费""禁缴红"等措施改变此现状。清中央政府对此也颇为赞同，饬令时任两广总督李瀚章"认真筹划，实为整顺"。[1]但李瀚章并未扎实落实中央的指令，广东盗风盛行之状况并未得到好转。广东巡抚马丕瑶则锐意禁赌，严厉查办有劣迹的豪绅，并参劾总督李瀚章，却反而遭到奸人诽谤，"奸人衔之谋去马丕瑶"。戴鸿慈于是疏请朝廷坚持定见，禁止赌博，以清治源，其谓："广东大吏禁赌认真，致滋群谤，浮言谣惑恐为所挠。请饬疆臣坚持定见，以清治源而收成效。"[2]

1903年夏，岑春煊被任命为两广总督，而戴鸿慈任户部侍郎，其联合广东籍京官包括翰林院、内阁、吏部、户部、兵部、刑部、工部等部门的官员共计四十八人，致函岑春煊，请他主持减轻广东捐税事务、实行禁赌。其在《同乡京官公致粤督岑云帅书》中谈及广东捐税繁苛之状况，谓"前以粤省捐例繁苛，乱者四起，又以各赌竞开，祸几危迫"，"赌禁大开以来，举国若狂，正业悉荒，生计枯竭，而又困以各捐，重重盘剥，竭泽而渔，民不堪命。其间之为祸最烈者曰粮捐，曰房捐，曰保卫营渡脚捐，曰白鸽票改名之小闱姓赌，查粮捐房捐，各省多有，但需分别办理，

---

① 陈宝琛、世续等修纂：《德宗景皇帝实录》，卷三百四十五。
② 佛山市图书馆整理：《（民国）佛山忠义乡志》，长沙：岳麓书社，2017年，第571页。

始免累民。我粤粮捐经前陶制军奏明偏僻瘠苦州县免加房捐一项，亦分大小房屋酌办，而现在办捐，各员不顾原案，凡偏僻瘠苦州县贫苦业主禀要求免捐者率以未便进行，致碍大局。批斥若保卫营之勒捐，渡脚借名罔利，逼索不堪，群情汹汹，痛心疾首。""至白鸽票，赌日开数次"，"孩童妇女相习成风，大小兼收不分昼夜，往往倾家荡产致以身殉为阱国中，莫此为甚。"其又谈及新近接到家乡来书，言及广东盗风尤为猖獗，"从前不过劫掠财务，今且掳人勒偿，似此捕务废弛日甚一日，地方何以得安？"故而戴鸿慈希望岑春煊主导广东改变这一状况，革除弊政，"极力整顿以靖闾阎"，还老百姓一个风清气朗的社会风气。戴鸿慈领衔致函岑春煊请其革除弊政的行为，无疑反映了广东民众的呼声，也表现出戴鸿慈对民间疾苦的关怀和对家乡发展的关注。接到戴鸿慈的来信之后，岑春煊答应将对这些问题进行整顿，其颁布了一些举措，但基于晚清政局混乱，这些措施并没有得到很好的实行。

戴鸿慈深知，盗风日炽，与地方吏治休戚相关，只有整顿吏治才是正本清源的举措。其于是在光绪二十九年（1903）八月二十二日上奏力陈广东吏治营武积弊的状况，请求清政府对此进行整顿，其指出，"粤省自数十年来，吏治日媮，仕途益杂，以钻营为能事，视贿赂为公行；勤谨者目为迂墟，轻躁者争趋捷径，不肖州县，一旦得缺，地方病利罔知，讲求听断付之幕僚，钩距凭诸丁役，械斗起灭听其自由：寇盗纵横，讳之弥密。如遇报案，动多留难窝藏，无被获之期，事主有诛求之累；甚至弱肉强食，倚势作成，借抽捐为箕敛之谋，借讼词为包苴之地。民力疲敝，众怨沸腾，伏莽之兴，直需时耳。至于营武之弊可得而言：训练生疏，军械苦窳；克粮缺额相率成风，聚赌收规谓之应得；以御侮则不足，以扰民则有余，绎骚而灾及鸡豚，需索竟视同鱼肉，甚至勾通匪党，分取货财，小窃偶尔拘拿，大盗反相联络。由是，明火持杖无地不然，行水打单在所多有。彼寇来则先为退避，贼去始佯为尾追，无益地方，徒糜饷项；即或招来巨蠹用作线人，赏给官阶，籍资捕务，然同类每故为放纵，奸人由此生心，故谚有'做赋出名有官阶'之语。"①戴鸿慈的奏折上陈之后，得到了清中央的重视，很快谕令两广总督岑春煊和广东巡抚张人骏："按照所陈各节，切实筹办，力除弊端，严申警戒；如有不肖官弁，随时奏参严办，毋得瞻徇，以靖地方"。②几年之后的1909年，时为军机大臣的戴鸿慈又一次联合广东籍的官绅，商讨解决赌风严重问题的办法，并致电两广总督袁树勋，督促其禁赌。

19世纪80年代初，戴鸿慈因父亲去世而丁忧在家，时值中越战事起，广东是中国的南大门，戴鸿慈为倡办团练，以期保卫家乡。同时，其针对广东盗匪众多而社会治安混乱的状况，多次上书朝廷，建议对此进行应对："以匪徒潜谋不轨，香港保安轮船截获匪徒一案，事变已形，因请饬疆臣严缉首恶，以弥乱萌。并移会水师提臣郑绍忠，于省城外添扎安勇，附近各乡、佛山等处一律举办团练，以资镇压。"又奏，"近闻匪党暗运军火，欲由澳门径袭省垣。现粤省裁撤安勇，多招楚军。闻楚军人地生疏，缉捕本难得力，且兵无纪律，民有怨言，又与士勇积不相能，一有缓急，恐不可恃。请饬疆臣勿存成见，先事预防。"③其奏折得到清廷认可，下旨由广东督抚办理。从这些关注家乡发展的奏折中，无疑可见戴鸿慈对家乡人民的拳拳之心。

戴鸿慈不仅积极推动家乡弊政的改革，还致力于推进家乡文化事业的发展与家乡人才的培育。戴鸿慈于光绪二十六年（1900）任内阁学士兼礼部侍郎，请假回乡修祖墓期间，广泛接触当地官员，并大批选拔青年举子出国留学。在戴鸿慈的故乡广东南海大同绿涌村和柏山村，两村出洋留学的就有四人，其中学法律的二人，学军事的一人，学经济的一人。其中著

---

① 戴鸿慈：《戴鸿慈奏广东吏治营武积弊甚深请饬整顿》（1903年10月12日），中国第一历史档案馆藏"军机处录副奏折·内政职官"，卷四百〇九。

② 陈宝琛、世续等修纂：《德宗景皇帝实录》，卷五百二十。

③ 佛山市图书馆整理：《（民国）佛山忠义乡志》，长沙：岳麓书社，2017年，第571页。

图十七　晚清宣统二年（1910）广东翰林在北京广东会馆祝贺戴鸿慈入阁合影（左起：温肃、区大原、李翘燊、区徽五、何作猷、商衍鎏、商衍瀛、戴鸿慈、黎湛枝、何国礼、岑敏仲、周廷幹、朱汝珍、赖际熙）

名的中山大学文学院教授傅崇光先生，就是当时派往日本的留学生。

　　1905年，戴鸿慈曾召集广东同乡京官商讨粤籍人士旅学经费之事的解决之道。此后，其与伍廷芳联名致信粤督岑春煊，希望他能在地方经费中预留一部分经费解决此问题，戴鸿慈写道："粤人官于京师者百数十家，兼以经商流寓者众。旅学之设，去年曾经筹集，嗣因学费无出，以致中止。现再集众会商，以详定规则，筹算经费为入手办法。查旅学此时未能多设，只课以期普及，一切均照定章程办理。至建设学舍，粤东原有会馆多不合格，购地建堂，加以置备图书、添设校具，需款甚繁。现拟仿各省办理，先于京官印结项下，每年酌提二千余金。此时再设法筹集，惟一时尚无把握，俟筹款之多寡，定规模之广狭。前经电陈大概，恳与司道诸公商酌，筹助经费，俾资开办"。[①]之后，岑春煊果然拨出一定经费。

---

①　林忠佳、张添喜等编：《〈申报〉广东资料选辑·六（1902—1907.6）》，内部资料，1995年，第254页。

　　1905年，时任清政府户部右侍郎的戴鸿慈致信佛山堂局（大魁堂），谓家乡自道光后久未续志，建议于此时启动续修乡志的工作。然而，不久，戴鸿慈因病去世，修志之事中断。民国成立后，各地修志蔚然成风，如北京有修志总局，广东省有通志局，佛山也设立了修志局。在戴鸿慈胞弟戴鸿惠的建议下，佛山乡志工作重启，戴鸿惠也成为乡志修撰的主事者之一，此即为民国《佛山忠义乡志》。故而后来该志书在序言里指出，其纂修是在戴鸿慈的倡议下进行的，由他自己担任绅董，只是尚未等到志书修订完成，其便辞世了。但戴鸿慈的家族依然积极地参与了该书的编纂。民国丙辰年（1916）开始，戴鸿惠叔侄六人均参加了编纂工作，其中戴鸿慈之子戴曾谔任倡修绅董，戴鸿惠任修志局总理，戴鸿惠儿子戴曾谋（翼丰）任代理总理兼编校。戴鸿惠担任修志局总理之时，身体力行，为地方志的编修倾尽全力，还专程前往香港募捐，前后募得款项一万多元，为传承佛山历史文化做出了重大贡献。受家风影响，戴鸿惠也有着一种与生俱来的家国情怀，其对地方社会发展的关注，贯彻一生，推动了地方教育的发展，开启了民智。戴鸿惠撰修乡志时期，也正是其筹备开办南海县立第一师范讲习所最忙碌的时期，因太过于用功与忙碌，积劳成疾，不久去世。

第二节　传承家风，修谱建祠

　　戴鸿慈所在的戴氏乃书香之家，名门望族。戴鸿慈乃家族的名人，其引领着戴氏家族家风的传承与弘扬，对于戴氏家族产生了颇大的影响。

一、传承家风

　　戴氏，一向注重耕读为本，诗礼传家。戴氏得姓于始祖宋戴公二十九世孙戴德，其于汉宣帝时被封为信都太傅，整理删改《礼记》为八十五

篇，称为《大戴礼记》。德公之侄宋戴公第三十世孙戴圣，官为石渠阁博士，删改《礼记》为四十九篇，称为《小戴礼记》，也就是当今的《礼记》。《三字经》称之"大小戴，注礼记"，是悠久中华文化的儒家经典。戴氏后裔尊崇大戴、小戴为楷模，以《礼记》为祖训，沿为传家宝，世代相传。

戴鸿慈为岭南戴氏二十七世孙，江浦戴氏十七世孙。广东南海西樵大桐堡绿涌村一带地域，称之为"江浦"，戴鸿慈先世祖居南海西樵大同堡绿涌村（今南海西樵大同乡戴家村），为戴氏家族谯国望族的后裔，堂号称"绍礼堂"，意即继承发扬重礼之家风。后江浦戴氏第十二世迪功（字思勋，号渭叟）由南海大同迁往佛山福贤路居仁里。六百多年来，江浦戴氏礼乐诗书传世。如戴氏子弟崇尚读书，也会读书。戴鸿慈之父戴其芬非常注重后代品行和学业的教育，家教严明。在崇尚读书家庭氛围的熏陶下，戴其芬的三个儿子从小勤奋好学，不敢懈怠，端谨有为。光绪七年（1881）其芬公逝世，戴鸿慈丁忧回乡守孝三年。此期间爆发中法战争，鸿慈在南海倡办团练。戴鸿慈重视家族历史的记录与家族精神的弘扬，在其建议下，三兄弟开始修建戴氏宗谱。光绪九年（1883）与其兄戴鸿宪、弟戴鸿惠一齐执笔第七次修编《岭南戴氏宗谱》及第三次重修《江浦戴氏宗谱》。在宗谱中，戴鸿慈兄弟特意总结了戴氏的家训格言，这无疑是对戴氏家风的推进与弘扬。具体内容如下：

　　家训格言之一
　　存心。要忠厚，切勿刻薄。要诚实，切勿狡诈。尤要静养，切戒妄念。
　　敦伦。在家在国，长幼亲疏，恩义相维，情文备至。
　　谨言。勿恃敏妙，毋字诙谐，一切荒谬戏谑忤人犹显神怒其微。失仪犹小，遗害者大。凡事关廉节情属疑议者，尤不可轻易。
　　寡欲。戒欲一节，储善中，谆谆诰诫，甚详且尽。即正色，亦有戒期，宜常读而时懔之。

惜字。男妇老幼，皆当奉行，我辈读书，尤宜加倍。

学业。学然后知不足，知不足然后学。勿始勤而终怠，勿泛骛而浅尝。

家训格言之二

读书好。读书必读五经孟孔之书，及韩柳欧苏之文。能得其奥可为圣贤。诸子百家之书皆可读，毋一暴十寒，欲取科第，则读先正文章。近日时文表判策之类，亦为有益。惟释老之书，异端之说，不可读。此真儒之学也。

行善好。善与恶反，不善则恶。欲行善，先去恶。其势不容並立。善无论大小，皆当行之。

做好人。忠臣孝子，为世间第一好人，勉斯二者，其余不难矣。

行好事。大事纲常名教，小事日用饮食，俱有至理存焉。行事在心，行好心斯行好事。[①]

以上各条家训格言乃戴鸿慈根据族谱及父亲戴其芬的教诲训诫整理而成，之后，戴鸿惠又进一步整理了自己的家训格言。因为戴鸿慈与其兄弟之间交流甚多，再加之戴鸿慈在朝中的地位，戴鸿惠为家族发展作出的相关决策及采取的相关举措自然会与戴鸿慈商量，故而，家训格言虽然为戴鸿惠所总结，却一定是与戴鸿慈商量的结果，也由此可以判断，戴鸿惠对家训格言进行总结，是兄弟三人在传承戴氏家风的基础上将戴氏家风升华的举措，也是戴鸿慈想法的体现。具体来说，戴鸿惠的家训格言具体有以下几方面内容：

---

① 参陈恩维、吴劲雄编著：《佛山家训》，广州：广东人民出版社，2016年，第341—343页。

一、首尽孝道

孝之大端曰立德、曰承家、曰保身、曰养志，其间贫富不齐，财力各异，要当随分随力，尽所当尽，使亲有慰悦心，勿使亲有觖望心。孝为百行之原，舍此不务，万善皆虚，自宜激发天良，勉图报德。

二、次敦友爱

杳杳人寰，同胞几个？田产易得，骨肉无多。此而不免差池，安望更有真心？交处朋友，宜相亲爱，切戒嚣陵。融了家庭内嫌隙，化却性情上偏私。至妇言尤须防之，然夫为妻纲，如影响之相应，苟能时加教导，勉以谦和，彼将交好，何至构隙？推而伯叔族亲，皆当矢爱，敬循礼法。

三、次训子弟

人生善恶，基在童蒙。迪以诗书，养其廉耻，成于遵循，败于放肆。倘姑息容纵，爱之实则害之。

四、次睦乡党

械斗之事，乡曲常多，端由见理不明，遂为血气所使。况一言一事，起于细微，忍之则平，激之生变，甚至亡身及亲，后悔无及，能不谨哉！须知爱人者人恒爱之，敬人者人恒敬之，自然之理也。戒旃，戒旃！

五、次务勤俭

人生不可游手好闲，无论士农工商，各执一艺。尤当节俭，量入为出，俗尚奢靡，不可效尤。即妇女亦须勤纺织，省闲费。

六、次正术业

一切不正之业，赌博之事，当视为鸩毒，尤不可好。行非义，作奸犯科，国法不容，天诛难免。

七、次饬品行

毋学狡诈，毋为邪僻，存其本心，行以礼义。

图十八 戴鸿慈纪念馆内陈列的戴鸿慈史料

八、次养性情

毗刚毗柔，禀赋各别。要当资广识见，勿使囿于一偏。七情之发，惟怒为遽。众逆之加，以忍为上，尤不可外托和平，中怀险诈。大凡中正和厚者，人皆爱之，天亦福之。

九、次戒淫行

各善书谆谆诰诫，自宜遵行。万恶之首，言之懔懔。

十、次去贪欲

富贵贫贱，本乎天命，人能勤俭积德，穷不终穷。倘疾已贫，习为欺诈，甚则攘夺，讵知求之不得，且有后灾也。试问世间奸狡之辈，谁者兴发耶？

右列数条，言之则易，行之则难。然虽曰难，实如大路康庄，人所可至。然则人自难之耳，可弗勉哉！①

----

① 陈恩维、吴劲雄编：《佛山家训》，广州：广东人民出版社，2016年，第343—345页。

除此之外，《江浦戴氏宗谱》的系列"家训格言"，还记载了戴氏历朝人物略，包括的朝代有周、汉、晋、南北、唐、宋、元、明、清等显赫人物一百○五位，清朝进士六十二位。其内容丰富，秉承了戴氏家族"大小戴，注礼记"的家风。撰文中还写上编者的自省语，称家训数则，自己首先要遵循。一百多年过去，《江浦戴氏宗谱》中的系列"家训格言"，成为戴氏子孙提高自身思想素质的座右铭。

二、修谱建祠

戴氏家族注重修家谱。清朝乾隆五十九年（1794）江浦第十二世孙戴拔生、戴挺生同著的《江浦戴氏宗谱》，于嘉庆八年（1803）出版。嘉庆九年（1804）江浦十六世孙戴凤祥第二次编次《江浦戴氏宗谱》。光绪癸未年（1883），戴鸿慈三兄弟重修《江浦戴氏宗谱》，为戴氏子孙留下一份珍贵的历史文化遗产。据《佛山忠义乡志》职员表记载，戴鸿慈与其子戴曾谔（子直）任倡修绅董；戴鸿惠任修志局总理，其子戴曾谋（翼丰）任代理总理兼编校，并为该志敬撰序文；戴鸿宪之子戴曾诚任采访兼劝捐、戴曾谦任义务劝捐。戴家六位叔侄，参与编修佛山地方志，为佛山历史文化传承，作出积极贡献。

在戴鸿慈的主持下，戴鸿慈三兄弟重修的《江浦戴氏宗谱》手抄本，有幸得以保存。《江浦戴氏宗谱》扉页是"绍礼堂"，次页是"光绪癸未重修，江浦戴氏宗谱，十七传鸿慈敬书"作为本宗谱封面。该谱分为四卷：

卷一：例言、旧序、圣谕、字画考、声音考、字义考、姓氏考、地舆考、人物略、敕书、艺文志、科名表、耆寿表、节孝表、传略赞、家训格言、族规，立字世次。

卷二：谱牒。

卷三：谱牒。

卷四：谱牒、义祀名附和跋。

戴鸿慈特地为《江浦戴氏宗谱》撰写了谱序。该序可以说是戴氏家族珍藏的经典作品，序文引经据典，引用了颇多古典书籍内容，如《二十四史》《四书》《五经》等，讲述了许多历史上著名的典传故实，还介绍了许多戴氏历史上的风云人物，颇具文学色彩，也颇能凸显其文字功力和古文修养。这篇序文采用骈文文体，上下对仗，句脚平仄。谱序还盖有"戴鸿慈印""丙子翰林""字光孺号少怀"等三枚印章，硃红印泥还十分清晰。兹将该序附录于下：

闻姬王宅镐，溯肇始于羊腓；子氏升陼，纪发祥于鸟卵。自昔葛藟之庇，不忘瓜瓞之原。降而汉重世家，魏尊右姓。袁杨望族，竟夸秘记于绨缃；王葛通门，亦侈宗功于志乘。所以潘安作赋，首述家风；陆机属文，先陈祖德。岂若柳因列宿，徒凭摭拾之辞；非同张本天星，第据荒之论。宗谱之作，由来尚矣。

吾家戴姓，沂源殷胄，受氏穆公。志切匡君，特识居州之善；弊除重敛，请轻关市之征。著礼名家，扶伦钦其大雅；谭经元日，夺席蜚其英声。鸲砭留处士之风，鸡汁播神童之誉。或以贤良对策，或以清直明刑。代有闻人，数难更仆。然而宣尼稽古，断自唐虞；马迁著书，上遗疏仡。既瓠编之莫考，讵简牒所能详？

在昔有宋承事郎天则公者，由皖迁粤遂居焉。壮年奉檄，佐治绩于南昌；晚岁投簪，寄游踪于东粤。始冒寓公之号，继成土著之名。世席簪缨，不愧江东顾陆；庭施荣载，居然河北崔卢。

逮及有明，浸而愈盛。乌台霜肃，大司空六世陈谟；凤掖春浓，太史氏五花视草。季方则推官绩著，阿元亦太守勋高。胜王家浑浚，联镳一门标令；比阮氏籍咸，竝辔群从风华。名传三凤之称，气萃五羊之秀。纶音阁在，鸱尾千条；都宪坊存，貂冠七叶。固毕万之后必大，亦栾武之德在人也。无何炎精乍烬，普天兴鹅鹳之兵；宝箓将迁，币地构蚍蜉之衅，红羊劫重，铜马灾

深。雾卷千村，竟类张超之市；烽连万户，顿成糜竺之家。

值兴朝耆定之时，正我族式微之会。过王休征旧宅，已乏佩刀；访李梦阳后人，仅存宗牒。有岭南戴氏族谱一本，归诸吾家。追慕宗风，良足慨已！

我大桐始祖，教授伟庵公，齐贤公之子，即司空云巢公、太史桂轩公之从伯叔也。先自城西徙居江浦。虽奔齐之敬仲，故国旋墟；而胥宇之古公，岐阳特辟。挽千钧于坠地，幸三年而成都。聚族于七十二峰边，云礽闿替；衍派于数千百年后，世系恐湮。同居子姓之班，应念宗祧之义。先民有作，缵绪无忘；小子何知，当仁不让。且夫！编年纪月，国所以赖史书也。睦族敬宗，家所以重谱牒也。假令世胄荒沉，缘绳散落，将文献之缺，难证夏商；虞虢之亲，视同秦越。必至狄青先代，无可参稽；满奋裔孙，空劳推考。曾元而降，忘田婴为何人；姓氏偶同，拜汾阳而滋愧者矣。

用是礼庐之暇，从事铅椠之旁。与伯兄仁黼，季弟蔼天，谨就旧谱所传，重加增饰。虽乏司马凌云之笔，敢蹈籍谈忘祖之愆。体例仍乎厥初，支派益乎其后。左昭右穆，灿然具陈；木本水源，厘然可考。至若任子咸之乏嗣，似续无征；王仲孙之离家，他乡远适。凡非见闻所及，概从缺略之文。其中邢谭婚媾，或未载其谁家。祖妣生终，并不详其何日。这之后者，宜再推求；俟之来时，补其遗失。犹忆前侍先大人时，谆谆以修谱为勖，而名场鞅掌，有志未遑。今兹缃帙告成，空洒松楸之涕；椠书具在，欲废蓼莪之诗。手泽摩挲，心衔呜咽。所愿世珍拱璧，共扬先德之芳。家有赐书，更衍宗祊之庆。

赐进士出身诰授奉政大夫翰林院编修前任山东提督学政加四级

江浦十七传孙　鸿慈敬序

光绪九年季春月朔

《江浦戴氏宗谱》卷二，记载了岭南戴氏始祖戴乾公字天则，其乃安徽休宁隆阜戴氏始祖戴安公第十三世孙，南宋年间从江西迁至广东珠玑巷。乾公携长子敦公再迁至广州城西第二桥。乾公第十世孙戴铨，于时朝洪武年间，由广州城西始迁南海江浦。卷三、卷四，记载江浦戴氏始祖戴铨公在南海西樵大桐的戴氏后人，从明代洪武年间至清代光绪癸未年，五百载的世系源流，清晰、翔实。

除了倡导修宗谱，戴鸿慈也十分关注家族宗祠的建设。光绪二十六年（1900）已升内阁学士兼礼部侍郎的戴鸿慈，年冬乞假回籍修墓，回到了南海大同绿涌村，与家乡父老世贤共商兴建戴氏大宗祠。鸿慈以他的博学多才，精心择址建祠，宗祠前方有一生水塘，远望正前方有一座案山———笔架山。宗祠坐南向北，为三进两廊式建筑，设有青云巷，右侧设有花园。人为和自然景观融为一体，构成宗祠的完美格局。

根据《江浦戴氏宗谱》记载，在宗祠前坪立六座旗杆夹，分别是戴金冠（乾隆丙戌武魁）、戴挺生（光绪嘉庆戊寅科举人）、戴鸿慈（光绪丙子科进士）、戴鸿宪（光绪丙子科举人）、戴鸿惠（光绪乙亥科举人）、戴曾谦（光绪丁酉科举人）所立。在戴氏族人要求之下，戴鸿慈为戴氏大宗祠题匾额，撰书楹联为"礼乐缵承先绪，诗书垂裕后昆"。建祠需要资金，鸿慈称自己是个清官，没有黄金白银捐献，只可把祖宗遗下的一块屋地捐给祠堂，作太公祖尝。如今，百年过去，宗祠三进建筑先后损毁，仅存部分前墙、门匾、门前台阶、两侧平台及石雕、祠内的门官土地砖雕等文物。

除此之外，戴鸿慈十分重视宗族的发展。任职京官期间其曾两次请假回乡，在短短时间里，他身为朝廷命官，走访广东岭南多个戴家村，拜访各地戴氏宗亲，所到之处，受到戴氏宗亲热烈欢迎，各地戴氏请他撰联、题匾、立旗杆甲，鸿慈都欣然答允。据不完全统计，鸿慈曾到过岭南戴氏聚居的番禺赤山、人和高增、黄埔小迳、兴宁增坑。他于光绪二十五年为番禺赤山戴家村门匾题"注礼门"；光绪二十六年为番禺赤山"东涧戴公祠"立旗杆夹；在人和高增村为戴氏大宗祠撰书的门联为"宗祊传慕德，

图十九　戴氏大宗祠

家学绍谈经"；光绪二十六年为黄埔小迳村戴氏宗祠立旗杆夹；谯国望族隆阜戴氏始祖戴安公第二十一世孙戴仲兴，于明朝洪武四年，由福建迁至广东兴宁增坑立宅。光绪二十六年为增坑戴氏宗祠题匾并撰书楹联：

> 由闽入粤，此地是初程，川岳钟灵，定荫孙枝荣百叶。
> 自宋迄明，相传至今日，后先辉映，继承祖业炳千秋。

　　岭南戴氏后代深感鸿慈恩德，以上鸿慈一百年前撰书的门匾、所立的旗杆甲如今仍保存于原地。为南海大同和兴宁增坑戴氏宗祠的题匾，仍高悬于宗祠大门上。为兴宁增坑所撰之楹联，被载入《龙川戴氏族谱》内。

　　戴鸿慈身为朝廷重臣，平易近人，桑梓情深，与同僚和睦相处，对家乡情深义重，在戴氏家族享有很高威望。从民国到现代，各地戴氏每逢清明时节，从广东以至外省来到广州白云山，拜谒戴鸿慈墓者络绎不绝。

　　为弘扬戴氏家族悠久的人文历史传统，教育后人承先启后，继往开来，为方便开展联谊活动和海内外宗亲谒祖寻根。大同戴氏后人，于2001

年筹集资金，在旧宗祠原地基位置，重修了一座仿清建筑风格、华堂奕奕的戴氏大宗祠。宗祠的石雕、砖雕、木雕、屋脊上六幅灰塑、祠前壁画、大门神像样样齐备，工艺精湛。门前楹联为"谯国源流功业中原崇世泽，江浦派衍光昭南粤振家声"。戴鸿慈百年前为宗祠所撰的楹联，重刻于木对联悬挂在祖先神位两侧。宗祠中座高悬着"绍礼堂"大红牌匾，这是江浦戴氏的堂号，以显示大同戴氏后人继续发扬"二礼家风"。

　　大同戴氏为纪念戴鸿慈，将多年收集的戴鸿慈历史资料，包括现代、追忆、传承、缅怀戴鸿慈的纪实等，编辑成图文并茂的四大版面，版面分别是：一、十七世戴鸿慈；二、鸿慈诗联手迹；三、追忆、传承、缅怀；四、宗情、亲情永笃。用精致的红木橱柜装置，陈列在戴氏大宗祠的中座两侧。重点内容包括：戴鸿慈年表；政绩中的《善后十二策》奏章原件复印件、出使东西洋考察政治的报导和相片、鸿慈著作《出使九国日记》封面等；当年鸿慈为中华会馆、戴氏大宗祠题之门匾手迹相片；南海政协举办的"戴鸿慈政治革新思想研讨会"纪实及相片；清明时节拜谒戴鸿慈墓的相片；鸿慈在不同时期所撰书的楹联真迹彩色复印件等。在宗祠中座与后座的连廊两侧，悬挂着三对用红木雕刻的鸿慈手迹楹联，四个镜框装置鸿慈手书的"行书四屏"彩色复印件。丰富的陈列版面，提升了戴氏大宗祠的文化内涵，更展示了大同戴氏世贤，享有知新时誉的戴鸿慈对国家民族的贡献，教育戴氏后人继承先辈优良传统，为国家、为家族、为家乡做贡献。

图二十　西樵镇樵园公园内的"戴鸿慈纪念亭"设立戴鸿慈铜像

附　录①

1. 戴鸿慈年表

1853年4月（咸丰三年三月），出生。

1868年（同治七），年十五，补县学生，后由廪生选同治十二年拔贡，领乡举，皆第一。

1876年（光绪二），进士及第。选翰林院庶吉士。

1877年（光绪三），翰林院散馆，授编修。

1879年（光绪五），任山东学政。寻丁父忧。中法战争开始，海疆戒严，在籍创办团练。

1884年（光绪十），起复，返京。

1885年（光绪十一），任云南学政。

1891年（光绪十七），充云南正考官。

1893年（光绪十九），充顺天乡试同考官。

1894年（光绪二十），大考翰詹，列一等，擢庶子，充日讲起居注官。方略成书，特奖以应升之缺开列在前，并赏加四品衔。

是年，甲午战争开始。平壤之战，清军败绩，鸿慈奏请一事权、济饷运，请饬直隶总督李鸿章进扎山海关，就近调度一切。旋又上疏，极陈拒和主战之策，不报。迨辽东半岛各城相继沦陷，朝廷命户部左侍郎张荫桓、湖南巡抚邵友濂使日本议和，鸿慈以能战然后能和，仍请饬李鸿章等及时布置。疏入，奉旨留览。翌年2月，北洋水师覆没，京畿震动，鸿慈又请明发谕旨，将李鸿章特予严惩，解拿丁汝昌，以肃军令而儆效尤。不报。

---

① 附录部分由戴鸿慈后人戴平宜女士主撰。

1895年（光绪二十一）4月17日（三月二十三日），中日马关条约签字。5月（四月）鸿慈条奏《善后十二策》。七月，迁侍讲学士。以广东巡抚马丕瑶锐意禁赌，并查办豪绅，控案甚厉，奸人衔之，谋去马抚。鸿慈奏请饬疆臣坚持定见，以清治源而收成效。又请饬疆臣严治土匪，移会水师提督郑绍忠于省城外，添扎安勇，并令附近各乡佛山等处，一律举办团练，以资镇压。又奏饬疆臣毋存成见，善为处理安勇、土勇关系，以备缓急。均有旨下广东督抚臣妥慎筹办。11月（十月），充咸安宫总裁。

1897年（光绪二十三），任福建学政。其在2月27日（正月廿六日）致缪荃孙函。出京以前，总署大臣、户部侍郎张荫桓欲聘汪大燮为其西席，嘱鸿慈说之，得允。又，鸿慈劾将官梁鸿盛纵勇滋事，并参革南海潘泰谦逗留。

另据《康南海自编年谱》记，则鸿慈赴闽督学，应在1898年（光绪二十四）7月27日（六月初九）以后。

1898年（光绪二十四），转侍读学士。

1899年（光绪二十五），迁少詹事。以报效昭信股票，赏戴花翎。

1900年（光绪二十六），八国联军侵华，西太后挟光绪帝逃往西安。11月7日（九月十六日），以戴鸿慈为内阁学士，兼礼部侍郎衔。是冬，学政报满，乞假回籍修墓。寻擢刑部左侍郎。

1901年（光绪二十七）。假满，赴西安行在，上敬陈治本疏。条举八事。又奏请建两都、分六镇。疏入，奉旨留览。

是年9月间，朝旨以番禺人梁鼎芬补授汉阳府知府。鼎芬已赴西安行在，不欲赴任。鄂督张之洞催促至再，并于9月21日（八月初九日）电鸿慈，托其就近劝驾，以朝命为重。10月6日（八月二十四日），两宫回銮。鸿慈随扈出发。鼎芬送至临潼，返汉。

1902年（光绪二十八），转户部右侍郎，兼管钱法堂事务，充考试试差问卷大臣、考试汉御史阅卷大臣、江南乡试正考官。疏请援乾隆八年成案，复设宣谕教化导使。又请在翰林院创立报局。疏入，格部议不行。

1903年（光绪二十九），充考试庶吉士散馆阅卷大臣、考试试差阅卷大臣、殿试读卷大臣、朝考阅卷大臣、考试经济特科阅卷大臣、复核朝审大臣。其间，保荐三水人梁诒士参加经济特科考试。

1904年（光绪三十），充会试副考官、复核朝审大臣。此年之甲辰科会试在河南开封举行，鸿慈赴差，于6月11日（四月二十八日）始返京。上奏建言会议政务处议事规则。疏入，下政务处采择施行。

1905年（光绪三十一），7月16日（六月十四日），清廷命镇国公载泽、户部侍郎戴鸿慈、兵部侍郎徐世昌、湖南巡抚端方分赴东西洋各国，考察一切政治。10月24日（八月二十六日），革命党人吴樾在北京正阳门车站炸出洋考察之五大臣，伤载泽绍英（吴樾死之），五大臣行期改变，人员调整，命山东布政使尚其亨、顺天府丞李盛铎会同载泽、戴鸿慈、端方前往各国考察，徐世昌、绍英不预。11月23日（十月二十七日）五大臣请训。12月7日（十一月十一日）考察政治大臣戴鸿慈、端方自北京出发。戴鸿慈、端方于1906年1月5日（光绪三十一年十二月十一日）抵美（檀香山）；8月10日（光绪三十二年六月二十一日）回到北京，先后历十五国（日本、美国、英国、法国、德国、丹麦、瑞典、挪威、奥地利、匈牙利、俄罗斯、荷兰、比利时、瑞士及意大利），有实际考察任务者为美、俄、德、意、奥等九国。其间，清廷于1906年2月18日（光绪三十二年正月廿五日）命戴鸿慈为礼部尚书。

8月1日（六月十二日），端、方戴鸿慈自上海电各省总督，商立宪期限。

8月9日（六月二十日），天津学生上书端方戴鸿慈，请奏定速行立宪。

8月19日（六月三十日），戴鸿慈端方面奏，宪法请饬仿仿日本，兵农工商请仿日德两国。

10月13日（八月二十六日），出使考察大臣戴鸿慈等奏，军政、教育宜择要取法他国。

10月23日（九月六日），出使考察大臣戴鸿慈端方等进呈《欧美政治要义》十八章。

10月27日（九月初十），清廷从戴鸿慈等奏，命各省兴办图书馆、博物馆、动物园、公园。

11月22日（十月初七），出使考察政治大臣戴鸿慈、端方等进呈《列国政要》一百三十三卷。

是年秋，编定《出使九国日记》，于1907年1月由农工商部工艺局印刷科印行。

11月6日（九月二十日），厘订官制，其中刑部改为法部，大理寺改为大理院。次日，迁戴鸿慈为法部尚书。以前使还，鸿慈已充厘订官制大臣，玉牒馆副总载，充参预政务大臣，赏紫禁城内骑马，充经筵讲官。

1907年（光绪三十三），充举贡考职阅卷大臣。先是，上年出使各国考察期间，戴鸿慈、端方通过熊希龄与逃亡日本之钦犯梁启超联络，梁氏曾为考察报告提供文字材料。鸿慈既充法部大臣，因法部初改，并寓创于因，端绪纷赜，与大理院权限纠葛。时任大理院卿沈家本，与鸿慈往复论辩，苦难分析。4月12日（二月三十日），鸿慈致函梁启超，请解释法部与大理院权限，及开办地方审判办法。鸿慈得西方各国法制资料后，乃悉心规画，首以申明权责入手办法，并厘订职掌各明专司。又采英美改良监狱之制，在京师筹办模范监狱。均先后奏准施行。

1908年（光绪三十四年）5月（四月），疾作。赏假调理。逾月未瘳，乞辞职。未允。11月14、15日（十月二十、二十一日），光绪与西太后相继去世。鸿慈力疾销假视事。

1909年（宣统元年），5月1日（三月十二日），光绪帝梓宫移西陵梁格庄暂安。因俄日派出专使送梓宫（他国命驻使将事），清廷于5月20日（四月初二）决定派载振往日本、戴鸿慈往俄国（专使）答谢。鸿慈被赏一等第三宝星前往报聘。礼成返国，见沿途日俄两国谋我东三者日亟，奏请筹边抵御。得旨下东三省总督、农工商部、邮传部筹议施行。

是年10月6日（八月二十三日），命法部尚书戴鸿慈在军机大臣上学习行走。

1910年1月1日（宣统元年十一月二十日），升戴鸿慈为协办大学士。

2月22日（宣统二年正月十三日），协办大学士军机大臣戴鸿慈去世，享年五十八岁。谥文诚。清廷厚予恤典，赏太子少保衔，照大学士例，入祀贤良祠。鸿慈乃有清一代广东省籍由军机入相之唯一人。

戴鸿慈墓葬广州白云山之三捷岭，1993年8月9日，列为广州市文物保护单位，1994年立石。

2003年7月11日，戴鸿慈诞辰一百五十周年，由政协佛山市南海区委员会主办，"戴鸿慈政治革新思想研讨会"在南海西樵举行。到会学者、戴氏遗属及地方官员计百数十人。

（本年表系戴平宜原编，李吉奎补订。李吉奎，中山大学历史系教授）

2. 戴鸿慈诗联等

诗

岭南集上五层楼望海
千级层梯宛转过，浮云楼栋下承阿。
楼船濑水思杨仆，黄层蛮荒笑尉佗。
蜃气三春侵画堞，骊夷百战息雕戈。
茫茫涨海东南去，极目天涯涕泪多。

题法源寺饯春图
光绪丁未浴佛节，偕陈简始右承，程恪予、伍叔葆两太史，崔聘侯舍人、梁伯尹吏部、区如庐大令、叔栋少尉昆仲，同游法源寺。繁花盛开，清兴弥畅。庆钵上人出示饯春图，因题。子曾谔侍。

石法空灵树法奇，和州风雅是吾师。

画禅原有云霞在，净扫茅堂拜大痴。

南山晓翠若浮来

人侍唐宫早，南山霁景开。

翠痕浮处活，晓色望中来。

豹雾全消后，螺烟净扫才。

光先涵荟蔚，气直到蓬莱。

岩壑迷离认，雪霞荡漾猜。

浓青添绮槛，浅碧射琼杯。

列笏宜当户，簪毫顷有台。

嵩呼齐献寿，赐宴荷思培。

题字

光绪九年戴鸿慈为《江浦戴氏宗谱》封面题字。

光绪二十五年为番禺赤山注礼门门匾题字。

光绪二十六年为南海西樵大同戴氏大宗祠门匾题字。

光绪二十六年为兴宁增坑戴氏宗祠门匾题字。

光绪三十四年为美国三藩市唐人街中华会馆门匾题字。

楹联

光绪二十六年为大同戴氏大宗祠撰之楹联：

礼乐缵承先绪，

诗书垂裕后昆。

戴鸿慈为广州人和高增戴氏大宗祠撰联：

宗祊传慕德，

家学绍谈经。

戴鸿慈为广东兴宁增坑戴氏宗祠撰之楹联（此联记载在《龙川戴氏族谱》内）：

由闽入粤，此地是初程；川岳钟灵，定荫孙枝荣百叶。

自宋迄明，相传至今日；后先辉映，继承祖业炳千秋。

戴鸿慈赠璞存仁兄撰书之楹联：

万类欣然会其有极，

群生咸若喻于无言。

戴鸿慈赠蕴石仁兄撰书之楹联：

爱唐宋来名书古画，

友乡国中异士高人。

戴鸿慈赠香生仁表弟大人撰书之楹联：

安国传书说经义古，

乐天纪事风世辞新。

戴鸿慈撰书之书联：

青山不墨千秋画，

绿水无弦万古琴。

戴鸿慈撰书之楹联：

论其世也是尚友，

归而求之有余书。

图二十一　戴鸿慈撰书的楹联

图二十二　戴鸿慈撰书的楹联

戴鸿慈撰之书联：

野船着岸入春草，

牧笛吹风起夜波。

甲午战争失败，戴鸿慈悲挽邓世昌联：

不济以死继之，至今毅魄如生；问逃溃诸军，能勿赧颜惭义犬。

此仇必可复也，终在人生未丧；冀英灵在世，誓将赤手扫长鲸。

戴鸿慈出使归来，为美国旧金山中华总商会撰联：

持节记前游，喜当年水远山长，西海同瞻东海日；

谈经怀往训，愿此地夏弦春诵，他乡常话故乡风。

戴鸿慈撰书之联：

摩霄黄鹄有奇翼，

拔地高松多远声。

戴鸿慈撰书之联：

水流任意境常静，

松老无风韵亦幽。

戴鸿慈撰书之联：

家有藏书资政谱，

窗留明月伴琴声。

戴鸿慈撰书之联：

肃肃先生高志局四海，

温温恭人和泽周三春。

戴鸿慈撰书之联：

欲谈治道将琴谏，

笑与期门并辔行。

扇面

岳寺风声起暮钟，残阳归去兴尤浓。

停车欲认登临处，忘记西南第几峰。

注：常州杨青望《南涧晚归》诗。

戴鸿慈赠卓峰仁兄撰书之扇面：

夫欲天下之安，莫若众建诸侯而少其力。令海内之势，如身之使臂，臂之使指。则下无倍畔之心，上无征伐之事。文帝不从，至于孝景，猥用晁错之计，削夺诸侯。

条幅一

怀素石本，予乡为佳，如神龙怒攫，学者罔得其解。诡恣放纵，几为摩境。（墨迹藏沈家）

条幅二

真卿一行，昨自江淮，日趋百里，本期奉见，以慰远别。

图二十三　位于广州白云山三捷岭的戴鸿慈墓主体部分

图二十四　戴鸿慈为广州白云山戴氏墓园立的旗杆夹

图二十五　纪念戴鸿慈诞辰一百五十五周年祭祀典礼

图二十六　戴氏后人捐赠戴鸿慈文物资料仪式

"佛山历史文化丛书"已出版书目

第七辑